Die Christus-Offenbarung, welche die Welt nicht kennt

Das ist Mein Wort

Band 1

Hiermit erscheint
aus dem mächtigen Offenbarungswerk Christi,
Das ist Mein Wort
A und Ω
Das Evangelium Jesu
Die Christusoffenbarung, welche die Welt nicht kennt,
der erste Band.

Das Leben in Gott
ist ewig fließende Energie.
So, wie es dem Menschenkind,
unserer Schwester Gabriele,
aus der ewigen Quelle zufließt, wird es uns
nach und nach übergeben.

Christus,
der Erlöser aller Menschen,
der Herrscher des Friedensreiches,
übermittelt uns Sein Wort, auf daß wir darin
auch unser Leben erkennen
und es so gestalten,
daß es Gott wohlgefällig ist.

Christus, der Schlüssel zum Tor des Lebens · Universelles Leben

Das ist Mein Wort
A und Ω

Das Evangelium Jesu

Die Christus-Offenbarung, welche die Welt nicht kennt

Band 1

Christus,
der Sohn Gottes,
der Mitregent der Himmel,
der Erlöser der Menschheit,
der Erbauer und Herrscher
des Reiches Gottes auf Erden,
offenbart sich
über Sein Leben, Denken und Wirken
als Jesus von Nazareth

2. Auflage 1990

Herausgeber:

Postfach 5643
D-8700 Würzburg

Satz: Fotosatzstudio Peter Klein, Würzburg

Druck: Gerhard Andres, Waibstadt

ISBN 3-89371-191-0

*Inhaltsverzeichnis**

** Die Kapitelüberschriften des „Evangelium Jesu" sind halbfett kursiv gesetzt; die in normal kursiv wiedergegebenen Untertitel beziehen sich auf die Erklärungen, Berichtigungen und Vertiefungen des „Evangelium Jesu" durch Christus heute (1989). Die in Klammern gesetzten Zahlen bezeichnen jeweils die Verse des „Evangelium Jesu", auf die sich die Erklärungen, Berichtigungen und Vertiefungen Christi beziehen.*

kannt werden, die das innere Schauen und Hören entwickelt haben – Wer Christi Gebote hört und verwirklicht, dem enthüllt sich das göttliche Gesetz, und er lebt in Ihm (6). Mächtiges Einstrahlen der ewigen Wahrheit durch die Weisheit in der Zeitenwende (7)

Vorwort

von Bruder Emanuel, dem Cherub der göttlichen Weisheit

Für manchen Leser ist es unverständlich, daß Christus, der Sohn Gottes, auf ein weithin unbekanntes Evangelium zurückgreift und nicht nur darauf aufbaut, sondern es auch erklärt, berichtigt und vertieft, das heißt auch ergänzt.

Der Grund dafür ist folgender:

Christliche Konfessionen und Gemeinschaften sowie viele Bibelkundige haben „ihre Bibel", die sie für die ganze und reine Wahrheit halten, zu ihrem Eigentum gemacht. Sie irren sich in der Überzeugung, das Wort Gottes sei in ihrer Bibel einmal und für alle Zeiten gegeben und damit abgeschlossen. Dadurch war es Christus, dem Erlöser aller Seelen und Menschen, nicht möglich, innerhalb der noch bestehenden christlichen Konfessionen und der an sich bindenden Gemeinschaften jenes Buch, ihre Bibel, zu erklären, zu berichtigen und zu vertiefen.

Deshalb ging Christus andere Wege; Er offenbarte und offenbart die Wahrheit außerhalb der christlichen Konfessionen und bindenden Gemeinschaften. Denn alle Wesen und Menschen sollen Gott, das ewige Licht, die unbegrenzte Wahrheit, erfahren. Allen ist der freie Wille gegeben, sie anzunehmen oder abzulehnen.

Christus, der Sohn des lebendigen Gottes, der Erlöser aller Menschen und Seelen, ist der Inspirator in Seinem Werk der Erlösung, dem Universellen Leben –

aus welchem das Friedensreich Jesu Christi hervorgeht. Er bat zu Beginn dieses Jahrzehnts [1980] einige Brüder – die alle, bis auf einen, bibelkundig waren –, die Essenz der Wahrheit sowohl aus dem Alten Testament als auch aus dem Neuen Testament herauszuschreiben.

Christi Anliegen war und ist, daß die Tatsachen über Sein Leben und Denken als Jesus von Nazareth niedergeschrieben werden, damit sie in späterer Zeit als historischer Bericht für jene vorliegen, die im Friedensreich Jesu Christi leben und durch Ihn weitgehend die Vollendung erlangt haben werden.

In Seiner Offenbarung sprach Er sinngemäß zu diesen Brüdern:

Nehmt die Bibeltexte zur Hand, die Ich euch zuleiten werde, und laßt euer geistiges Bewußtsein über die Texte gleiten. Das heißt: Lest mit den Augen der Wahrheit – und nicht mit dem Verstand, denn er trübt das Auge und den Sinn für die Wahrheit. Das Auge der Wahrheit wird dann auf jene Textstellen fallen, welche die Wahrheit enthalten, die für die Gegenwart und für die kommende Zeit von Bedeutung ist, denn Ich werde es in euer Herz eingeben. Dann werde Ich durch euch erklären und vertiefen. Es sind die Gottesworte, welche große Propheten und Erleuchtete aus dem Geiste der Wahrheit als Vorschau für die heutige und für die kommende Zeit empfingen.

Sein Beweggrund war und ist, daß die Seinen in der Gegenwart und die weitgehend vollendeten Menschen der kommenden Zeit im Friedensreich das nachlesen und nachvollziehen können, was Er als Jesus von Nazareth der Menschheit gebracht hat – und wer Er war und im Geiste ist. Wenn einst das Friedensreich Jesu Christi die Erde umspannen wird, ist in den Menschen die Erlösung abgeschlossen, da sich im Friedensreich nur noch nahezu vollendete Seelen einverleiben werden.

Im Friedensreich Jesu Christi ist geistiges Wissen bedeutungslos geworden, weil die weitgehend vollendeten Menschen dem Göttlichen nahe sind, weil sie die Weisheit besitzen und nicht mehr über geistiges Wissen zur Weisheit finden müssen. Auch die vielen Bibelfassungen, auf welche sich die Konfessionen in dieser Zeit [1989] noch stützen, werden dann bedeutungslos sein. Denn wer göttliche Weisheit erlangt hat, der hat sein geistiges Bewußtsein erschlossen, und sein reiner Geistleib, in welchem die Essenz der Unendlichkeit voll wirkt, ist für ihn sodann das Buch der göttlichen Weisheit. Wenn das Friedensreich Jesu Christi die Erde umfaßt, wird es keine Menschenwerke mehr geben. Menschenwerke sind auch die Konfessionen und ihre Bibeln, in die sie vieles nach ihrem Gutdünken eingebracht und daraus das gelehrt haben, was ihnen aus ihrem konfessionellen Denken heraus nötig schien.

Viele Geistwesen gingen für das Werk der Erlösung zur Einverleibung. Es ist wie ein großes Mosaik, in welchem alle vier Reinigungsebenen einschließlich der Erde enthalten sind. Jedes dieser Geistwesen hat einen Auftrag im Erlöserwerk angenommen; es nahm als seinen Auftragsanteil ein oder mehrere „Mosaiksteinchen“ in seinen Geistleib auf, um im Erdendasein das erfüllen zu können, was es als Auftrag angenommen hat. Dieser

Auftragsanteil ist also in der Seele eingraviert und muß erfüllt werden.

Manche Geistwesen nahmen in ihre Mosaiksteinchen verschiedene Möglichkeiten auf. Das bedeutet: Wenn der Auftrag, für den ein Geistwesen zur Inkarnation gegangen ist, nicht erfüllt wurde, dann muß das „Soll“, welches dadurch in seinem Geistleib eingezeichnet ist, von ihm anderweitig erfüllt werden – entweder in einer weiteren Einverleibung oder in den Stätten der Reinigung.

Ist jedoch der Zeitpunkt gekommen, zu dem dieses Mosaiksteinchen des Auftrages auf der Erde eingesetzt werden muß, dann übernehmen andere einverleibte Geistwesen das, was ihre Nächsten im Auftrag – aufgrund einer Belastung oder einer Verführung durch den Satan der Sinne – nicht getan haben. Dieses Mosaiksteinchen, das nun von anderen einverleibten Geistwesen, also von Menschen, erfüllt wurde, ist dann im Auftragspotential für die Erde zwar gelöscht. Das betreffende Geistwesen jedoch, das versäumt hat, seinen Anteil im Erlöserauftrag rechtzeitig durchzuführen, muß dies anderweitig gutmachen.

Wenn auf diese Weise für Christus da und dort Türen verschlossen bleiben, dann geht Er andere Wege, wie es z.B. bei dem hier vorliegenden Buch, „Das ist Mein Wort“, geschah.

Spricht der Herr die geistigen Gaben in einem Menschen an, erinnert Er z.B. jene Brüder an ihren geistigen Auftrag, so hat auch der Fürst dieser Welt die Möglichkeit, sie auf die Probe zu stellen und eventuell zu verführen – auch jene also, die als Menschen unter Menschen leben, um die Wahrheit und den Frieden in die Welt zu bringen. Sie hatten sich im Reiche des Lichts entschieden, im Erdenkleid die Werke Gottes zu erfüllen und Christus und ihrem Nächsten in der Welt zu dienen, die das Territorium der Finsternis ist. Jedoch in jedem Augenblick steht jeder Mensch am Scheideweg – vor der Entscheidung für oder gegen Gott.

Die Brüder, welche mit dem geistigen Auftrag zur Einverleibung gegangen waren, ein Werk zu verfassen, das gegenwärtig und zukünftig von Bedeutung ist, unterlagen Menschlichem. Sie konnten das, was sie in ihren Geistkörper eingegeben hatten, nicht planmäßig erfüllen. So wurde ein anderer Weg begangen, also eine andere Möglichkeit eröffnet: der Weg über unsere Schwester, die Prophetin und Botschafterin Gottes. Denn die Niederschrift des Buches „Das ist Mein Wort" ist ein wesentlicher Baustein im Werk des Herrn, dem Universellen Leben, weil es seine Bedeutung vorwiegend im Friedensreich Jesu Christi haben wird. Es enthält alle wichtigen Geschehnisse, die Christus, der Herrscher des Friedensreiches, als Jesus von Nazareth erlebt und durchlitten hat. Denn durch Sein Leben und Denken und durch die Liebe zu den Menschen hat Er die Erlösung gebracht.

Einzig durch Seine Tat der Erlösung wird auf der Erde Sein Friedensreich entstehen. Selige, also nahezu vollendete Menschen werden sodann auf ihr wohnen und sie mehr und mehr besitzen, da die Herrschaft der Finsternis ihr Ende nimmt. Denn seit Seinem „Vollbracht" am Kreuz bindet sich das Satanische immer mehr. Umspannt einst das Friedensreich die Erde, dann ist das Satanische gebunden. Allein durch die Erlösertat ist dies möglich geworden!

Christus, der Erlöser aller Menschen und Seelen, hat also viele Wege, um zu erreichen, was – für die heutige Zeit [1989] und im besonderen für die Neue Zeit – von Bedeutung ist.

Das Buch „Das ist Mein Wort“ stand nicht im unmittelbaren Auftrag unserer Schwester, der Prophetin und Botschafterin Gottes. Sie nahm die Möglichkeit an, die darin liegt, das Buch „Das Evangelium Jesu“* zur Grundlage des Offenbarungswerkes „Das ist Mein Wort“ zu machen. Christus kam ihr mit diesem Buch entgegen, da die Aufgabe, ein solches Werk für die Gegenwart und Zukunft zu empfangen, nicht unmittelbar in ihrem Auftrag stand. Christus sprach u. a. sinngemäß zu unserer Schwester:

Da nun ein anderer Weg beschritten werden muß, du jedoch für die geistigen Aufgaben deines unmittelbaren Auftrages vorgesehen bist, will Ich dir – soweit dies auf Erden möglich ist – mit dieser Niederschrift entgegenkommen. Damit du deine unmittelbaren Aufgaben für dieses Erdenleben erfüllen kannst und da die Zeit hierfür kostbar ist, werde Ich auf das Buch „Das Evangelium Jesu“ aufbauen durch Erklärungen, Berichtigungen und Vertiefungen.

Das Buch, das von den Menschen „Das Evangelium Jesu“ genannt wird, enthält – trotz der Übersetzungen und trotz der Worte, die in der heutigen Zeit [1989] eine

---

* *Das Evangelium Jesu. Was war vor 2000 Jahren? (Rottweil 1986) – hier im folgenden auch kurz „Evangelium Jesu“ genannt.*

andere Bedeutung haben – tiefe Einblicke in das Geschehen, das sich während Meines Erdenlebens als Jesus von Nazareth vollzog.

Du lebst im Erdenkleid. Deshalb muß nicht mit hohem Aufwand ein gänzlich neues Werk geschrieben werden, da es dich über eine längere Zeit hindern würde, den Aufgaben deines unmittelbaren Auftrages nachzukommen und sie zu erfüllen.

Deshalb baut Christus auf der im Buch „Das Evangelium Jesu" vorhandenen Wahrheit auf. Er erklärt, berichtigt und vertieft sie und erfüllt damit durch unsere Schwester das, was im Auftrag des Erlöserwerkes steht: ein historisches Werk für das Friedensreich Jesu Christi zu bringen, das Werk „Das ist Mein Wort"*.

Da der Wille unserer Schwester im Willen Gottes ruht, den sie erfüllt, erwuchs aus dem Buch „Das Evangelium Jesu" das Werk „Das ist Mein Wort".

Dieses Werk wird erst im Friedensreich Jesu Christi seine volle Bedeutung erlangen.

Ob es gegenwärtig oder zukünftig – bis hin zur vollen Entfaltung des Friedensreiches – von Menschen gelesen wird – Christus ist und bleibt derselbe: der Mitregent der Himmel, und wir sind mit Ihm, als Brüder und Schwestern von Ewigkeit zu Ewigkeit.

Solange ich durch unsere Schwester, die Prophetin und Botschafterin Gottes, lehre, nenne ich mich für die Menschheit Bruder Emanuel. Im Geiste Gottes bin ich

* *In diesem Werk ist sowohl der Originaltext aus dem Buch „Das Evangelium Jesu" enthalten als auch der von Christus zu den einzelnen Abschnitten neu offenbarte Text – dieser ist in gerader Schrift abgedruckt.*

der Cherub der göttlichen Weisheit, der Verantwortliche im Erlöserwerk Jesu Christi.

Im Friedensreich wirkt dann einzig das ewige Gesetz der Liebe. Dann bedarf es keiner Lehren und Auslegungen des ewigen Gesetzes mehr.

Ich bin und bleibe Gottes Gesetzesengel, der Hüter der göttlichen Weisheit.

Friede!

Ich bezeuge

In den zurückliegenden Jahren lernte ich in zahlreichen Diskussionen und Gesprächen mit Theologen deren Verständnis der Bibel kennen, das bei allen weitgehend übereinstimmte.

Die Bibel sei – so, wie sie heute vorliegt – das reine, absolut fehlerfreie Wort Gottes, das die ganze christliche Wahrheit enthalte. Gott selber habe die Theologen, welche in den vergangenen eintausendneunhundert Jahren die Bibel geschrieben und bearbeitet hätten, bei ihrer Arbeit geführt.

Diese willkürliche und unbewiesene theologische Behauptung führt sie zu dem Schluß, daß sich nur diejenigen christlich nennen dürfen, welche die Bibel – so, wie sie heute ist – als absolut fehlerfreies und einzig wahres Wort Gottes anerkennen. Wer das nicht glaube, der habe bereits dadurch das Recht verwirkt, sich christlich nennen zu dürfen.

Die Anerkenntnis der Bibel bis auf das letzte Wort, den letzten Punkt und das letzte Komma als das Wort Gottes sei ein Kriterium – und, wie es immer wieder scheint, das wichtigste –, das über „christlich" oder „unchristlich" entscheidet. Obwohl die Bibel angeblich der einzige Maßstab für das Christsein ist, habe ich erlebt, von einer aufgebrachten Menge fanatischer, bibelgläubiger Kirchenchristen ausgelacht, niedergebrüllt und beschimpft zu werden, nur weil ich die Unfehlbarkeit der Bibel anzweifelte – und das, obwohl in ihrer Bibel bei Matthäus 5, 21 f steht: „Ihr habt gehört, daß zu den Alten gesagt ist: 'Du sollst nicht töten'; wer aber tötet, der soll des Gerichts schuldig sein. Ich [Jesus] aber sage euch: Wer mit seinem Bruder zürnt, der ist des Gerichts schuldig; wer aber zu seinem Bruder sagt: Du Nichtsnutz, der ist des Hohen Rates schuldig; wer aber sagt: Du Narr! der ist des höllischen Feuers schuldig."

Auch wenn ich öffentlich bekannte, daß ich wesentliche Teile der Bibel, wie z. B. die Zehn Gebote und die Jesus-Worte, als richtig anerkenne, daß ich an Gott, den himmlischen Vater, als den Schöpfer, an Seinen Sohn Christus als den Erlöser aller Menschen und Seelen sowie an Seine Gebote der Gottes-, Nächsten- und Feindesliebe glaube und daß ich mich in meinem Leben bemühe, diese Gebote Gottes zu erfüllen, konnte das die Theologen nicht dazu bewegen, meinen Glauben und den meiner Freunde als christlich zu akzeptieren – nur aus dem einen Grunde: weil ich die Bibel nicht als ganze und alleinige Wahrheit, als das reine Wort Gottes, akzeptiere.

Ich habe immer wieder erlebt, wie die Theologen die Bibel auslegen – dementsprechend werden sie sie auch in die verschiedenen Sprachen übersetzt haben. Ein namhafter deutscher Theologieprofessor verteidigte z. B. die Kreuzzüge als „durchaus christlich". Die Theologen verteidigten auch die erst in unserer Zeit durchgeführte Korrektur des Textes des 5. Gebotes von: „Du sollst nicht töten" in „Du sollst nicht morden" als durchaus richtig.

Dieselben Theologen, die meinen Glauben als unchristlich abqualifizierten und die darauf bestehen, daß die Bibel das Wort Gottes ist – also die einzig wahre christliche Lehre –, behaupten aber im gleichen Atemzug, daß kein Mensch diese Lehre, z. B. die Bergpredigt, verwirklichen könne oder danach leben müsse. In der

Zeitschrift „L'Osservatore Romano" (deutsche Ausgabe Nr. 6 vom 9.2.1990), dem offiziellen Organ des Vatikans in Rom, heißt es auf Seite 1 in dem Artikel „Weisung der Engel": In einem so großartigen Text wie der Bergpredigt ginge es um das Geheimnis des Reiches Gottes in Jesus Christus. „Eine Botschaft wie diese kann man nicht durchschauen, zerlegen, anwenden; man kann nur dem vertrauen, der sich selbst verkörpert hat."

Demgegenüber lese ich in der Bibel die Worte Jesu von Nazareth am Ende der Bergpredigt: „Es werden nicht alle, die zu mir sagen: Herr, Herr! in das Himmelreich kommen, sondern die den Willen tun meines Vaters im Himmel." (Mt. 7, 21) und: „Darum, wer diese Rede hört und tut sie, der gleicht einem klugen Mann, der sein Haus auf Fels baute." (Mt 7, 24) und: „Und wer diese, meine Rede hört und tut sie nicht, der gleicht einem törichten Manne, der sein Haus auf Sand baute." (Mt 7, 26)

Wenn ich heute die öffentlichen Beschimpfungen und Angriffe der Theologen und ihrer Anhänger erlebe, dann scheint es mir, als habe sich in den vergangenen zweitausend Jahren wenig geändert. Denn in der Bibel heißt es im letzten Satz der Bergpredigt: „Und es begab sich, als Jesus diese Rede vollendet hatte, daß sich das Volk entsetzte über seine Lehre; denn er lehrte sie mit Vollmacht und nicht wie ihre Schriftgelehrten."

Oft fragte ich die Theologen auch, mit denen ich sprach, ob sie denn, wenn sie schon meinen Glauben als unchristlich abqualifizierten, ihren Glauben als den einzig wahren christlichen Glauben beweisen könnten. Die meisten reagierten abweisend und aggressiv, denn sie mußten öffentlich eingestehen, daß sie die Richtigkeit ihres Glaubens nicht beweisen konnten und können. Wer jedoch nicht beweisen kann, daß sein Glaube der einzig wahre christliche Glaube ist, der darf auch den Glauben anderer nicht als unchristlich abqualifizieren.

Dafür, daß die Bibel nicht das unverfälschte und reine Wort Gottes ist, spricht die Kenntnis über ihre Entstehungsgeschichte und die daraus folgende Logik. Nicht Jesus von Nazareth hat die Bibel geschrieben oder diktiert. Es waren Seine Apostel und Jünger, die oft erst viele Jahre, sogar Jahrzehnte nach Jesu Tod begannen, die Berichte über Sein Leben aus dem Gedächtnis aufzuschreiben. Es entstanden also Handschriften, zumeist in aramäischer Sprache, die dann erneut abgeschrieben, in die griechische und danach in die lateinische Sprache übersetzt wurden. Erst in der Mitte des vierten Jahrhunderts faßte Hieronymus die ihm zugänglichen lateinischen Handschriften zusammen, wählte dabei aus einer Vielzahl von sich zum Teil widersprechenden Evangelien vier aus, überarbeitete sie zum Zwecke der Vereinheitlichung, veränderte dabei nach eigenem Ermessen, fügte hinzu und ließ weg, um einen einigermaßen einheitlichen Text der Bibel – die Vulgata – zu bekommen. Auch von diesem Hieronymus-Text gibt es heute kein Original mehr, sondern es gibt wiederum nur Abschriften von Abschriften von Abschriften. Im Laufe der Jahrhunderte wurde an diesen Texten redigiert, korrigiert und übersetzt. Dabei blieb es unerläßlich, die Sprache der Texte dem jeweils aktuellen Sprachverständnis anzupassen. Selbst wenn man bei dieser Arbeit einmal größte Sorgfalt unterstellen wollte, wird doch heute niemand mehr glauben, daß dabei im Laufe von eintausendneunhundert Jahren keine Fehler unterlaufen seien. Namhafte Kirchenhistoriker behaupten statt dessen sogar, daß ganze Gruppen von Correctores ungeniert in der Bibel gestrichen, verändert und hinzugefügt hätten.

Die Behauptung der heutigen Theologen, die Bibel sei das reine Wort Gottes, ist nicht nur durch nichts zu beweisen, sondern widerspricht geradezu dem gesunden Menschenverstand und der Logik.

Einen ähnlichen Werdegang durchlief das „Evangelium Jesu", das diesem Werk, „Das ist Mein Wort", nun als Grundlage dient. Es wurde nicht von Christus inspiriert, sondern von Seinen Aposteln festgehalten, die es an Seine Nachfolger weitergaben. Wie wir aus dem englischen Text von Ouseley wissen, versteckten die Nachfolger Jesu dieses Evangelium aus Angst vor Verfälschung in einem tibetanischen Kloster, wo es heute noch liegen soll. Von dort empfing es Ouseley – vermutlich durch eine Innenschau – und schrieb es, auf diese Weise, durch die Schau inspiriert, nieder. So ist auch das zugrundeliegende „Evangelium Jesu" nicht das unmittelbare Wort Gottes, sondern das Werk von Menschen – der Apostel, Ouseleys und verschiedener Übersetzer, welche die Übersetzung und Bearbeitung in die deutsche Sprache besorgten. Genauso, wie man bei der Bearbeitung und Übersetzung der Bibel auftretende Fehler annehmen muß, muß man diese auch für das hier zugrundeliegende „Evangelium Jesu" annehmen.

Christus, der Herr, führte Christusfreunde und unsere Schwester an dieses Werk und wählte es als Grundlage für „Das ist Mein Wort" aus, weil es der Wahrheit dessen, was war, immer noch am nächsten kommt. Als wir mit Seiner

Hilfe das „Evangelium Jesu" fanden, sprach schon der Herr: „Das ist nicht Mein Wort, sondern **das** *Wort" – weil es Menschen so oft übersetzt und redigiert haben. Dieses zugrundeliegende Evangelium erklärte, berichtigte und vertiefte Christus nun im Prophetischen Wort durch unsere Schwester Gabriele. Er berichtigte also nicht sich selbst, sondern das Werk von Menschen – der Apostel und all derer, die später daran gearbeitet haben.*

Die Theologen konnten und können nicht beweisen, daß die Bibel das reine Wort Gottes ist. Wir, die Christusfreunde, können jedoch anhand der Früchte beweisen, daß das durch unsere Schwester gegebene Offenbarungswort das Wort Christi ist, denn wir haben es selbst geprüft, indem wir das verwirklichen, was uns Christus in Seinen Offenbarungen lehrt.

Ich habe dieses Begleitwort bewußt verfaßt, da ich in den vielen Auseinandersetzungen mit Theologen deren Argumentation kennengelernt habe. Ich habe diese Zusammenhänge für die Leser dargelegt, damit sie das göttliche Buch „Das ist Mein Wort" besser verstehen können.

Würzburg, im Mai 1990

Alfred Schulte

Im Namen des Allerheiligsten.
Amen

Hier beginnt das Evangelium von Jesus, dem Christus, dem Nachkommen Davids durch Josef und Maria nach dem Fleische und dem Sohne Gottes durch göttliche Liebe und Weisheit nach dem Geiste.

Prolog

Von Ewigkeit zu Ewigkeit
ist der ewige Gedanke,
und der ewige Gedanke ist das Wort,

das Wort Gottes ist ewige Urempfindung,*
ist Licht und Kraft –

und das Wort ist die Tat,
und diese drei sind eins im ewigen Gesetz;
und das Gesetz ist bei Gott,
und das Gesetz geht von Gott aus.

Gott ist das ewige Gesetz.
Es strahlt von der Urzentralsonne aus
durch alle Reiche der Unendlichkeit
und durch alle reinen Wesen,
durch alles reine Sein.

---

* *Mit dem Text, der in gerader Schrift abgedruckt ist, erklärt, berichtigt und vertieft Christus die entsprechenden Stellen aus dem Buch „Das Evangelium Jesu“.*

Alles ist geschaffen durch das Gesetz,
und ohne es ist nichts geschaffen,
was vorhanden ist.

Im Worte ist Leben und Substanz,
das Feuer und das Licht.

Das Wort Gottes ist Leben und Substanz,
ist Feuer und Licht.

Die Liebe und die Weisheit
sind eins zur Erlösung aller.

Aus der Liebe kam daher die Weisheit
und wohnt unter den Menschen,
damit diese empfangen,
was Gott, die Liebe und Weisheit,
ihnen zu sagen hat –
heute [1989] in der großen Zeit
der Befreiung der Geschlechter
von einem Leben in Einengung und Trübsal.

Und das Licht scheinet in der Finsternis,
und die Finsternis verbirgt es nicht.

Das Licht ist die Stärke,
die Kraft und die Macht.

Das Wort ist das eine lebenspendende Feuer,
und indem es diese Welt beleuchtet,
wird es zum Feuer und Licht in jeder Seele,
die in die Welt tritt.

*Ich Bin in der Welt,**
und die Welt ist in Mir;
und die Welt weiß es nicht.

Ich Bin in der Welt,
und Ich durchstrahle die Welt –
doch die Welt weiß es nicht.

Ich komme zu Meinem eigenen Hause,
und Meine Freunde nehmen Mich nicht auf.
Doch allen, die aufnehmen und gehorchen,
ist die Macht gegeben,
die Söhne und Töchter Gottes zu werden,
und ebenso denen, die an den heiligen Namen glauben,
die nicht aus dem Willen des Fleisches und Blutes,
sondern aus Gott geboren sind.

Ich komme zu Meinem eigenen Hause,
zu allen Seelen und Menschen,
und Meine Freunde nehmen Mich nicht auf.
Doch allen, die Mich aufnehmen
und Mir gehorchen,
ist die Macht gegeben,
bewußt die Söhne und Töchter Gottes zu werden,
und ebenso denen,
die an den heiligen Namen glauben
und danach leben,

---

* *Die Änderung der Kleinschreibung der Pronomina, die sich auf Jesus, den Christus, auf Gott beziehen (z. B. Ich, Mein, Mir), in die Großschreibung sowie die Großschreibung des „Ich Bin" erfolgte mit freundlicher Genehmigung des Verlags „Das Wort".*

die nicht dem Willen des Fleisches und
des Blutes unterliegen,
sondern Gottes Willen erfüllen.
Sie sind bewußt Geborene aus Gott.

Und das Wort ist Fleisch geworden und wohnet unter uns,
und wir sahen Seine Herrlichkeit voller Gnade.

Sehet die Güte und die Wahrheit
und die Schönheit GOTTES!

1. KAPITEL

Die Verheißung der Geburt Johannes' des Täufers

Johannes der Täufer;
seine Herkunft und Aufgabe im Werk der Erlösung (4-6).
Erklärung der Stummheit des Zacharias (8)

1. *Zur Zeit des Herodes, des Königs von Judäa, lebte ein Priester vom Stamme Abias mit Namen Zacharias, und sein Weib, von den Töchtern Aaronis, hieß Elisabeth.*

2. *Sie waren beide fromm vor Gott und lebten in allen Geboten und Gesetzen des Herrn untadelig. Und sie hatten kein Kind; denn Elisabeth war unfruchtbar, und beide waren hochbetagt.*

3. *Und es begab sich, daß er nach der Ordnung seines Dienstes das Priesteramt wahrzunehmen hatte. Nach den Gebräuchen des Priesteramtes traf ihn das Los zu räuchern, wenn er den Tempel Jehovas betrat. Und die ganze Menge des Volkes war draußen und betete zur Stunde des Räucheropfers.*

4. *Und es erschien ihm ein Engel des Herrn und stand über dem Räucheraltar. Und als Zacharias ihn sah, erschrak er, und Furcht fiel ihn an. Aber der Engel sprach zu ihm: „Fürchte dich nicht Zacharias; denn dein Gebet ist erhört, und dein Weib Elisabeth wird dir einen Sohn gebären; und du sollst ihm den Namen Johannes geben.*

5. *Und du wirst voll Freude und Wonne sein, und viele werden sich seiner Geburt freuen. Denn er wird groß sein*

in den Augen des Herrn und wird weder Fleisch essen noch starke Getränke trinken und noch im Mutterleib mit dem Heiligen Geist erfüllt werden.

6. *Und er wird viele der Kinder Israels zu Gott, ihrem Herrn, bekehren. Und er wird vor Ihm hergehen im Geist und der Kraft des Elias, zu bekehren die Herzen der Väter zu den Kindern und die Ungehorsamen zu der Weisheit der Gerechten, ein Volk aufzubereiten, damit es bereit ist für den Herrn." (Kap. 1, 1-6)*

Ich, Christus, erkläre, berichtige
und vertiefe das Wort:

Diese Worte hörte Zacharias sinngemäß in seinem Herzen. Denn Gott und Seine Engel haben nicht die Sprache der Menschen.

In Johannes war nicht einverleibt der Cherub des göttlichen Willens, auf Erden Elia genannt, sondern der Geist des Elia überstrahlte Johannes.

Das Wesen, das in Johannes einverleibt war, ist im Geiste ein unmittelbarer Nachkomme des Cherubs des göttlichen Willens.

Auch Johannes hatte schon die Aufgabe von Gott, die Kinder Israels zu rufen und zu lehren. Sie sollten sich bekehren und ein Volk werden, damit sie Mich an- und aufnähmen, wenn Ich als Christus in Jesus ins Fleisch kommen würde. Denn mit ihnen wollte Ich den Auftrag der Erlösung erfüllen. Ich erfüllte das Werk der Erlösung – doch nicht mit dem Volke Israel, sondern einsam in Gott.

Da die Kinder Israels nicht hörten, verzögerte sich der Plan Gottes. Er erfüllt sich dennoch, denn Gott kennt keine Zeit. Er ruft so lange, bis die Kinder Gottes zu einem Volke werden und Gottes Willen erfüllen. Dann werden Israel und Jerusalem dort sein, wo Menschen Gottes Willen tun.

7. Und Zacharias sprach zu dem Engel: „Wodurch soll ich das erkennen? Denn ich bin alt, und mein Weib ist betagt." Der Engel antwortete und sprach zu ihm: „Ich bin Gabriel, der vor Gott steht, und bin gesandt, mit dir zu reden und dir diese frohe Kunde zu bringen.

8. Und siehe, du wirst stumm sein und nicht reden können bis zu dem Tage, da dies geschehen wird; dann soll deine Zunge gelöst werden, damit du meinen Worten glauben kannst, welche zu ihrer Zeit erfüllt sein werden." (Kap. 1, 7-8)

Ich, Christus, erkläre, berichtige
und vertiefe das Wort:

Der Engel Gabriel ist der Cherub der göttlichen Barmherzigkeit. Nicht der Engel des Herrn nahm Zacharias die Sprache, sondern das Erschrecken vor dem mächtigen Lichte des Engels und die Zweifel an dem, was er sah und hörte, lähmten die Stimmbänder des Zacharias. Das Gesetz Gottes bindet nicht. Es erlegt Seelen und Menschen weder Strafen noch Nöte auf. Diese sind Wirkungen von Ursachen, die vom Menschen selbst geschaffen wurden.

9. Und das Volk wartete auf Zacharias und verwunderte sich, daß er so lange im Tempel blieb. Und als er herauskam, konnte er nicht mit ihnen reden, und sie erkannten, daß er im Tempel ein Gesicht gehabt hatte; denn er machte ihnen Zeichen und blieb stumm.

10. Und es begab sich, als die Zeit seines Dienstes beendet war, daß er heimging in sein Haus. Und nach jenen Tagen ward sein Weib Elisabeth schwanger und verbarg sich fünf Monate und sprach: „Also hat mir der Herr getan in den Tagen, da Er mich angesehen hat, daß Er meine Schmach unter den Menschen von mir nähme." (Kap. 1, 9-10)

2. KAPITEL

Die reine Zeugung Jesu Christi

Erster Hinweis auf den Stamm David und seinen Auftrag (5). Der Erlöserfunke – Freiwerden von der Sünde (6). Der Engel des Herrn sprach zu Maria in der Lichtsprache der Himmel (8). Die alte Vorstellung eines strafenden Gottes; der von Christus offenbarte Gott der Liebe (17). Aufkündigung des Alten Bundes – Der Neue Bund – Hymnus auf das kommende Friedensreich (25)

1. Und im sechsten Monat ward der Engel Gabriel von Gott gesandt in eine Stadt in Galiläa, namens Nazareth, zu einer Jungfrau, die verlobt war mit einem Manne mit Namen Joseph, vom Hause David, und die Jungfrau hieß Maria.

2. Nun war Joseph ein rechtschaffener und vernünftiger Mann, und er war geschickt in jeder Art von Holz- und Steinarbeiten. Und Maria war eine einfühlsame und klarsichtige Seele und webte Schleier für den Tempel. Und sie waren beide rein vor Gott. Und von ihnen beiden war Jesus-Maria, der der Christus genannt wird.

3. Und der Engel kam zu ihr hinein und sprach: „Gegrüßet seist du, Maria, du hast Gnade gefunden; denn Gottes Mutterschaft ist mit dir, du bist gesegnet unter den Frauen, und gesegnet ist die Frucht deines Leibes."

4. Und da sie ihn sah, war sie verwirrt über seine Worte und erwog in ihrem Sinne, was dieser Gruß zu bedeuten habe. Und der Engel sprach zu ihr: „Fürchte dich nicht, Maria, du hast Gnade bei Gott gefunden. Siehe, du wirst schwanger werden im Leib und einen Sohn gebären, der wird groß sein und ein Sohn des Höchsten genannt werden.

5. *Und Gott, der Herr, wird Ihm den Thron Seines Vaters David geben, und Er wird regieren über das Haus Jakob für immer, und Seines Königreiches wird kein Ende sein.“*

6. *Da sprach Maria zu dem Engel: „Wie soll das geschehen, da ich keinen Mann kenne?“ ... (Kap. 2, 1-6)*

Ich, Christus, erkläre, berichtige
und vertiefe das Wort:

David ist der Stammvater vom Fleische her für alle Wesen des Lichtes, die im Auftrag der Erlösung stehen. Sie werden mit Mir das Friedensreich Jesu Christi gründen und über lange Zeiträume hinweg erbauen. Dabei wird die dichte Materie allmählich verfeinert, bis sie – in der letzten Phase des Friedensreiches Jesu Christi – feinere, lichtstoffliche Materie ist. Deshalb heißt es: Und Gott, der Herr, wird Ihm den Thron Seines Stamm-Vaters auf Erden, David, geben.

Die Worte „Wie soll das geschehen, da ich keinen Mann kenne?“ bedeuten dem Sinn nach: Wie soll das geschehen, da ich mit einem Manne erst verlobt bin?

... Und der Engel antwortete und sprach zu ihr: „Der Heilige Geist wird über Joseph kommen, deinen Verlobten, und die Kraft des Höchsten wird dich überschatten, o

Maria; darum wird auch das Heilige, das von dir geboren wird, Christus, Gottes Sohn, genannt werden, und Sein Name auf Erden soll sein Jesus-Maria; denn Er soll die Menschen von ihren Sünden erlösen, wenn immer sie Reue zeigen und Seinem Gesetze gehorchen. (Kap. 2, 6)

Ich, Christus, erkläre, berichtige
und vertiefe das Wort:

Und es geschah. Ich habe es vollbracht!

Mein Licht der Erlösung brennt in allen Seelen bis zur vierten Reinigungsebene – ob sie im Fleische sind oder als Seele im Seelenreich.

Jeder – ob Seele oder Mensch – wird nur dann die Befreiung von Sünde und Schuld erlangen, wenn er bereut und die ewigen Gesetze befolgt.

Die Sünde des Menschen und der Seele wirkt sich in Seele und Mensch aus. Die Schuld ist der Sünde gleich. Sie bindet oftmals mehrere Menschen aneinander, die gemeinsam Gleiches oder Ähnliches verursacht haben, damit sie einander vergeben und miteinander bereinigen, was sie zusammengeführt hat.

7. *Deshalb sollst du auch kein Fleisch essen noch starke Getränke trinken; denn das Kind wird Gott geweiht sein vom Schoße Seiner Mutter an, und weder Fleisch noch starke Getränke soll Es zu sich nehmen, noch soll jemals ein Schermesser Sein Haupt berühren.*

8. *Und siehe, Elisabeth, deine Base, ist in ihrem Alter*

auch schwanger mit einem Sohne und gehet jetzt im sechsten Monat, sie, die unfruchtbar genannt war. Denn bei Gott ist kein Ding unmöglich.“ Und Maria sagte: „Siehe, ich bin die Magd des Herrn, mir geschehe nach deinem Worte.“ Und der Engel schied von ihr. (Kap. 2, 7-8)

Ich, Christus, erkläre, berichtige
und vertiefe das Wort:

Der Engel des Herrn sprach zu Maria in der Sprache der Himmel, in der Lichtsprache, die in die reine Seele einströmt. Er deutete nur an, was sich in Elisabeth vollzog, sprach jedoch nicht über den Monat und die Unfruchtbarkeit.

9. Und am selben Tage erschien der Engel Gabriel dem Joseph im Traume und sprach zu ihm: „Sei gegrüßt, Joseph, du bist auserwählt; denn die Vaterschaft Gottes ist mit dir. Gesegnet bist du unter den Männern und gesegnet die Frucht deiner Lenden.“

10. Und da Joseph über die Worte nachsann, ward er verwirrt. Und der Engel des Herrn sprach zu ihm: „Fürchte dich nicht, Joseph, Sohn Davids; denn du hast Gnade gefunden vor Gott, und siehe, du wirst ein Kind zeugen, und du sollst Ihm den Namen Jesus-Maria geben; denn Er wird Sein Volk von seinen Sünden erlösen.“

11. Das aber ist geschehen, auf daß erfüllet würde, was der Herr durch den Propheten gesagt hat, der da spricht: „Siehe, eine Jungfrau wird empfangen und schwanger *werden und einen Sohn gebären und Ihm den Namen Emmanuel* geben, was so viel heißt wie: Gott in uns."*

12. *Da nun Joseph vom Schlaf erwachte, tat er, wie ihm der Engel befohlen hatte und ging zu Maria, seiner Verlobten, und sie empfing in ihrem Schoße den Herrn. (Kap. 2, 9-12)*

Ich, Christus, erkläre, berichtige
und vertiefe das Wort:

Und so waren sie als Mann und Frau vor Gott verbunden. Ihr Bündnis war von Gott gesegnet.

13. *Maria aber stand auf in den Tagen und ging eilend in das Bergland zu einer Stadt Judäas und kam in das Haus des Zacharias und grüßte Elisabeth.*

14. *Und es begab sich, als Elisabeth den Gruß Marias hörte, hüpfte das Kind in ihrem Leibe. Und Elisabeth ward erfüllt von der Kraft des Heiligen Geistes und sprach mit klarer Stimme: „Gesegnet bist du unter den Frauen, und gesegnet ist die Frucht deines Leibes.*

15. *Und woher kommt mir das, daß die Mutter meines Herrn zu mir kommt? Siehe, da ich die Stimme deines Grußes hörte, hüpfte vor Freude das Kind in meinem Leibe. Und gesegnet ist die, die geglaubt hat. Denn es wird vollendet werden, was ihr gesagt ist von dem heiligen Einen."*

---

* *Im Werk des Herrn ist offenbart: „Immanuel" ist Gott, und „Emanuel" ist Sein Diener. Mit Emmanuel ist Immanuel gemeint.*

16. Und Maria sagte: „Meine Seele verherrlicht Dich, den Ewigen, und mein Geist freut sich in Gott, meinem Heiland. Denn Er hat die Niedrigkeit Seiner Magd angesehen; denn siehe, von nun an werden mich alle Geschlechter seligpreisen.

17. Denn Du, der Du mächtig bist, hast große Dinge an mir getan, und heilig ist Dein Name. Und Deine Barmherzigkeit ist für und für bei denen, die Dich fürchten. (Kap. 2, 13-17)

Ich, Christus, erkläre, berichtige
und vertiefe das Wort:

Maria sprach die Seligkeit vor allem ihrem Innersten zu, ihrer erwachten Seele – nicht ihrem Menschen. Sie ist und bleibt das reine, selbstlose Wesen in Gott, Seine Dienerin und die der Menschen. Selig, so meinte sie, ist die Seele des Menschen, der Gottes Willen erfüllt.

Der Alte Bund steht im Übergang von dem Vielgottglauben, dem Glauben an eine Götterwelt, zum Glauben an den wahren Einen, der ist von Ewigkeit zu Ewigkeit. Deshalb klingt immer wieder der strafende und züchtigende Gott an, den der Mensch fürchten soll. Ich aber sage euch: Ehrfürchtig soll der Mensch vor Gott sein, indem er gewissenhaft Gottes Gebote erfüllt. Der wahre ewige Eine ist Liebe. Er straft und züchtigt nicht. Die Strafe und die Züchtigung erlegt sich der Mensch selbst auf, der gegen Gottes Gebote verstößt und dann empfängt, was er gesät hat – es sei denn, er bereut rechtzeitig und bereinigt, was er verursacht hat. Ich,

Christus in Jesus, offenbarte und prägte den Menschen den einen Gott und Vater der Liebe ein, der die Wahrheit und das Leben ist von Ewigkeit zu Ewigkeit.

18. Du hast Gewalt geübet mit Deinem Arm, Du hast zerstreuet, die hoffärtig sind in der Einbildung ihrer Herzen.

19. Du hast die Mächtigen von ihren Stühlen gestoßen und die Demütigen und Sanftmütigen erhöht. Du füllst die Hungrigen mit Gutem, und die Reichen schickst Du leer hinweg.

20. Du hilfst Deinem Knechte Israel im Gedenken an Deine Barmherzigkeit, wie Du geredet hast zu unseren Vätern, zu Abraham und seinen Nachkommen für alle Zeiten." Und Maria blieb drei Monate bei ihr; danach kehrte sie wiederum heim.

21. Und dieses sind die Worte, die Joseph sprach: „Gesegnet seist Du, Gott unserer Väter und unserer Mütter in Israel; denn zur richtigen Zeit hast Du mich erhört, und am Tage der Erlösung hast Du mir geholfen.

22. Denn Du sagtest: Ich will dich bewahren und mit dir einen Bund mit dem Volke machen, um das Antlitz der Erde zu erneuern und die trostlosen Orte aus den Händen der Verderber zu befreien.

23. Daß Du zu den Gefangenen sagen kannst: Gehet von dannen und seid frei, und zu jenen, die in der Finsternis wandeln: Zeiget euch im Licht. Und sie sollen weiden auf den Pfaden der Freude, und sie sollen nimmermehr jagen noch töten die Geschöpfe, die Ich erschaffen habe, sich vor Mir zu freuen.

24. Sie sollen nicht mehr Hunger und Durst leiden, noch soll die Hitze sie verderben, noch die Kälte sie vernichten. Und Ich will auf allen Meinen Bergen einen Weg für die Wanderer machen, und Meine Höhen sollen gepriesen werden.

25. Singet, ihr Himmel, und jauchze du, Erde, o ihr Wüsten, erschallet von Gesang! Denn Du, o Gott, hilfst Deinem Volke und tröstest jene, die Unrecht gelitten haben." (Kap. 2, 18-25)

Ich, Christus, erkläre, berichtige und vertiefe das Wort:

Das Volk Israel blieb taub. Es nahm die Gnadengaben des Christus Gottes nicht an.

Nun ist eine neue Zeit gekommen: Liebe und Weisheit wirken im Plan der Erlösung. Gott, der gerechte All-Eine, kündigte [1988] den Bund mit dem alten Israel auf und schloß einen neuen Bund mit denen, die in Meinem Werke der Erlösung auf Erden dienen. Und es wird dann das Neue Israel und das Neue Jerusalem auf Erden sein. Aus diesem Volk geht im Laufe seiner Evolution das Friedensreich Jesu Christi hervor, und es wird sein, wie sinngemäß geschrieben steht: „Gehet von dannen und seid frei!"

Und jene, die bisher in der Finsternis wandelten, werden den Weg zum Lichte gehen und Zeugnis geben vom Licht. Und sie werden weiden auf den Pfaden der Freude, und sie werden nimmermehr jagen noch töten die Geschöpfe, die der Ewige erschaffen hat. Sie werden nicht mehr hungern noch dürsten noch leiden, noch wird sie die Hitze verderben und die Kälte vernichten. Denn im Reiche des Friedens wird eine andere Sonne scheinen, und die Elemente werden nicht mehr im Gegensatz zur strömenden Liebe stehen. Singet, ihr Himmel, und jauchze, du Erde – denn alles wird fruchtbar sein einschließlich der Wüsten. Denn Du, o Gott, hilfst Deinem Volke und tröstest jene mit der Gabe des inneren Lebens, die zu Unrecht gelitten haben.

3. KAPITEL

Die Geburt und Namengebung Johannes' des Täufers

Die echten Propheten (5)

1. *Als die Zeit für Elisabeth gekommen war, daß sie gebären sollte, gebar sie einen Sohn. Und ihre Nachbarn und Verwandten hörten, wie der Herr große Barmherzigkeit an ihr getan hatte, und sie freuten sich mit ihr.*

2. *Und es begab sich, daß sie am achten Tage kamen, um das Kindlein zu beschneiden, und sie hießen den Knaben nach seinem Vater Zacharias. Aber seine Mutter antwortete und sprach: „Nicht so, denn er soll Johannes heißen." Und sie sagten zu ihr: „Es ist doch niemand in deiner Verwandtschaft, der so heißt."*

3. *Und sie winkten seinem Vater, wie er ihn nennen lassen wollte. Und er verlangte ein Täfelchen und schrieb und sagte zugleich: Er heißt Johannes. Und sie staunten alle, weil sein Mund plötzlich aufgetan war und seine Zunge gelöst, und er redete und pries Gott. (Kap. 3, 1-3)*

Ich, Christus, erkläre, berichtige und vertiefe das Wort:

Das Annehmen dessen, was Zacharias durch den Engel verkündet wurde, und die Freude über das Kind, das Zacharias getreu Johannes nannte, löste in Zacharias, was er verursacht hatte.

4. Und es kam eine große Ehrfurcht über alle, die in der Nähe waren, und dieses Ereignis wurde bekannt gemacht über das ganze Bergland von Judäa. Und alle, die es hörten, nahmen es zu Herzen und sprachen: „Was mag das für ein Kindlein sein? Und die Hand Jehovas war mit ihm."

5. Und sein Vater Zacharias ward des Heiligen Geistes voll, weissagte und sprach: „Gepriesen seist Du, o Gott Israels; denn Du hast Dein Volk angenommen und erlöst. Und hast uns ein Horn des Heiles in dem Hause Deines Dieners David aufgerichtet. Wie Du durch den Mund Deiner heiligen Propheten gesprochen hast, die gewesen sind, seit die Welt begann.
(Kap. 3, 4-5)

Ich, Christus, erkläre, berichtige
und vertiefe das Wort:

Worte haben oftmals vielerlei Bedeutungen. Es kommt darauf an, welche Empfindung der Mensch in das Wort legt. So waren auch mit den Worten „Deiner heiligen Propheten" nicht nur die in den Büchern des sogenannten Alten Testamentes aufgezeichneten Propheten gemeint.

Nur einer ist heilig: Gott, der Ewige.

Selig waren und sind die von Gott gesandten Propheten, die Seinen Willen erfüllten und aus dem eigenen erfüllten Leben heraus Gottes Wort gaben und die Menschen ermahnten, dieses anzunehmen und zu verwirklichen. Das sind die echten Propheten.

6. Daß wir vor unseren Feinden errettet würden und aus der Hand aller, die uns hassen. Daß Du die Barmherzigkeit zeigst, die Du unseren Vätern versprochen hast und Dich an Deinen heiligen Bund erinnerst,

7. des Eides, den Du unserem Vater Abraham geschworen hast, daß Du uns gewährst, daß wir, erlöst aus der Hand unserer Feinde, Dir dienen können ohne Furcht in Heiligkeit und Gerechtigkeit alle Tage unseres Lebens.

8. Und dieses Kind wird der Prophet des Höchsten heißen; denn es wird vor Deinem Angesicht, o Gott, hergehen, um Deine Wege zu bereiten, und Deinem Volk die Erkenntnis des Heils durch die Vergebung ihrer Sünden zu bringen.

9. Durch die liebevolle Barmherzigkeit unseres Gottes, durch welche uns der Sonnenaufgang aus der Höhe besucht hat, auf daß Er Licht gebe denen, die da in Finsternis und im Schatten des Todes sitzen, und unsere Füße auf den Weg des Friedens lenke."

10. Und das Kindlein wuchs heran und wurde stark im Geist, und seine Sendung blieb verborgen bis zum Tag seines Auftretens vor dem Volke Israel. (Kap. 3, 6-10)

4. KAPITEL

Die Geburt Jesu Christi

Das Volk Israel hat versagt – Christi Herrschaft im Friedensreich wird vorbereitet mit den inkarnierten Söhnen und Töchtern aus dem Stamme David (5). Die „Engelserscheinungen" der Hirten waren innere Vorgänge (6-9). Anerkennung irdischer Gesetze, soweit sie nicht den göttlichen Gesetzen entgegenstehen (12)

1. Die Geburt Jesu, des Christus, geschah in dieser Weise: Es begab sich zu der Zeit, daß ein Befehl von dem Kaiser Augustus ausging, daß alle Welt geschätzt würde. Und jeder in Syrien ging in seinen Heimatort, um sich schätzen zu lassen; es war Mitte des Winters.

2. Und auch Joseph mit Maria brach auf aus Galiläa, aus der Stadt Nazareth in das Land Judäa, zur Stadt Davids, die Bethlehem heißt, weil er von dem Hause und Geschlechte Davids war, damit er geschätzt werde mit Maria, seinem angetrauten Weibe, die mit dem Kinde schwanger war.

3. Als sie dort waren, kam die Zeit, daß sie gebären sollte. Und sie gebar ihren ersten Sohn in einer Felsenhöhle und wickelte Ihn in Windeln und legte Ihn in eine Krippe, die in der Höhle war; denn sie hatten sonst keinen Raum dafür in der Herberge. Und siehe, die Höhle wurde von Licht erfüllt und strahlte wie die Sonne in ihrer Pracht.

4. Und es waren in der Höhle ein Ochse, ein Pferd, ein Esel und ein Schaf, und neben der Krippe lag eine Katze mit ihren Jungen; und es waren auch Tauben über ihnen, und jedes Tier hatte seinen Gefährten, ein Männchen oder Weibchen.

5. *Solches geschah, daß Er geboren wurde inmitten der Tiere. Denn Er kam, um auch sie von ihren Leiden zu befreien. Er war gekommen, die Menschen von ihrer Unwissenheit und Selbstsucht frei zu machen und ihnen zu offenbaren, sie seien Söhne und Töchter Gottes. (Kap. 4, 1-5)*

Ich, Christus, erkläre, berichtige
und vertiefe das Wort:

Ich habe als Jesus das Reich Gottes offenbart und habe Seine Gesetze gelehrt und gelebt. Mit den Söhnen und Töchtern Israels aus dem Stamme David und mit allen Söhnen und Töchtern Gottes, die den Willen des Ewigen erfüllen, wollte Ich in Israel das Reich Gottes gründen und aufbauen – und nach Meiner Rückkehr in die Herrlichkeit Meines Vaters wieder im Geiste kommen und es mit dem Volke Israel weiter ausbauen und das Friedensreich, das auf der feinen Materie seinen Höhepunkt erreicht, regieren. Doch die Söhne und Töchter Gottes und Israels waren von Sünde geblendet.

Nach Meiner Erlösertat rief Gott, der Ewige, in allen darauffolgenden Jahrhunderten immer wieder die Söhne und Töchter aus dem Geschlechte David und aus anderen Geschlechtern, die Seinen Willen erfüllen, auf daß sie erkennen, was ihr Auftrag ist.

Jetzt [1989] ist eine neue Zeit angebrochen: die Zeitenwende von der alten zur neuen Welt, der Welt des

Christus. Ich bereite Mein geistiges Kommen vor – wiederum durch die Söhne und Töchter aus dem Stamme David und die weiteren Söhne und Töchter des Ewigen aus anderen Geschlechtern, die Gottes Willen erfüllen. Durch die einverleibte göttliche Weisheit unterweise Ich sie und alle, die Mir nachfolgen, damit sie bewußte Söhne und Töchter Gottes werden, die Gottes Willen erfüllen.

Dann wird vollzogen, was offenbart ist: Ich komme im Geiste. Dann werden alle Menschen in Frieden leben, und auch die Tiere werden von ihrer Knechtschaft und ihren Leiden befreit sein durch Mich, den Christus Gottes. Denn wer sein Leben in die Sohn- und Tochterschaft Gottes stellt, wird nicht töten – weder Menschen noch Tiere.

6\. *Und es waren Hirten in der selbigen Gegend auf dem Felde und hüteten bei Nacht ihre Herde. Und siehe, der Engel Gottes erschien über ihnen, und der Glanz des Höchsten leuchtete um sie, und sie fürchteten sich sehr.*

7\. *Und der Engel sprach zu ihnen: „Fürchtet euch nicht, siehe, ich verkünde euch große Freude, die allem Volk widerfahren wird; denn euch ist heute in der Stadt Davids der Erlöser geboren, welcher ist Christus, der heilige Eine Gottes. Und dieses habet zum Zeichen: Ihr werdet das Kind in Windeln gewickelt finden und in einer Krippe liegen."*

8\. *Und plötzlich war bei dem Engel eine Menge von himmlischen Heerscharen, die lobten Gott und sprachen: „Ehre sei Gott in der Höhe und Friede auf Erden allen, die guten Willens sind."*

9. Und da die Engel von ihnen gen Himmel fuhren, sprachen die Hirten zueinander: „Lasset uns nun gehen nach Bethlehem und sehen, was da geschehen ist, was unser Gott uns kundgetan hat." (Kap. 4, 6-9)

Ich, Christus, erkläre, berichtige
und vertiefe das Wort:

Der Engel sprach zu den Hirten. Sie sahen ihn jedoch nicht mit den menschlichen Augen und hörten ihn nicht mit den menschlichen Ohren. Sie sahen und hörten auch nicht mit menschlichen Augen und Ohren die Heerscharen, die Gott lobten und priesen. Einige der Hirten schauten in ihrem Inneren das Licht, und wieder andere hörten in ihrem Herzen den Lobpreis Gottes. Denn was nicht das Kleid des Fleisches trägt, hat nicht das Wort des Fleisches und nicht den Ton des Wortes. Das Wort Gottes und das der Wesen Gottes wird im Inneren eines Menschen vernommen.

Der Engel des Herrn stand nicht wie ein Mensch vor ihnen. Sie standen am Feuer und wärmten sich. Sie sahen, wie die Feuersäule hochzüngelte. Und im Feuer glaubten sie die Gestalt eines Engels zu sehen, den einige von ihnen in ihrem Herzen vernahmen. Die Hirten waren sich uneins über das, was sie sahen und hörten. Jene jedoch, die den Sinn der Botschaft in ihrem Herzen empfanden, machten sich auf nach Bethlehem.

Ähnlich wie damals verkünden auch heute die Engel Gottes: Bereitet dem Herrn die Wege! Es kommt Christus, der Erlöser, im Geiste – und Er wird der Hirte einer

Herde sein, welche das Volk Gottes auf Erden ist. Er wird es in Seinem Reiche auf Erden regieren, und sie werden mit Ihm im Geiste sein, weil sie die Gesetze Gottes halten.

10. Und sie kamen eilends und fanden Maria und Joseph in der Höhle und das Kind in der Krippe liegend. Und als sie dies gesehen hatten, verbreiteten sie die Worte, die ihnen von diesem Kinde gesagt waren.

11. Und alle, die sie hörten, wunderten sich über das, was ihnen die Hirten gesagt hatten. Maria aber behielt das alles und bewahrte es in ihrem Herzen. Und die Hirten kehrten wieder um und priesen und lobten Gott für alles, was sie gehört und gesehen hatten.

12. Und da acht Tage vorüber waren und das Kind beschnitten wurde, wurde Ihm Sein Name gegeben: Jesus-Maria, welcher genannt war von dem Engel, ehe das Kind im Mutterleibe empfangen wurde. Und da die Tage ihrer Reinigung nach dem Gesetze des Moses vorüber waren, brachten sie das Kind nach Jerusalem, um Es Gott darzubringen. (Wie geschrieben steht in dem Gesetze des Moses: Alles Männliche, das den Mutterschoß öffnet, soll dem Herrn geheiligt werden.) (Kap. 4, 10-12)

Ich, Christus, erkläre, berichtige
und vertiefe das Wort:

Die Beschneidung ist das Gesetz der Juden. Da dieses irdische Gesetz nicht dem ewigen Gesetz entgegensteht, so wird es von Gott – ausschließlich für den Menschen – toleriert. Wird ein Wesen aus Gott durch die Einverleibung Mensch, dann untersteht der Mensch den Gesetzen der Natur und hat die Gesetze der Welt zu halten, sofern diese nicht den Gesetzen Gottes entgegenstehen.

13. *Und siehe, ein Mensch mit Namen Simeon war zu Jerusalem, und er war gerecht und gottesfürchtig und wartete auf den Trost Israels, und der Heilige Geist kam über ihn. Und ihm war verheißen worden, er solle den Tod nicht sehen, bevor er nicht den Christus Gottes erblickt habe.*

14. *Und er kam durch Eingebung des Geistes in den Tempel. Und da die Eltern das Kind Jesus hereinbrachten, um die Vorschrift des Gesetzes zu erfüllen, erschien ihm das Kind, als wäre es eine Lichtsäule. Da nahm er Es auf seine Arme, pries Gott und sprach:*

15. *„Nun lässest Du Deinen Diener in Frieden dahinfahren, wie Du gesagt hast. Denn meine Augen haben Deinen Heiland gesehen, den Du bereitet hast, im Angesichte aller Völker ein Licht zu sein, zu erleuchten die Heiden und zum Ruhme Deines Volkes Israel." Und Seine Eltern wunderten sich über alles, was von Ihm gesagt wurde.*

16. *Und Simeon segnete sie und sprach zu Maria, Seiner Mutter: „Siehe, dieses Kind wird gesetzt zum Falle und Auferstehen vieler in Israel und zu einem Zeichen, dem widersprochen wird (und wahrlich, es wird ein Schwert auch durch deine Seele dringen), auf daß vieler Herzen Gedanken offenbar werden."*

17. Und es war da Anna, eine Prophetin, die Tochter Phanuels, vom Stamme Aser, die war hochbetagt und verließ den Tempel nie, sondern diente Gott mit Fasten und Beten Tag und Nacht.

18. Diese trat auch hinzu in dieser Stunde und pries den Herrn und redete von Ihm zu allen, die da auf die Erlösung zu Jerusalem warteten. Und da sie alles vollendet hatten nach dem Gesetze des Herrn, kehrten sie wieder nach Galiläa zu ihrem Wohnorte Nazareth zurück.
(Kap. 4, 13-18)

5. KAPITEL

Die Anbetung der Weisen und Herodes

Die Bedeutung der sechs Strahlen des Sternes von Bethlehem (5). Botschaften Gottes und Seiner Engel sind Weisungen, aber keine direkten Aussagen über Mögliches – Mittelbare Führung (13)

1. *Als Jesus geboren war zu Bethlehem im Lande Judäa zur Zeit des Königs Herodes, siehe, da kamen einige weise Männer aus dem Osten nach Jerusalem. Sie hatten sich gereinigt und weder Fleisch noch starke Getränke zu sich genommen, damit sie den Christus finden könnten, den sie suchten. Und sie sprachen: „Wo ist der neugeborene König der Juden? Denn wir im Osten haben Seinen Stern gesehen und sind gekommen, Ihn anzubeten."*

2. *Als König Herodes dies hörte, erschrak er und mit ihm ganz Jerusalem. Und er ließ alle Hohepriester und Schriftgelehrten des Volkes zusammenrufen und verlangte von ihnen zu wissen, wo der Christus geboren werden sollte.*

3. *Und sie sagten ihm: „Zu Bethlehem im Lande Judäa, denn so steht es geschrieben bei dem Propheten: Und du, Bethlehem im Lande Judäa, bist nicht die Kleinste unter den Fürsten Judas; denn aus dir soll der Herrscher kommen, der Mein Volk Israel regieren wird."*

4. *Da berief Herodes die Weisen heimlich zu sich und erforschte von ihnen genau, wann der Stern erschienen wäre. Und er sandte sie nach Bethlehem und sagte: „Ziehet hin und sucht sorgfältig nach dem Kindlein, und wenn*

ihr Es gefunden habt, so gebt mir wieder davon Kunde, daß auch ich komme und Es anbete."

5. *Als sie nun den König gehört hatten, zogen sie hin: Und siehe, der Stern, den die Weisen aus dem Osten sahen, und der Engel des Sternes zogen vor ihnen hin, bis er kam und über dem Orte stand, da das Kindlein war. Und der Stern erglänzte mit sechs Strahlen. (Kap. 5, 1-5)*

Ich, Christus, erkläre, berichtige
und vertiefe das Wort:

Was besagt das Symbol der sechs Strahlen? Gottes Sohn bringt das Gesetz Gottes, die sieben Grundstrahlen der Himmel, auf diese Erde. Sechs Strahlen strahlen im Geiste auf Ihn herab – der siebte Strahl, die Barmherzigkeit, wohnt unter den Menschen: der Sohn des Allerhöchsten im Erdenkleid, der Christus Gottes in Jesus. Auch Maria trug in sich einen Teilstrahl der Barmherzigkeit, denn sie ist im Geiste des Herrn mit dem Cherub der göttlichen Barmherzigkeit verbunden.

6. *Sie zogen ihres Weges mit ihren Kamelen und Eseln, die mit ihren Gaben beladen waren. Und sie blickten auf der Suche nach dem Kind so eifrig auf den Stern am Himmel, daß sie für eine Weile ihre müden Tiere vergaßen, die die Lasten und die Hitze des Tages trugen und durstig und erschöpft waren. Und der Stern entschwand ihren Blicken.*

7. *Vergeblich standen sie und starrten und blickten in ihrer Bestürzung einer den anderen an. Da entsannen sie*

sich ihrer Kamele und Esel und beeilten sich, ihre Lasten abzuladen, damit sie rasten könnten.

8. *Nun war dort nahe bei Bethlehem ein Brunnen am Wege. Und als sie sich darüberbeugten, um Wasser für ihre Tiere heraufzuholen, siehe, da spiegelte sich auf der stillen Wasserfläche der Stern, den sie verloren hatten.*

9. *Und als sie dieses sahen, wurden sie von großer Freude erfüllt.*

10. *Und sie priesen Gott, der ihnen Barmherzigkeit zeigte, gerade als sie sich ihrer durstigen Tiere erbarmt hatten.*

11. *Und als sie in das Haus eingetreten waren, fanden sie das Kindlein mit Maria, Seiner Mutter, und sie fielen nieder und beteten Es an. Sie öffneten ihre Schätze und breiteten vor Ihm ihre Gaben aus: Gold, Weihrauch und Myrrhe.*

12. *Und da sie von Gott in einem Traum gewarnt waren, nicht zu Herodes zurückzukehren, zogen sie auf einem anderen Weg zurück in ihre Heimat. Und sie entzündeten nach ihrem Brauch ein Feuer und beteten Gott in der Flamme an.*

13. *Da sie aber fortgezogen waren, siehe, da erschien der Engel des Herrn dem Joseph im Traum und sprach: „Stehe auf und nimm das Kindlein und Seine Mutter und fliehe nach Ägypten und dort bleibe, bis ich dir weiteres sage; denn Herodes sucht Es umzubringen." (Kap. 5, 6-13)*

Ich, Christus, erkläre, berichtige
und vertiefe das Wort:

Es steht geschrieben: „... denn Herodes sucht Es umzubringen." Die Worte des Engels und die Inspiration aus dem Geiste lauteten dem Sinne nach: „Nun fliehe mit dem Kindlein und Seiner Mutter nach Ägypten und bleibe dort bis auf weiteres." Die Kunde, daß Herodes das Kindlein töten wollte, kam zu Joseph aus anderen Quellen und wurde mit der Aussage des Engels verbunden.

Da die Menschen der Neuen Zeit – durch Verwirklichung und Erfüllung der ewigen Gesetze – die Freiheit im Gesetz des Lebens kennen, werden sie an dieser oder an ähnlichen Aussagen zweifeln: „Herodes sucht es umzubringen." Denn sie wissen: Solche oder ähnliche direkte Aussagen machen Gott und Seine Engel nicht. Dadurch würden sie bejahen, was noch in der Schwebe ist.

Deshalb erkläre, berichtige und vertiefe Ich, Christus, diese und weitere Aussagen, so daß dieses Buch für viele ein Erkenntniswerk ist.

Gott läßt den Menschen über andere Quellen, also mittelbar, Botschaften überbringen – dann, wenn das Vorhaben eines Menschen von diesem bereits ausgesprochen wurde und von Zweiten oder Dritten, die es gehört haben, übermittelt werden kann. Wenn es von Bedeutung ist, wird es sodann dem Betroffenen mittelbar zukommen. Auf diese Weise führt Gott – im Gesetz von Saat und Ernte – mittelbar.

14. Er stand auf und nahm das Kindlein und Seine Mutter bei Nacht und entwich nach Ägyptenland und blieb dort für etwa sieben Jahre bis zum Tode des Herodes, damit erfüllet würde, was der Herr durch den Propheten gesagt hat, der da spricht: „Aus Ägypten habe Ich Meinen Sohn gerufen."

15. Und auch Elisabeth, als sie dies hörte, nahm ihr Söhnlein und ging ins Gebirge mit ihm und verbarg es dort. Und Herodes sandte seine Männer zu Zacharias in den Tempel und ließ ihn fragen: „Wo ist dein Kind?" Und er antwortete: „Ich bin ein Diener Gottes und bin immerfort im Tempel. Ich weiß nicht, wo es ist."

16. Und er sandte abermals zu ihm und ließ ihn fragen: „Sage mir ehrlich, wo ist dein Sohn, weißt du denn nicht, daß dein Leben in meiner Hand ist?" Zacharias antwortete und sprach: „Gott ist Zeuge: Wenn du mein Blut vergießest, wird Gott meine Seele aufnehmen, denn du vergießest das Blut eines Unschuldigen."

17. Und sie erschlugen Zacharias im Tempel zwischen dem Allerheiligsten und dem Altar; das Volk bekam Kunde davon durch eine Stimme, die rief: „Zacharias ist getötet worden, und sein Blut soll nicht früher abgewaschen werden, bevor nicht der Rächer gekommen ist." Und nach einiger Zeit warfen die Priester das Los, und das Los fiel auf Simeon, welcher seine Stelle einnahm.

18. Da Herodes nun sah, daß er von den Weisen getäuscht worden war, wurde er äußerst erzürnt und sandte seine Leute aus und ließ alle Kinder zu Bethlehem und in der Umgebung erschlagen, die da zweijährig und darunter waren, entsprechend der Zeit, die er von den Weisen erfahren hatte.

19. So wurde erfüllt, was gesagt ist von dem Propheten Jeremia: „In Rama hört man eine Stimme, Weinen, Klagen und großes Trauern. Rahel weint um ihre Kinder und will sich nicht trösten lassen; denn sie sind nicht mehr."

20. Doch als Herodes gestorben war, siehe, da erschien der Engel des Herrn dem Joseph im Traume in Ägypten und sprach: „Stehe auf und nimm das Kind und Seine Mutter und kehre zurück in das Land Israel: Denn sie sind gestorben, die dem Kinde nach dem Leben trachteten."

21. *Und er stand auf und nahm das Kind und Seine Mutter und kam zurück in das Land Israel. Und sie wohnten in einer Stadt mit Namen Nazareth. Und Er wurde der Nazarener genannt. (Kap. 5, 14-21)*

6. KAPITEL

Kindheit und Jugend Jesu

Der Tempel des Inneren (4). Bräutigam Christus und Braut (5). Vermählung als Treuebund vor Gott – Erfahrung des Weiblichen für Jesus von Nazareth – Leiden und Kreuzestod hätten nicht sein müssen (10). Richtiges Textverständnis – Weisheit der Ägypter (11). Kurzer Bericht über das Leben Jesu vor Beginn Seiner Lehrtätigkeit (12). Jesus lebte und gab aus der Allmacht und Liebe Gottes und erfüllte das Gebot „Bete und arbeite" (14). Der letzte Bund, geschlossen mit der Urgemeinde Neues Jerusalem – Die Finsternis hat verloren – Der Reinigungsprozeß der Erde (17)

1\. *Nun gingen Seine Eltern, Joseph und Maria, alle Jahre hinauf nach Jerusalem zum Passahfest; sie feierten das Fest nach der Sitte ihrer Brüder, die Blutvergießen und Fleischessen und starke Getränke unterließen. Als Jesus zwölf Jahre alt war, ging Er mit ihnen hinauf nach Jerusalem nach dem Festbrauch. (Kap. 6, 1)*

Ich, Christus, erkläre, berichtige und vertiefe das Wort:

Damit ist offenbar, daß Gott, der Herr, nicht in die Gesetze der Menschen eingreift, soweit es Bräuche sind, die nicht dem himmlischen Gesetz entgegenstehen. Auch der Mensch Jesus hielt den Brauch, und der Herr begleitete Ihn mit Seinem Geiste.

2\. *Und als die Tage zu Ende waren und sie zurückkehrten, blieb das Kind Jesus in Jerusalem zurück, und Seine Eltern wußten es nicht. Sie meinten, Er wäre mit in der Gesellschaft und gingen eine Tagereise weit. Dann suchten sie Ihn unter den Freunden und Bekannten. Und da sie Ihn nicht fanden, kehrten sie um nach Jerusalem und suchten Ihn dort.*

3\. *Es geschah, daß sie Ihn nach drei Tagen im Tempel mitten unter den Gelehrten fanden. Er saß, hörte ihnen zu und stellte ihnen Fragen. Und alle, die Ihn hörten, verwunderten sich über Sein Verständnis und Seine Antworten.*

4\. *Als Seine Eltern Ihn sahen, waren sie bestürzt. Und Seine Mutter sprach zu Ihm: „Mein Sohn, warum hast Du uns das angetan? Siehe, Dein Vater und ich haben Dich voll Sorgen gesucht." Und Er sprach zu ihnen: „Warum habt ihr Mich gesucht? Wisset ihr nicht, daß Ich in dem Hause Meines Vaters sein muß?" ... (Kap. 6, 2-4)*

Ich, Christus, erkläre, berichtige
und vertiefe das Wort:

Mit den Worten „... daß Ich in dem Hause Meines Vaters sein muß" meinte der Knabe nicht das Haus, den Tempel aus Stein, sondern das Haus aus Fleisch und Bein – den Menschen, in welchem der Geist Gottes wohnt, der durch den Knaben Jesus redete. Jesus meinte: Ich muß in Mir ruhen, im Tempel des Inneren, um den Menschen zu geben – und denen zu antworten, die Mich darum gebeten haben.

Jeder Mensch ist ein Tempel Gottes. Wer diesen Tempel rein hält, der empfindet, denkt, spricht und handelt auch rein und lebt dadurch im Bewußtsein Gottes. Jesus lehrte aus diesem „Tempel des Inneren“ im Tempel zu Jerusalem jene, die Ihn im Tempel aus Stein hören wollten.

... Und sie begriffen die Worte nicht, die Er zu ihnen sagte. Aber Seine Mutter bewahrte alle diese Worte in ihrem Herzen.

5. *Und ein Prophet, der Ihn sah, sagte zu Ihm: „Siehe, die Liebe und die Weisheit Gottes sind vereint in Dir, deshalb sollst Du im kommenden Zeitalter Jesus genannt werden, denn durch den Christus wird Gott die Menschheit erlösen, die heute wahrlich ist wie die bittere See; doch diese Bitternis soll in Süßigkeit gewandelt werden; aber diesem Geschlecht wird die Braut noch nicht erscheinen und auch noch nicht in dem Zeitalter, das kommen wird.“ (Kap. 6, 4-5)*

Ich, Christus, erkläre, berichtige
und vertiefe das Wort:

Der Prophet hat aus dem Geiste geweissagt. Es sind inzwischen Zeitalter vergangen. Doch der Bräutigam, der Geist Christi, der Ich Bin, habe Mich nun aufgemacht, um die Menschen, die an Mich glauben und den Willen des Vaters erfüllen, zu rufen, um sie in das Land des Friedens zu führen. Gleich einer geschmückten

Braut, geschmückt mit der Zierde und der Tugend inneren Lebens, kommen Mir viele Seelen und Menschen entgegen – und es werden immer mehr, die sich von der Bitternis zur Süße wandeln und sich zu Meiner Rechten einfinden.

6. *Und Er ging mit ihnen hinab und kam nach Nazareth und war ihnen gehorsam. Und Er machte Räder und Joche und auch Tische mit großer Geschicklichkeit. Und Jesus nahm zu an Größe und auch an Gnade bei Gott und den Menschen.*

7. *Und eines Tages kam der Knabe Jesus an einen Ort, wo eine Falle für Vögel gestellt war, und es standen einige Knaben dabei. Und Jesus sprach zu ihnen: „Wer hat diese Schlinge hierher gelegt für die unschuldigen Geschöpfe Gottes? Siehe, sie werden in gleicher Weise in einer Schlinge gefangen werden." Und Er erblickte zwölf Sperlinge, die waren wie tot.*

8. *Und Er bewegte Seine Hände über ihnen und sprach zu ihnen: „Flieget hinweg, und solange ihr lebet, denket an Mich." Und sie erhoben sich und flogen hinweg mit Geschrei. Die Juden, die das sahen, waren sehr erstaunt und erzählten es den Priestern.*

9. *Und andere Wunder tat das Kind, und man sah, wie Blumen unter Seinen Füßen emporsprossen, dort, wo bisher unfruchtbarer Boden gewesen war. Und Seine Gefährten bekamen Ehrfurcht vor Ihm.*

10. *Als Jesus achtzehn Jahre alt war, wurde Er mit Mirjam verheiratet, einer Jungfrau aus dem Stamme Juda, und Er lebte mit ihr sieben Jahre lang; und sie starb; denn*

Gott nahm sie zu sich, damit Er weiterschreiten könne zu den höheren Aufgaben, die Er zu vollbringen hätte und zu leiden für alle Söhne und Töchter der Menschen. (Kap. 6, 6-10)

Ich, Christus, erkläre, berichtige
und vertiefe das Wort:

Ich war niemals verheiratet. In dieser Generation [1989] hat das Wort „verheiratet“ eine andere Bedeutung. Für den Menschen dieser Zeit bedeutet es Verehelichung vor dem Standesamt und eventuell eine Zeremonie in einer irdischen Kirche vor und mit einem Priester.

Auch das Wort „Vermählung“ hat im Geiste eine andere Bedeutung als „Verehelichung“. Die Vermählung im Geiste Gottes bedeutet: Zwei Menschen schließen den Bund mit Gott und bemühen sich, in Gott eins zu werden. Eine Verheiratung ist ein Beschluß nach den Gesetzen dieser Welt. Die Vermählung hingegen ist ein Treuebund mit dem Nächsten vor Gott, in dem zwei Menschen beschließen, die göttlichen Gesetze zu verwirklichen und miteinander ein reines, gotterfülltes Leben zu führen.

In diesem Buche hat das Wort „verheiratet“ die Bedeutung: verbunden durch Gottes Liebe.

Jesus war im Geiste mit allen Menschen und Wesen, mit allem Sein verbunden – so, wie Ich es als Christus Bin.

Als Jesus, das heißt als der Menschensohn, mußte Ich auch diese Verbindung zum weiblichen Geschlechte erfahren, um es zu verstehen und ihm helfen zu können.

Als Jesus von Nazareth hatte Ich eine tiefe, reine Verbindung zu dieser Frau, die Meinem Wesen sehr nahe war. Das Gesetz lautet: Gleiches zieht Gleiches an. Diese Frau hatte einige Meiner Seele ähnlich schwingende Wesensaspekte. Durch diese standen wir in tiefer Kommunikation. Ich empfand Mich in ihr und sie sich in Mir. Dabei erlebte Ich die Empfindungswelt des weiblichen Prinzips im Erdenkleid und verstand dadurch auch die vielen Frauen, die in den Jahren Meiner Lehrtätigkeit mit Mir waren.

Kurz vor Meinen Jahren des Lehrens war die Erdenzeit für diese Frau abgelaufen. Gott, unser ewiger Vater, holte sie, wie später viele Männer und Frauen aus Meinem Gefolge, zurück zu sich. Denn in dieser Welt ist das Kommen und Gehen der Seele eine Gesetzmäßigkeit, die nicht der Willkür unterliegt, sondern dem Ablauf des Gesetzes von Saat und Ernte oder dem Lichtgesetz Gottes.

Mein Auftrag als Jesus von Nazareth, der Christus Gottes, war, den Erlöserfunken in die Seelen der Menschen einzusenken. Mein Leiden und der physische Tod waren das Zeichen für die Unbeugsamkeit der Menschen. Hätten sich die Söhne und Töchter Gottes aus dem Geschlechte David von Johannes und auch von Mir rufen lassen und wären sie dem Christus in Jesus treu gefolgt, so wären weitere Söhne und Töchter Gottes aus anderen Geschlechtern hinzugekommen, um Mir getreu nachzufolgen. Daraus hätte sich ein Volk ergeben, welches bewußt das Volk David für das Friedensreich Jesu Christi hätte sein können. Weil das Geschlecht David, das im Auftrag des Erlösungswerkes steht, in der Sünde verblieb, umhüllte Ich Mich mit einem Teil seiner Schuld sowie Teilen der Schuld einzelner aus anderen Geschlechtern. Dadurch konnte Ich gefangengenommen werden. Und so begann das Leiden.

Wäre das Geschlecht David nicht in der Sünde verblieben, so hätte Ich wohl den Erlöserfunken allen Seelen und Menschen gebracht; jedoch die Leiden und den physischen Tod am Kreuze hätte Ich dann nicht erdulden müssen. So litt Ich für die Söhne und Töchter der Menschen, weil sie nicht bewußt Söhne und Töchter Gottes wurden, indem sie Gottes Willen erfüllten.

Hätte das Geschlecht David zu Mir gestanden, so hätte das ganze Geschehen einen anderen Verlauf genommen. Und hätte das gesamte jüdische Volk – einschließlich seiner Schriftgelehrten und Pharisäer – den Sohn Gottes an- und aufgenommen, indem sie das Gesetz Gottes erfüllt hätten, dann wäre die Teilkraft in der Urkraft geblieben. Denn wer das ewige Gesetz erfüllt, bedarf keiner Stütze.

11. Und Jesus, da Er das Studium des Gesetzes abgeschlossen hatte, ging wieder nach Ägypten hinunter, auf daß Er die Weisheit der Ägypter erlerne, wie es Moses getan hatte. ... (Kap. 6, 11)

Ich, Christus, erkläre, berichtige
und vertiefe das Wort:

Da viele Texte dieses Buches nicht dem Sinne nach verstanden werden, sondern dem Worte nach, muß immer wieder einiges erklärt und berichtigt werden.

Ich habe schon offenbart, daß manche Worte bei der Entstehung dieses Buches eine andere Bedeutung hatten als heute [1989]. Auch hatte der Mensch, der damals das Wort empfing und niederschrieb, einen bestimmten Wortschatz; nur dieser konnte verwendet werden. Auch die Übersetzer hatten wieder ihren eigenen Wortschatz für die Übersetzung. Deshalb sollte alles, was aus dem Göttlichen im Wort gegeben wird, dem Sinne nach verstanden werden. Wo es unbedingt erklärt, berichtigt oder vertieft werden muß, werde Ich immer wieder durch Mein Instrument der heutigen Zeit [1989] wirken und es erklären, berichtigen oder vertiefen.

Auch in diesem Text berichtige Ich die Worte: „... ging wieder nach Ägypten hinunter, auf daß Er die Weisheit der Ägypter erlerne, wie es Moses getan hatte.“ Es soll dem Sinn nach heißen: Er traf sich immer wieder mit Ägyptern, um mit ihnen von der Weisheit Gottes zu sprechen. Ich ging jedoch nicht nach Ägypten, um die Weisheit Gottes von den Ägyptern zu erlernen. Als Kind war Ich mit Meinen Zieheltern in Ägypten, jedoch auch damals nicht, um die göttliche Weisheit zu erlernen.

In der Wüste traf Ich Mich außerdem immer wieder mit Männern und Frauen, um zu beten und mit ihnen von der ewigen Wahrheit zu sprechen. Darunter waren immer wieder viele Ägypter. Schon als Knabe Jesus war die Weisheit Gottes in Mir offenbar; sie redete auch durch Mich. Daher sprach Ich schon als Knabe Jesus aus der Weisheit Gottes zu den sogenannten Gelehrten im Tempel. Die Weisheit Gottes war also in Mir wirksam. Wozu sie dann noch erlernen!

... Und Er ging in die Wüste, meditierte, fastete und betete, und Er erhielt die Vollmacht des heiligen Namens, durch welche Er viele Wunder wirkte.

12. Und durch sieben Jahre hindurch redete Er mit Gott von Angesicht zu Angesicht, und Er erlernte die Sprache der Vögel und der Tiere und die Heilkräfte der Bäume, Kräuter und Blumen und die verborgenen Kräfte der Edelsteine und lernte auch die Bewegungen der Sonne und des Mondes und der Sterne und die Macht der Schriftzeichen, die Mysterien des Winkelmaßes und des Kreises und die Verwandlung der Dinge und Formen, der Zahlen und Zeichen. Von dort kehrte Er zurück nach Nazareth, um Seine Eltern zu besuchen, und Er lehrte dort und in Jerusalem als ein anerkannter Rabbi, selbst im Tempel, und niemand hinderte Ihn. (Kap. 6, 11-12)

Ich, Christus, erkläre, berichtige
und vertiefe das Wort:

Alles, was Gott geschaffen hat und erhält, ist in der Seele des Menschen. Wer in Gott lebt, der empfängt von Gott und wird – auch als Mensch – belehrt von Gott. Als Jesus von Nazareth lebte Ich in Gott und empfing von Gott, Meinem Vater, mit dem Ich in beständiger Kommunikation stand.

Aus dem Inneren des Jesus strömte die göttliche Weisheit, und Er redete mit den Tieren im Wasser, in der Luft und in und auf der Erde. Und Jesus, in dem Ich lebte, erfuhr in sich das Leben der Pflanzen und Steine.

Aus dem Inneren erlebte Ich als Jesus die Bewegung der Gestirne, worüber Ich sehr viel mit den Ägyptern sprach, unter denen es wahre Weise gab.

Weil Ich als Jesus im Tempel lehrte, nannten Mich viele Menschen Rabbi. Doch Ich war Prophet und Gottes Sohn – im Erdenkleid der Menschensohn, der die Gesetze Gottes lehrte und lebte und sich hingab, auf daß die Erlösung in den Seelen der Menschen und in den Seelen, die in den Fallreichen lebten, Einzug halten konnte.

13. Nach einiger Zeit ging Er nach Assyrien und Indien und nach Persien und in das Land der Chaldäer. Und Er besuchte ihre Tempel und sprach mit ihren Priestern und ihren Weisen viele Jahre lang, und Er tat viele wunderbare Werke und heilte die Kranken, während Er durch die Länder zog.

14. Und die Tiere des Feldes empfanden Ehrfurcht vor Ihm, und die Vögel hatten keine Angst vor Ihm; denn Er erschreckte sie nicht, ja, sogar die wilden Tiere der Wüste fühlten die Macht Gottes in Ihm und dienten Ihm freiwillig und trugen Ihn von Ort zu Ort.
(Kap. 6, 13-14)

Ich, Christus, erkläre, berichtige
und vertiefe das Wort:

Als Jesus kam Ich mit vielen Menschen unterschiedlichen Standes und verschiedener Sprachen zusammen und sprach mit Assyrern, Indern, Persern, Chaldäern, Israeliten und mit weiteren Männern und Frauen aus den verschiedenen Stämmen. Doch Ich zog nicht in deren Länder oder in andere, um Gottes Weisheit zu erlernen. Ich kam in manche Länder und an manche Landesgrenzen. Oftmals war die Sprache ein Hindernis. Doch wenn wir über die Gesetze der Liebe sprachen, wußte jeder, was der Nächste sagen wollte. Die Sprache des Herzens kennt keine Grenzen – auch heute nicht, in der Zeit nahe dem Jahre zweitausend.

Aus der Liebe zu den Menschen brach auch die Heilkraft durch – um Menschen zu helfen und um Zeugnis zu geben von dem, das in Mir, dem Jesus, wohnte: die Allmacht Gottes.

Die heute [1989] noch bestehende Technik ermöglicht es, Mein Wort rascher zu übersetzen und zu übertragen, so daß die Herzen der Menschen erwachen und sie die Sprache der Liebe erlernen; sie wird von allen Herzdenkern verstanden.

Viele Menschen sind der Ansicht, Ich sei viele Jahre unterwegs gewesen, um Weisheiten zu sammeln und Werke der Liebe zu tun. Als Jesus von Nazareth war Ich wohl viel unterwegs, um zu lehren und die Werke der Liebe und Barmherzigkeit zu tun. Ich versäumte jedoch nicht, das Gebot „Bete und arbeite“ zu erfüllen.

So wie Joseph und Meine leiblichen Brüder verwirklichte Ich als Zimmermann, was Gott den Menschen geboten hat: „Bete und arbeite.“

Der Sinn der Aussage „und trugen Ihn von Ort zu Ort“ heißt: Viele Tiere gingen eine lange Wegstrecke mit Mir, manche von Ort zu Ort. Wer Gott liebt, der liebt auch die Naturreiche. Und die Naturreiche dienen dem, der Gott liebt. Denn alles Sein ist Leben aus Gott – und wer Gott liebt, dem dient alles Sein.

15. Denn der Geist göttlicher Menschlichkeit erfüllte Ihn und erfüllte so alle Dinge um Ihn und machte Ihm alles untertan; und also erfüllten sich die Worte der Propheten: „Der Löwe soll liegen bei dem Kalbe und der Leopard bei dem Zicklein und der Wolf bei dem Lamm und der Bär bei dem Esel und die Eule bei der Taube. Und ein Kind soll sie führen.

16. Und niemand soll verletzen oder töten auf Meinem heiligen Berge; denn die Erde soll erfüllet werden von der Erkenntnis des Heiligen ebenso, wie die Wasser bedecken das Bett des Meeres. Und in diesen Tagen will Ich nochmals einen Bund schließen mit den Tieren der Erde und den Vögeln der Luft, mit den Fischen des Meeres und mit allen Geschöpfen der Erde. Und Ich will den Bogen zerbrechen und auch das Schwert, und alle Werkzeuge des Krieges will Ich verbannen von der Erde, und sie sollen weggelegt werden in Sicherheit, damit alle ohne Furcht leben.

17. Und Ich will Mich dir angeloben für immerdar in der Rechtschaffenheit und im Frieden und in der Güte des Herzens, und du sollst deinen Gott erkennen, und die Erde soll hervorbringen das Korn und den Wein und das Öl, und Ich will zu denen sagen, die nicht Mein Volk sind: Du bist Mein Volk, und sie werden zu Mir sprechen: Du bist unser Gott.“ (Kap. 6, 15-17)

Ich, Christus, erkläre, berichtige
und vertiefe das Wort:

Dies ist geschehen!

Da die Israeliten Mich, Christus, nicht als ihren Erlöser an- und aufgenommen haben, sammeln der Ewige und Ich, Christus, die Söhne und Töchter Gottes auf einem anderen Erdteil. Dort ist nun „Israel“, und dort ist auch das neue „Jerusalem“.* Denn Gott bindet sich nicht an einen Ort und an Versprechen von Menschen, die ihr Versprechen nicht halten, die nicht erfüllen, was Er ihnen geboten hat.

Ein anderes Volk steht im Bündnis. Es ist Mein Volk, und Ich werde sein Hirte sein. Von dort werden nun die ersten Kräfte des Friedensreiches emporsteigen.

Gott kündigte den Bund mit dem Volk Israel auf und schloß einen neuen Bund – den letzten Bund – mit diesem anderen Volk, mit Menschen, die sich bemühen, Gottes Willen zu erfüllen. Sie sind aus dem großen Geschlechte David und aus anderen Geschlechtern, welche die Gebote des Lebens halten.

Der Ewige und Ich, Christus, riefen und rufen in diese Welt durch Prophetenmund und sammeln alle willigen Söhne und Töchter Gottes: Das schon bestehende Völkchen wird zu einem mächtigen Volk Gottes heranwachsen.

Der letzte Bund ist geschlossen und hat Gültigkeit. Er bringt denen, die ihn halten, aus dem Gesetze Gottes viele Hilfen. Ich, Christus, stehe dem Volk Gottes vor

---

* *Vgl.: Der Bund mit Gott für das Friedensreich Jesu Christi. Christus ruft alle geistigen Gruppen, Konfessionen und Religionen (Würzburg 1989, 2. erw. Aufl.)*

und habe keinen Menschen als Stellvertreter. Die Urgemeinde Neues Jerusalem, die zur Bundgemeinde wurde, ist dieses Volk Gottes. Es ist das zentrale Licht im Universellen Leben.

Das Volk Gottes wird noch manche Hürden zu nehmen haben. Doch der Geist der Wahrheit und des Lebens ist mit ihm, und alle, die ehrlichen Herzens im Bündnis stehen, werden die Gründer und Erbauer des Reiches Gottes auf Erden sein. In dieser Zeit – nahe dem Jahre zweitausend – zeigt sich an, wie es sinngemäß geschrieben steht: Ich, euer Herr und Gott, werde mit einem anderen Volke den Bund schließen.

Die Finsternis hat verloren; der Bund ist geschlossen; die Erde reinigt sich – so, wie es prophezeit wurde.

Die Erde wird erzittern und sich auftun und viele Menschen verschlingen. Jedoch bevor dies alles geschieht, werden Krankheiten, Nöte, Schicksalsschläge und vieles mehr über die Menschen kommen. Der Engel des Todes geht einher und rafft immer mehr Menschen hinweg. Das Unreine wird vergehen. Die Meere werden über ihre Becken treten und alles Gegensätzliche zudecken, und die Gestirne werden mit ihren Strahlen die Erde reinigen. Dann ist zerbrochen das Schwert und alles Werkzeug des Krieges. Dann wird auf der ganzen Erde das Friedensreich entstehen, und auf der Erde werden Menschen leben, die Gottes Willen erfüllen. Und es wird Friede sein. Dann ist erfüllt, was geschrieben steht:

„Der Löwe soll liegen bei dem Kalbe und der Leopard bei dem Zicklein und der Wolf bei dem Lamm und der Bär bei dem Esel und die Eule bei der Taube. Und ein Kind soll sie führen.“ Das alles wird geschehen!

18. Und eines Tages ging Er einen Bergpfad entlang am Rande der Wüste; da traf Er auf einen Löwen, den verfolgte eine Menge Menschen mit Steinen und Wurfspießen und wollte ihn töten.

19. Aber Jesus schalt sie mit den Worten: „Warum jagt ihr die Geschöpfe Gottes, die edler sind als ihr? Durch die Grausamkeit vieler Generationen wurden sie zu Feinden der Menschen gemacht, die eigentlich ihre Freunde sein sollten.

20. So wie in ihnen die Macht Gottes sichtbar wird, so zeigt sich auch Seine Geduld und Sein Mitleid. Höret auf, dieses Geschöpf zu verfolgen! Es will euch kein Leid tun. Seht ihr nicht, wie es vor euch flieht und erschreckt ist von eurer Gewalttätigkeit?" (Kap. 6, 18-20)

Ich, Christus, erkläre, berichtige
und vertiefe das Wort:

Das Wort „Mitleid" meint Gottes Hilfe. Ich habe die Erlösung für alle Menschen und Seelen gebracht. In der Erlösung ist auch die Befreiung der Tiere. Denn durch die Erlösung wird im Evolutionsprozeß alles zur Einheit erhoben, in das Licht Gottes, das Einheit, Leben, Substanz und Kraft ist.

21. Und der Löwe kam herbei und legte sich vor Jesu Füße und zeigte Ihm seine Liebe. Und das Volk staunte sehr und sagte: „Sehet, dieser Mensch liebt alle Geschöpfe, und Er hat Macht sogar über die Tiere der Wüste, und sie gehorchen Ihm." (Kap. 6, 21)

7. KAPITEL

Bußpredigt des Johannes

Die Bedeutung von Symbolen und Zeremonien (4). Das Gericht: das Gesetz von Saat und Ernte – Läuterung der Seele (10)

1. *Im fünfzehnten Jahr der Regierung des Kaisers Tiberius, da Pontius Pilatus Statthalter in Judäa war und Herodes ein Vierfürst in Galiläa, (Kaiphas der Hohepriester und Annas das Haupt der Sanhedrim), erging das Wort Gottes zu Johannes, dem Sohn des Zacharias, in der Wüste.*

2. *Und Johannes kam in die Landschaften am Jordan und predigte die Taufe der Buße zur Vergebung der Sünden. Wie geschrieben steht bei den Propheten: „Siehe, Ich sende Meinen Boten vor Dir her, der Deinen Weg vor Dir bereitet. Es ist eine Stimme eines Rufers in der Wüste: Bereitet den Weg des Heiligen und machet eben die Pfade für den Gesalbten.*

3. *Alle Täler sollen aufgefüllt werden, und alle Berge und Hügel sollen erniedrigt werden, und was krumm ist, soll gerade werden, und die rauhen Wege sollen eben gemacht werden. Und alles Fleisch wird die Erlösung Gottes sehen."*

4. *Johannes aber hatte ein Gewand aus Kamelhaaren und einen ebensolchen Gürtel um die Lenden, und seine Nahrung waren die Früchte des Erbsenbaumes und wilder Honig. Und es gingen zu ihm Jerusalem und ganz Judäa und alle aus dem Land entlang dem Jordan und*

wurden getauft von ihm im Jordan und bekannten ihre Sünden. (Kap. 7, 1-4)

Ich, Christus, erkläre, berichtige
und vertiefe das Wort:

Auch in diesem Bericht erkennt der Mensch, daß Gott Sitten und Gebräuche zuläßt, die nicht gegen das ewige, heilige Gesetz sind: Hier ist es die Taufe mit dem Wasser.

Ob der Mensch das Wasser als Symbol der Reinigung noch beibehalten möchte, bis er mit dem Geiste des Lebens getauft ist, das überläßt Gott Seinen Menschenkindern.

Wer jedoch die Liebe zu Gott und zu seinem Nächsten entwickelt hat, der ist vom Geiste Gottes erhoben, das heißt, er ist vom Geiste der Wahrheit durchdrungen.

Wer geistig gereift ist, der bedarf immer weniger der Symbole und Zeremonien. Er lebt im Inneren, so, wie es im Himmel ist: rein! Der Reine ist erfüllt vom Geiste der Wahrheit und vom Geiste des Lebens durchdrungen: Er ist also vom Geiste Gottes getauft.

5. *Da sprach er zu dem Volke, das herauskam, um von ihm getauft zu werden: „O, du ungehorsames Geschlecht! Wer hat euch gewarnt, vor dem Zorn zu fliehen, der kommen wird? Bringt deshalb rechtschaffene Früchte der Buße und fangt nicht an, bei euch selbst zu sagen: Wir haben Abraham zum Vater.*

6. Denn ich sage euch: Gott kann dem Abraham aus diesen Steinen Kinder erwecken. Und schon ist die Axt gelegt an die Wurzel der Bäume, und jeder Baum, der nicht gute Früchte bringt, wird abgehauen und ins Feuer geworfen.“

7. Und die Reichen fragten ihn und sprachen: „Was sollen wir denn tun?“ Er antwortete und sprach zu ihnen: „Wer zwei Röcke hat, der gebe dem, der keinen hat, und wer Speise hat, tue ebenso.“

8. Es kamen aber auch einige Zöllner, um getauft zu werden, und sagten zu ihm: „Meister, was sollen wir tun?“ Und er sprach zu ihnen: „Fordert nicht mehr, als euch vorgeschrieben ist, und seid nachsichtig nach eurem Ermessen.“

9. Ebenso fragten ihn die Kriegsleute: „Was sollen wir tun?“ Und er sprach zu ihnen: „Tut niemand Gewalt noch Unrecht und begnüget euch mit eurem Solde.“

10. Und er sprach zu allen und sagte zu ihnen: „Haltet euch zurück vom Blut der Erwürgten und vor den toten Körpern der Vögel und Tiere und hütet euch vor aller Grausamkeit und allem Unrecht. Meint ihr denn, das Blut der Tiere und der Vögel kann Sünde abwaschen? Ich sage euch: Nein. Sprechet die Wahrheit! Seid gerecht, seid barmherzig gegen eure Nächsten und gegen alle Geschöpfe, die da leben, und wandelt demütig mit eurem Gott.“ (Kap. 7, 5-10)

Ich, Christus, erkläre, berichtige
und vertiefe das Wort:

Mit dem Wort „Zorn“ ist das Gericht gemeint, das über jenen Menschen kommt, der nicht rechtzeitig umkehrt: Wer das göttliche Gesetz mißachtet, der wird unter dem, was er gesät hat, leiden. Kein Mensch kann vor seinem eigenen Gericht, vor den Wirkungen seiner eigenen Ursachen, fliehen. Einzig die Reue und die Bitte um Vergebung und die Vergebung und auch die Wiedergutmachung – so diese noch möglich ist – waschen die Seele rein von Sünde. Das, was der Mensch in seine Seele eingegeben hat, Licht und Schatten, das trägt er mit sich, bis dies getilgt ist. Einerlei, zu welcher Zeit, einerlei, an welchem Ort er sich befindet – er trägt das an Schatten bei sich, was er in seine Seele selbst eingegeben hat – so lange, bis dies getilgt ist.

Die Worte „Und schon ist die Axt gelegt an die Wurzel der Bäume, und jeder Baum, der nicht gute Früchte bringt, wird abgehauen und ins Feuer geworfen“ besagen: Jede ungesühnte Ursache kommt zum Tragen. Die Axt ist das Gesetz von Saat und Ernte. Der Baum ist der Mensch, der seine Sünden nicht bereut und das nicht wiedergutmacht, was er verursacht hat. Das Feuer bedeutet die Läuterung der Seele; es ist die aktive Wirkung auf die begangene ungesühnte Tat, die Ursache.

Wer in dem, was geschrieben steht, den Sinn zu erfassen vermag, der erkennt, daß die Seele und der Mensch nur dann rein werden, wenn sie ihre Fehler und Sünden erkennen, bereuen, vergeben, um Vergebung bitten und Buße tun – das heißt wiedergutmachen und Gleiches oder Ähnliches nicht mehr tun.

Erkennet: Die ganze Natur, Tiere, Pflanzen und Steine, sind der Garten Gottes, Sein Schöpfungswerk. Wer es mißachtet, der sündigt – und er wird immer wieder aufs neue vor seinen Sünden stehen, bis er erkennt, bereut und Buße tut. Und so er nicht mehr sündigt und die Gebote hält, wird er in Mir leben und Ich bewußt durch ihn.

Wer seinen Nächsten selbstlos liebt, der wird auch nicht mehr die Tiere töten und verzehren. Ein solcher Mensch wird rein in seiner Seele, und die Früchte, die er hervorbringt, werden das Leben in Mir sein.

11. Das Volk aber war in Erwartung, und alle dachten in ihren Herzen, ob Johannes der Christus wäre oder nicht. Johannes antwortete und sprach zu allen: „Ich taufe euch mit Wasser; es kommt aber ein Stärkerer nach mir, dessen Schuhriemen aufzulösen ich nicht wert bin.

12. Er wird euch taufen mit Wasser und mit Feuer. In Seiner Hand ist die Schaufel, und Er wird Seine Tenne fegen und wird den Weizen in Seine Scheuer sammeln, und die Spreu wird Er mit unlöschbarem Feuer verbrennen." Und vieles andere mehr sagte er dem Volk in seiner Bußpredigt. (Kap. 7, 11-12)

8. KAPITEL

Die Taufe von Jesus, dem Christus

Gott und Christus offenbaren heute die ganze Wahrheit durch den Seraph der göttlichen Weisheit – Der Stamm David bereitet mit Christus das Friedensreich vor (3)

1\. *Und es war mitten im Sommer und der zehnte Monat. Da kam Jesus aus Galiläa an den Jordan zu Johannes, um sich von ihm taufen zu lassen. Aber Johannes wehrte Ihm und sprach: „Ich habe es nötig, von Dir getauft zu werden, und Du kommst zu mir?" Jesus antwortete und sprach zu ihm: „Nimm es jetzt so hin, denn es gebühret uns, alle Gerechtigkeit zu erfüllen." Da ließ er es Ihm zu.*

2\. *Und da Jesus getauft war, stieg Er alsbald aus dem Wasser; und siehe, die Himmel öffneten sich über Ihm, und eine leuchtende Wolke stand über Ihm und hinter der Wolke zwölf Lichtstrahlen, und daraus kam gleich einer Taube der Geist Gottes auf Ihn herab und leuchtete um Ihn. Und siehe, eine Stimme vom Himmel sprach: „Dies ist Mein geliebter Sohn, an dem Ich Wohlgefallen habe. Und an diesem Tage habe Ich Ihn gezeugt." (Kap. 8, 1-2)*

Ich, Christus, erkläre, berichtige
und vertiefe das Wort:

Wasser symbolisiert die Reinigung der Seele und des Leibes. Wasser ist fließend – Geist ist fließend.

Das Geschehen nach der Taufe Jesu, von dem hier berichtet wird, vollzog sich im Geiste. Johannes sah es in seinem Inneren in diesen Symbolen. Das Wort „gezeugt“ soll „berufen“ heißen. Durch die Berufung vom Ewigen vollbrachte Ich, der Christus, was in Jesus immer mehr offenbar wurde.

3. *Und Johannes gab Zeugnis von Ihm und sprach: „Dieser war es, von dem ich gesagt habe, Er wird nach mir kommen und ist vor mich gestellt; denn Er war eher denn ich. Und von Seiner Fülle haben wir alle empfangen, Gnade um Gnade. Denn das Gesetz ist nur zum Teil durch Moses gegeben, aber die Gnade und Wahrheit kam durch Jesus Christus in Fülle. (Kap. 8, 3)*

Ich, Christus, erkläre, berichtige
und vertiefe das Wort:

Die ewige Wahrheit strahlt nun in unzähligen Facetten in diese Welt. In vielen Generationen gab der Ewige aus der ewigen Wahrheit, die Er ist, immer jene Facetten der Wahrheit, die gottzustrebende Menschen verstehen und nach denen sie leben konnten. So gab Er durch Mose die entsprechenden Facetten der Wahrheit für die damaligen Generationen. Ich, Christus in Jesus, gab aus der Wahrheit die Fülle. Doch wenige konnten Mich verstehen.

Jetzt [1989] ist die Zeit angebrochen, in der Ich alle Facetten der Wahrheit offenbare. Wer es fassen kann, der fasse es!

Erkennet: Die ewige Wahrheit wird sich nun auf der ganzen Welt verbreiten, und alles Unwahre wird dem Feuer anheimfallen, so daß die Fülle, die ganze Wahrheit, offenbar wird. Die göttliche Weisheit habe Ich vom Geiste her als Stamm-Mutter des Friedensreiches Jesu Christi erwählt. Der weibliche Strahl, der Seraph aus Gottes Weisheit, ist heute im Fleische und wirkt für den Ewigen und für Mich als Prophetin und Botschafterin Gottes. Durch sie riefen und rufen der Ewige und Ich, Christus, in diese Welt und bringen allen willigen Menschen – soweit es im Worte möglich ist – die ganze Wahrheit.

Nach dem Willen Gottes ist David, aus dem das Geschlecht David hervorging, der Stammvater des Friedensreiches Jesu Christi vom Fleische her. Denn er brachte den Samen und daraus die Gene in diese Welt, die das Geschlecht David bilden.

Die Wesen aus Gott verleiben sich in jene Menschen ein, in denen die Gene Davids aktiv sind. Sie stehen mit weiteren Söhnen und Töchtern aus anderen Geschlechtern im Auftrage der Erlösung, in Meinem Werk, dem Universellen Leben.

David ist demnach der Stamm-Vater des Friedensreiches Jesu Christi vom Fleische her und der Strahl der göttlichen Weisheit die Stamm-Mutter vom Geiste her.

David also brachte den Samen und die Gene für das Gottesvolk vom Fleische her; die göttliche Weisheit bringt die ganze Wahrheit im irdischen Wort durch ihren inkarnierten Teilstrahl, den Seraph der göttlichen Weisheit.

Die Seelen im Fleische sind gerufen.

Durch die Prophetin und Botschafterin Gottes empfangen Seelen und Menschen von Mir, dem Christus, im offenbarten Wort die ganze Wahrheit. Der einverleibte Teilstrahl der göttlichen Weisheit lehrt die ewigen Gesetze auch in den Einzelheiten und zeigt allen Willigen, wie diese in der Welt erfüllt werden können.

Die Zeit ist gekommen. Die Welt schreitet auf das Jahr zweitausend zu. Ich bereite Mein Kommen als Christus vor durch das erwählte Volk Gottes, mit dem der Ewige und Ich, Christus, in der Allkraft, Gott, den letzten Bund geschlossen haben. Nur jene Seelen und jene Menschen werden zu Meiner Rechten stehen, welche die ganze Wahrheit kennen und sie auch erfüllen.

4. *Niemand hat Gott je gesehen. Nur in dem allein Geborenen, der aus dem Schoß des Ewigen kommt, ist Gott geoffenbart." Und dies ist die Aussage des Johannes, als die Juden von Jerusalem Priester und Leviten sandten, ihn zu fragen: „Wer bist du?" Und er leugnete nicht, sondern bekannte: „Ich bin nicht Christus."*

5. *Und sie fragten ihn: „Wer denn? Bist du Elias?" Er sprach: „Ich bin es nicht." „Bist du der Prophet, von dem Moses sprach?" Und er antwortete: „Nein." Da sprachen sie zu ihm: „Wer bist du denn? Daß wir Antwort geben denen, die uns gesandt haben. Was sagst du von dir selbst?" Und er sprach: „Ich bin die Stimme eines Rufers in der Wüste. Bereitet den Weg des Heiligen, wie der Prophet Jesaja gesagt hat."*

6. *Und die gesandt waren, waren von den Pharisäern und fragten ihn: „Warum taufst du denn, wenn du nicht*

Christus bist noch Elia noch der Prophet, von dem Moses sprach?"

7. *Johannes antwortete ihnen und sprach: „Ich taufe mit Wasser; aber da steht der Eine unter euch, den ihr nicht kennt. Er wird mit Wasser und mit Feuer taufen. Er ist es, der nach mir kommen und doch vor mir hergehen wird; ich bin nicht wert, daß ich Seine Schuhriemen auflöse."*

8. *Dies geschah zu Bethabara, jenseits des Jordans, wo Johannes taufte. Und Jesus war zu dieser Zeit dreißig Jahre alt geworden, dem Fleische nach wirklich der Sohn Josephs und Marias, aber dem Geiste nach Christus, der Sohn Gottes, des ewigen Vaters, wie durch den Geist der Heiligkeit mit Macht verkündet war.*

9. *Und Joseph war der Sohn des Jakob und der Elischeba, und Maria war die Tochter des Eli (genannt Joachim) und der Anna, welche die Kinder Davids und Bathschebas waren, von Juda und Schela, von Jakob und Lea, von Isaak und Rebekka, von Abraham und Sarah, von Seth und Maat, von Adam und Eva, welche die Kinder Gottes waren. (Kap. 8, 4-9)*

9. KAPITEL

Die vier Versuchungen

Die Dunkelheit darf sich am Licht messen (1). Wer in Gott lebt, ist mit allem Sein verbunden und nie einsam (5)

1. *Jesus wurde vom Geiste in die Wüste geführt, um vom Teufel versucht zu werden. Und die wilden Tiere der Wüste waren um Ihn und dienten Ihm. Und da Er vierzig Tage und vierzig Nächte gefastet hatte, hungerte Ihn. (Kap. 9, 1)*

Ich, Christus, erkläre, berichtige und vertiefe das Wort:

Der Satan durfte Jesus prüfen. Der Geist Meines ewigen Vaters ließ die Prüfung zu. Auch der Satan sollte sich dabei erkennen und messen können, um zu erfahren, daß diejenigen, die in Gott leben, stärker sind als die Macht der Finsternis.

Es ist eine Gesetzmäßigkeit aus Gottes Liebe und Gnade, daß dann, wenn Menschen Wissen und Weisheit aus Gott erlangt haben, die Dunkelheit sich an ihnen messen darf. Dadurch erhält auch die am tiefsten gefallene Seele die Möglichkeit zur Selbsterkenntnis: An ihrer Niederlage darf sie an sich selbst erfahren, daß derjenige dem Satan überlegen ist, der in Gott lebt; ihm dient das Reine. Wer Gottes Geist in seinem Inneren noch nicht zur Entfaltung gebracht hat, der ist dem Satan unterlegen, denn er dient diesem in vielen Aspekten seines irdischen Lebens.

Das Wort „fasten“ bedeutet: wenig Speise zu sich nehmen.

2. Und der Versucher trat zu Ihm und sprach: „Bist Du Gottes Sohn, so sprich, daß diese Steine Brot werden; denn es steht geschrieben: Ich will Dich nähren mit dem feinsten Weizen und mit Honig und aus dem Felsen will Ich Dich sättigen.“

3. Aber Er antwortete und sprach zu ihm: „Es steht geschrieben: Der Mensch lebt nicht vom Brot allein, sondern von einem jeglichen Wort, das aus dem Munde Gottes kommt.“

4. Dann stellte der Teufel vor Ihn ein Weib von außergewöhnlicher Schönheit und Anmut und feinem Geist und beweglichem Verstand und sprach zu Ihm: „Nimm sie, wenn Du willst, denn ihr Wunsch steht nach Dir, und Du sollst Liebe und Glück genießen all Dein Leben lang und Deine Kindeskinder sehen. Denn stehet nicht geschrieben, es ist nicht gut, daß der Mensch allein sei?“

5. Und Jesus sprach: „Hebe dich hinweg! Denn es steht geschrieben: Laß Dich nicht von der Schönheit des Weibes verführen; denn alles Fleisch ist wie Gras und wie die Blumen auf dem Felde; das Gras verdorrt, und die Blumen welken dahin, aber das Wort des Ewigen währet für immer. Meine Aufgabe ist, die Menschenkinder zu belehren und zu heilen, und der, der aus Gott geboren ist, behält seinen Samen in sich.“ (Kap. 9, 2-5)

Ich, Christus, erkläre, berichtige und vertiefe das Wort:

Der Sinn der Worte „behält seinen Samen in sich“ ist: Menschen in Gott werden ihre Kraft nicht verschleudern des Genusses und der Reize wegen. Wer in Gott lebt, der liebt die inneren Werte des Menschen, die innere Schönheit und die Tugend. Wer das Innere des Menschen liebt, der ist mit allen Menschen und Wesen verbunden. Er wird nie allein und einsam sein, weil er das Gute seines Nächsten in sich bewahrt. Nur auf diese Weise erfüllt sich das Gebot „Es ist nicht gut, daß der Mensch allein sei“.

Gott ist Einheit – und wer in Gott lebt, der lebt in der Verbundenheit mit allem Sein. Und alles Sein, das Reine, ist mit ihm und wirkt durch ihn.

Einsam ist nur der Mensch, der seine Mitmenschen ablehnt und abwertet.

6. Und der Teufel führte Ihn in die heilige Stadt und stellte Ihn auf eine Zinne des Tempels. Und er sprach zu Ihm: „Bist Du Gottes Sohn, so stürze Dich hinunter, denn es steht geschrieben: Er wird Seinen Engeln befehlen, daß sie Dich bewahren und auf ihren Händen tragen, auf daß Du nicht etwa Deinen Fuß an einen Stein stoßest.“

7. Und Jesus antwortete und sprach zu ihm: „Es steht auch geschrieben: Du sollst den Herrn, deinen Gott, nicht versuchen.“

8. Da führte Ihn der Teufel auf einen sehr hohen Berg inmitten einer großen Ebene, und rund um ihn lagen zwölf Städte mit ihren Bewohnern. Von da aus zeigte er Ihm alle Reiche der Welt in einem Augenblicke. Und der Teufel sprach zu Ihm: „Diese Macht will ich Dir alle geben, und ihre Herrlichkeit; denn sie ist mir übergeben. Und ich gebe sie, wem ich will; denn es steht geschrieben: Du sollst herrschen von Meer zu Meer, Du sollst Dein Volk regieren in Rechtschaffenheit und die Armen mit Barmherzigkeit und aller Unterdrückung ein Ende machen. So Du mich nun anbeten willst, so soll all dies Dein sein."

9. Und Jesus antwortete und sprach zu ihm: „Hebe dich weg von Mir, Satan; denn es steht geschrieben: Du sollst Gott anbeten und Ihm allein dienen. Ohne die Macht Gottes kann das Ende des Übels nicht kommen."

10. Und da der Teufel mit allen Versuchungen am Ende war, wich er von Ihm für einige Zeit. Und siehe, es kamen Engel Gottes und dienten Ihm. (Kap. 9, 6-10)

10. KAPITEL

Joseph und Maria bereiten Jesus ein Fest – Andreas und Petrus finden Jesus

An die Menschen der Neuen Zeit:
Die Erlösertat Jesu nicht vergessen (2). Charakterisierung der Nachfolger Jesu von Nazareth – Irdische Namensgebung und Strahlungsname der Seele (10)

1. Als Jesus aus der Wüste zurückgekommen war, bereiteten Ihm am gleichen Tage Seine Eltern ein Fest. Sie überreichten Ihm die Gaben, welche die Weisen Ihm in Seiner Kindheit gebracht hatten. Und Maria sprach: „Diese Gaben haben wir bis zu dem heutigen Tage für Dich aufbewahrt.“ Und sie gaben Ihm das Gold, den Weihrauch und die Myrrhe. Und Er nahm von dem Weihrauch, das Gold aber schenkte Er Seinen Eltern und den Armen, und von der Myrrhe gab Er Maria, genannt Magdalena.

2. Diese Maria nun war aus der Stadt Magdala in Galiläa. Und sie war eine große Sünderin und hatte viele durch ihre Schönheit und Anmut verführt. Und sie kam des Nachts zu Jesus und bekannte Ihm ihre Sünden, und Jesus streckte Seine Hand aus und heilte sie. Und sieben Dämonen trieb Er aus ihr aus und sprach zu ihr: „Gehe hin in Frieden; denn deine Sünden sind dir vergeben!“ Und sie erhob sich und verließ alles und folgte Ihm nach und diente Ihm mit ihrer Habe, solange Er in Israel wirkte.
(Kap. 10, 1-2)

Ich, Christus, erkläre, berichtige
und vertiefe das Wort:

Zum besseren Verständnis, auf daß das ewige Gesetz erkannt wird: Es war Maria, genannt Magdalena, die von den sieben Dämonen sprach, welche sie verlassen haben sollen. Sie war der Ansicht, daß dies geschehen sei. Der Erleuchtete spricht nicht darüber. Er hilft und heilt, soweit es gut ist für die Seele.

Diese Erklärung ist vor allem für die Menschen der Gegenwart [1989] und der beginnenden Neuen Zeit gegeben, welche die Gesetze Gottes kennen.

Das Buch „Das ist Mein Wort“ ist vor allem für die Menschen der Neuen Zeit von Bedeutung. Denn sie erleben Christus als den Weltenherrscher und nicht mehr als den Erlöser. Deshalb wird für sie dieses Buch ein historisches Werk sein.

Die Menschen der Neuen Zeit sollen das Fundament, auf dem das Friedensreich Jesu Christi aufgebaut wurde, die Erlösung, nicht vergessen. Das Denken, Leben, Wirken und Leiden des Sohnes Gottes in Jesus von Nazareth, der nun der Herrscher der Erde und der Lenker des Reiches Gottes auf Erden ist, sollte den Menschen der Neuen Zeit in Erinnerung bleiben.

3. *Am nächsten Tage sieht Johannes Jesus zu sich kommen und spricht: „Siehe das Lamm Gottes, welches durch die Gerechtigkeit die Sünden der Welt hinwegnimmt. Dieser ist’s, von dem ich gesagt habe: Er war eher denn ich. Und ich kannte Ihn nicht, aber auf daß Er offenbar würde*

in Israel, darum bin ich gekommen, mit Wasser zu taufen."

4. *Und Johannes legte Zeugnis ab und sprach: „Ich sah den Geist herabkommen vom Himmel gleich einer Taube und auf Ihm bleiben. Und ich kannte Ihn nicht; aber Der mich sandte, mit Wasser zu taufen, Der sprach zu mir: Über welchen du den Geist herabkommen und auf Ihm bleiben sehen wirst, Der ist es, der mit Wasser und mit Feuer und mit dem Geiste taufen wird. Und ich sah es und bezeuge, daß dies der Sohn Gottes war."*

5. *Am Tage danach stand Johannes am Jordan mit zwei seiner Jünger. Und als er Jesus wandeln sah, sprach er: „Sehet den Christus, das Lamm Gottes!" Und die beiden Jünger hörten ihn reden und folgten Jesus nach.*

6. *Jesus wandte sich und sah sie nachfolgen und sprach zu ihnen: „Was suchet ihr?" Sie aber sagten zu Ihm: „Rabbi (das heißt: Meister), wo bist Du zur Herberge?" Er sprach zu ihnen: „Kommet und sehet." Sie kamen und sahen, wo Er wohnte, und blieben bei Ihm an diesem Tag; es war aber um die zehnte Stunde.*

7. *Einer von den zweien, die von Johannes hörten und Jesus nachfolgten, war Andreas, der Bruder des Simon Petrus. Er findet seinen Bruder Simon und spricht zu ihm: „Wir haben den Messias gefunden (welches heißt: der Christus)." Und er führte ihn zu Jesus. Und da ihn Jesus sah, sprach Er: „Du bist Simon Bar Jona, du sollst Kephas heißen (das heißt: ein Fels)."*

8. *Am folgenden Tage geht Jesus nach Galiläa und findet Philippus und spricht zu ihm: „Folge Mir nach!" Philippus nun war von Bethsaida, der Stadt des Andreas und Petrus. Philippus findet Nathanael, genannt Bar*

Tholmai, und sagt zu ihm: „Wir haben Den gefunden, von welchem Moses im Gesetz und die Propheten geschrieben haben, Jesus von Nazareth, den Sohn Josephs und der Maria." Und Nathanael sagt zu ihm: „Kann denn aus Nazareth etwas Gutes kommen?" Philippus sagte zu ihm: „Komm und sieh!"

9. Jesus sieht Nathanael zu sich kommen und spricht von ihm: „Siehe, ein rechter Israeliter, in dem kein Falsch ist!" Nathanael sagt zu Ihm: „Woher kennst Du mich?" Jesus antwortete und sprach zu ihm: „Ehe denn dich Philippus rief, da du unter dem Feigenbaume warst, sah Ich dich." Nathanael antwortete und sprach zu Ihm: „Rabbi, Du bist Gottes Sohn, Du bist der König von Israel. Ja, unter dem Feigenbaume fand ich Dich."

10. Jesus antwortete und sprach zu ihm: „Nathanael Bar Tholmai, du glaubst, weil Ich dir gesagt, daß Ich dich unter dem Feigenbaume gesehen habe; du wirst noch Größeres denn dieses sehen." Und Er spricht zu ihm: „Wahrlich, wahrlich, Ich sage euch, von nun an werdet ihr den Himmel offen und die Engel Gottes hinauf- und herabkommen sehen auf des Menschen Sohn." (Kap. 10, 3-10)

Ich, Christus, erkläre, berichtige
und vertiefe das Wort:

Das in diesem Buch schon vor längerer Zeit Niedergeschriebene entspricht dem Sinne nach in vielen Aussagen dem tatsächlichen Geschehen. Deshalb sollte jede Aussage nicht wortwörtlich, sondern dem Sinne nach verstanden werden.

Es gab große Zerwürfnisse unter denen, die an Mich glaubten und Mir nachfolgten – ob sie namentlich aufgeführt sind oder nicht. Oftmals waren es Glaubensfragen oder Lebenssituationen, welche die Gemüter erhitzten: Der eine glaubte sofort an Meine Sendung, der andere zweifelte daran, da er vieles aus Meiner Rede an ihn und an seine Nächsten nicht verstehen konnte. Der eine wollte Mir nachfolgen, der andere hatte noch weltliche Interessen, die ihm wichtiger waren. Wieder andere wollten ihre ganze Habe auf die Wanderschaft mitnehmen, um sie an geeigneten Orten zu vermehren. Die Vorstellungen und Interessen waren mannigfach und das Denken so unterschiedlich wie die Menschen selbst. Bei vielen gab es ein langes Hin und Her, ein Wenn und Aber. Die Unentschiedenheit war für viele ein Verhängnis. Sie blieben einige Zeit – dann trennten sie sich wieder von Mir. Es war ein kleines, buntes Volk von Gläubigen, Zweiflern, Interessierten und solchen, die durch Mich, durch Mein Denken und Leben als Jesus von Nazareth, Geschäfte machen wollten.

Die sich von Herzen entschieden und Meine Lehren verwirklicht haben, standen zu Meiner Rechten und blieben an Meiner Rechten. Auch heute stehen sie im Geiste an Meiner rechten Seite. Die Gerechten schauten die Engel, die dem Menschensohne dienten. Viele von ihnen wirken im Geiste für das große Ganze. Einige kamen und kommen – je nach ihrem geistigen Auftrag – immer wieder ins Erdenkleid, um im großen Ganzen des Evolutionsgeschehens Mein Kommen vorzubereiten.

Jeder Mensch hat einen Vor- und einen Zunamen, der ihm bei der irdischen Geburt gegeben wird. Dieser

Vor- und Zuname entspricht der Seelenschwingung zur Zeit der Einverleibung. Haben Menschen im Laufe der Erdenjahre eine seelische Entwicklungsphase bewältigt, dann verändert sich auch die Strahlung ihrer Seele. Im kosmischen Evolutionsgeschehen verändert sich sodann auch der Strahlungsname der Seele.

Ist z.B. zwischen Menschen einiges bereinigt – so auch zwischen Eltern und Kind –, dann verändern sich auch die Strahlungsnamen der Seelen. Das geschieht sowohl im Evolutionsprozeß des Menschen als auch in dem der Seele in den Stätten der Reinigung und in den Vorbereitungsebenen so lange, bis das Geistwesen wieder seinen Urnamen aus Gott trägt, weil es wieder rein geworden ist.

Die Strahlungsnamen des Menschen verändern sich also gemäß der Entwicklung der Seele. In den Stätten der Reinigung wird dies der Seele von Evolutionsstufe zu Evolutionsstufe bewußt.

Auf der Erde gelten in vielen Fällen starre Formen. So behält der Mensch seinen Vor- und Familiennamen – gleichsam als Ausweis – während seines ganzen irdischen Daseins. Nach dem irdischen Gesetz bleibt die starre Form der Namensgebung auch bei der Verehelichung. In einzelnen Völkern trägt die Frau dann den Zunamen des Mannes, der für ihr Leben eine positive oder gegensätzliche Bedeutung haben kann. In wieder anderen Völkern verändern die Menschen ihre Namen nach selbst vorgegebenen Gesichtspunkten und Ritualen.

An dem Geburtsnamen kann viel Menschliches haften – wie alte Traditionen oder Geschehnisse, die schon längst vergangen sind, den Namen jedoch noch als Erinnerung begleiten. Deshalb gab Ich einigen von den Menschen, die Mir nachfolgen wollten, die Namen, die ihrer derzeitigen Seelenstrahlung und auch ihrem neuen Wirkungskreise entsprachen.

Würde das irdische Gesetz den Evolutionsweg der Seele und des Menschen berücksichtigen, dann könnten so manche irdische Namen entsprechend dem Reifegrad der Seele geändert werden. Die Gefahr wäre dann nicht mehr so groß, daß aus Erinnerungen, aus dem, was abgelegt ist, wieder neue Entsprechungen werden.

11. KAPITEL

Salbung Jesu durch Maria Magdalena

Urteil nach irdischem Maßstab (6).
Der Erleuchtete schaut (10)

1. *Und es bat Ihn einer der Pharisäer, daß Er mit ihm speise. Und Er ging in des Pharisäers Haus und setzte sich zu Tisch.*

2. *Und siehe, ein Weib von Magdala war in der Stadt, die als Sünderin bekannt war. Da sie vernahm, daß Jesus in des Pharisäers Hause zu Tische saß, brachte sie ein Alabastergefäß mit Salbe und trat hinter Ihn. Weinend benetzte sie Seine Füße mit Tränen, trocknete sie mit den Haaren ihres Hauptes, küßte Seine Füße und salbte sie mit Salbe.*

3. *Da aber der Pharisäer, der Ihn zu sich gebeten hatte, das sah, dachte er bei sich: „Wenn dieser ein Prophet wäre, so wüßte Er, wer und welch ein Weib das ist, die Ihn anrührt; denn sie ist eine Sünderin."*

4. *Jesus sprach zu ihm: „Simon, Ich habe dir etwas zu sagen." Er sagte: „Meister, sprich."*

5. *„Es hatte ein Gläubiger zwei Schuldner. Einer war fünfhundert Groschen schuldig, der andere fünfzig. Und da sie nicht bezahlen konnten, erließ er ihnen beiden ihre Schuld. Sage mir nun, welcher von beiden wird ihn am meisten lieben?"*

6. *Simon antwortete: „Ich denke, der, dem er am meisten geschenkt hat." Er aber sprach zu ihm: „Du hast recht geurteilt." (Kap. 11, 1-6)*

Ich, Christus, erkläre, berichtige
und vertiefe das Wort:

„Du hast recht geurteilt" heißt: Du hast nach irdischen Maßstäben geurteilt.

Erkennet: Jedes Urteil ist eine Verurteilung und gibt Zeugnis von geistiger Unwissenheit. Wenn auch der Schuldner, dem die größere Schuld erlassen wurde, den Gläubiger mehr liebt, so ist es doch nicht Gott, der diese Maßstäbe ansetzt. Er liebt alle gleich. Jener liebt Gott mehr, der Ihm näher ist.

7. *Und Er sagte zu Simon: „Siehst du dieses Weib? Ich Bin in dein Haus gekommen, und du hast Mir kein Wasser gegeben für Meine Füße; diese aber hat Meine Füße mit Tränen benetzt und mit den Haaren ihres Hauptes getrocknet. Du hast Mir keinen Kuß gegeben, aber dieses Weib hat nicht abgelassen, seit Ich hereingekommen Bin, Meine Füße zu küssen. Du hast Mein Haupt nicht mit Öl gesalbt; sie aber hat Meine Füße mit Salbe gesalbet.*

8. *Deshalb sage Ich dir: Ihr sind viele Sünden vergeben; denn sie hat viel geliebet, nicht allein die Menschen, sondern auch die Tiere und die Vögel in der Luft, ja, sogar die Fische im See. Wem aber wenig vergeben wird, der liebt wenig."*

9. *Und Er sprach zu ihr: „Dir sind deine Sünden vergeben." Und die, die mit Ihm am Tische saßen, begannen, bei sich selbst zu sprechen: „Wer ist dieser, daß Er sogar die Sünden vergibt?*

10. Denn Er hat nicht gesagt, ich vergebe dir, sondern, deine Sünden sind dir vergeben; weil Er in ihrem Herzen wirklich Glauben und Reue erkannte." Jesus brauchte nicht, daß irgendjemand für einen anderen Zeugnis gab; denn Er wußte selbst, was im Menschen ist.
(Kap. 11, 7-10)

Ich, Christus, erkläre, berichtige und vertiefe das Wort:

Der Erleuchtete schaut die Seele und den Menschen. Er schaut die Ehrlichkeit und die Aufrichtigkeit und sieht auch die Sünde und die Sühne. Er sieht die Unehrlichkeit und die Heuchelei. Er spricht sie, soweit es gut ist für die Seele und den Menschen, auch unpersönlich an. Wenn ein Mensch von Herzen bereut und nicht mehr in dieselbe Sünde fällt, dann ist sie auch vom ewigen Vater vergeben – wenn der Nächste, an dem gesündigt wurde, ebenfalls vergeben hat. Wem Gott die größte Schuld erläßt, der hat sie in Gott getilgt, und so ist sie ihm vergeben.

12. KAPITEL

Die Hochzeit in Kana – Die Heilung in Kapernaum

Die inkarnierten Geistwesen und ihr Auftrag im Erlösungswerk (9). Gott ist Liebe, Er verdammt nicht – Gottferne Menschen schaffen Rachegötter – Götzendienst ist auch Verehrung irdischer Mächte und Machthaber – „Ewige Verdammnis" ist Verhöhnung Gottes (11). Himmel und Hölle sind im Menschen selbst – Die Atmosphärische Chronik (12). Leben in der Wahrheit – Die drei Schritte zur Wahrheit (16)

1. Und am nächsten Tage war eine Hochzeit zu Kana in Galiläa, und die Mutter Jesu war dabei. Und Jesus und Maria Magdalena waren dort, und Seine Jünger kamen auch zur Hochzeit.

2. Und da es an Wein gebrach, sagte Seine Mutter zu Jesus: „Sie haben keinen Wein." Jesus spricht zu ihr: „Weib, was kümmert das dich und Mich? Meine Stunde ist noch nicht gekommen." Und Seine Mutter spricht zu den Dienern: „Was Er auch immer euch sagt, das tut."

3. Nun waren sechs steinerne Wasserkrüge aufgestellt nach dem Brauch der jüdischen Reinigung, die für jeden zwei bis drei Maß enthielten. Und Jesus sprach zu ihnen: „Füllet die Wasserkrüge mit Wasser." Und sie füllten sie bis zum Rande. Und Er sprach zu ihnen: „Schöpfet nun und bringet es dem Küchenmeister." Und sie brachten es ihm.

4. Als aber der Küchenmeister dieses Wasser kostete, so war es zu Wein geworden. Er wußte nicht, woher es kam, und rief den Bräutigam und sagte zu ihm: „Jedermann gibt zum Beginn guten Wein, und wenn die Gäste reich-

lich getrunken haben, alsdann den geringeren. Du aber hast den guten Wein bis zum Schlusse aufbewahrt."

5. *Diesen Anfang der Wundertaten vollbrachte Jesus zu Kana in Galiläa und offenbarte Seine Herrlichkeit. Und viele Seiner Jünger glaubten an Ihn.*

6. *Danach zog Er hinab nach Kapernaum, Er, Seine Mutter und Maria Magdalena, Seine Brüder und Seine Jünger, und blieben dort viele Tage.*

7. *Und da erhob sich unter einigen Jüngern des Johannes und den Juden eine Frage über die Reinigung. Und sie kamen zu Johannes und sprachen zu ihm: „Meister, der bei dir war jenseits des Jordans, von dem du Zeugnis ablegtest, siehe, der tauft, und jedermann kommt zu Ihm."*

8. *Johannes antwortete: „Ein Mensch kann nichts empfangen, es werde ihm denn vom Himmel gegeben. Ihr selbst habt mein Zeugnis, daß ich gesagt habe: Ich bin nicht der Christus, sondern ich bin Ihm vorausgesandt.*

9. *Wer die Braut hat, der ist der Bräutigam. Aber der Freund des Bräutigams steht bei ihm und hört ihn und freut sich sehr über des Bräutigams Stimme. Diese meine Freude ist also erfüllt. Er muß wachsen, ich aber muß abnehmen. Wer von der Erde ist, ist irdisch und spricht von irdischen Dingen. Der aber vom Himmel kommt, der ist über allem." (Kap. 12, 1-9)*

Ich, Christus, erkläre, berichtige
und vertiefe das Wort:

Es kamen viele Geistwesen aus den Himmeln. Sie gebaren und gebären sich in das Geschlecht David ein und in andere Geschlechter. Doch die Wesen, die dem Fleische nach aus dem Geschlecht David sind, tragen die Verantwortung für das Entstehen des Friedensreiches Jesu Christi, da sie im Auftrage, im Werk der Erlösung, stehen. Diese und weitere Boten Gottes kamen dafür aus den Himmeln auf die Erde.

Die für Mich ins Fleisch gekommen sind, sind nicht von dieser Erde. Sie bringen die Kräfte der Himmel. Sie bringen in ihren Seelen das vom Himmel mit, was der Erde gegeben ist von Gott, dem Ewigen. Ihnen ist geboten, den Menschen den Weg zum Herzen Gottes zu bringen, das Friedensreich Jesu Christi zu gründen und aufzubauen und die Erde immer mehr in das Licht Gottes zu erheben. Bis deren Substanzen feinstofflich geworden sind und einzugehen vermögen in das Leben, das ewig währt – von Ewigkeit zu Ewigkeit –, wirken die Boten Gottes. Mein Reich auf Erden wird auch ihr Reich sein. Denn wer vom Himmel kommt, der steht über allem Menschlichen und hat die Kräfte des All-Einen, die er einsetzt für den Himmel auf Erden. Das sind die Selbstlosen um das Jahr zweitausend und auch alle Menschen im Reiche des Friedens.

Mein Werk der Erlösung kam auf diese Erde, um Seelen und Menschen zu erretten. Und alle, die erlöst sind, werden mit Mir die Erde anheben und in höhere Strahlung bringen, so daß die alte Welt vergeht und eine neue Welt entsteht – die des Christus. Und wer das Gesetz der Liebe befolgt, das Ich ihm durch die göttliche Weisheit offenbarte und offenbare, der wird der Sohn und die Tochter Gottes sein, die Mir vorangehen, um Mir die Wege zu bereiten.

10. Und einige von den Pharisäern kamen herbei und fragten Jesus und sagten: „Wie sagtest Du, daß Gott die Welt verdammen werde?“ Und Jesus antwortete und sprach: „Also hat Gott die Welt geliebet, daß Er Seinen eingeborenen Sohn gegeben und in die Welt gesandt hat, auf daß alle, die an Ihn glauben, nicht verderben, sondern das ewige Leben haben. Denn Gott hat Seinen Sohn nicht in die Welt gesandt, um die Welt zu verdammen, sondern daß die Welt durch Ihn gerettet werde.

11. Die, welche an Ihn glauben, werden nicht verdammt, die aber, die nicht glauben, sind schon verdammt, denn sie haben nicht geglaubt an den Namen des eingeborenen Sohnes Gottes. Und das ist die Verdammung, daß das Licht in die Welt gekommen ist, und die Menschen liebten die Finsternis mehr als das Licht; denn ihre Werke waren böse. (Kap. 12, 10-11)

Ich, Christus, erkläre, berichtige
und vertiefe das Wort:

Gott ist Liebe!

Gott verdammt nicht! Jedoch der Mensch, der gegen das göttliche Gesetz denkt, spricht und handelt, begibt sich in sein eigenes Gericht und nennt dies Verdammnis.

Die Worte „verdammen“ und „Verdammung“ entstanden aus der Furcht vor Gott und dem Glauben an Rachegötter. Rachegötter sind nichts anderes als menschliche Vorstellungen, also Götzen, die der Mensch selbst schuf, weil er wegen seiner gottfernen Gedanken und Handlungen energiearm wurde und sich dadurch vom Wahren, Einen, Ewigen entfernte. Die negativen Gedanken brachten ihm Gewissensbisse, denn tief in seinem Inneren erkannte er, daß das Gegensätzliche, das Gottferne, nicht sein wahres Leben ist. Da sein geistiges Erbe, das göttliche Gesetz, wegen seiner Sünde nicht mehr durch ihn wirken konnte, bekam er Angst, weil er die Elemente nicht mehr beherrschte, sondern die Elemente ihn beherrschten. Daraus folgerte er, die Lenker der Elemente seien Götter, denen er Opfer darbringen müsse, um sie wohlgesonnen zu stimmen.

In den folgenden Zeiten erhoben sich dann Menschen selbst zu Göttern, erwarben Reichtum und Ansehen und bauten Macht auf, um damit ganze Völker zu beherrschen. Schließlich wurden sodann Reichtum, Ansehen und Macht selbst zu Götzen vieler Menschen. Götzen dieser Welt, die das Volk noch in der heutigen Zeit [1989] verehrt, sind auch weltliche Macht und kirchliche Obrigkeit. Ihre Amtsträger verfügen über große Vermögen und über Ansehen und Einfluß und üben damit Macht auf das Volk aus. Wer sie verehrt, macht sich von ihnen abhängig und erhebt sie zu Götzen. Denn Bindung an Menschen, an menschliche Neigungen und Vorstellungen ist Götzendienst.

Wenn dann auf den Menschen die Wirkungen zukommen, deren Ursachen er mit seinem gottfernen Denken und Handeln selbst geschaffen hat, bekommt er Angst und klagt Gott an und bezeichnet Ihn als Rachegott, der verdammt und züchtigt.

Du sollst jedoch deinen himmlischen Vater nicht fürchten, denn Er liebt dich! Fürchte deine menschlichen Gedanken, deine Worte und dein gegensätzliches

Handeln; denn sie können dich in eine lange „Verdammnis" führen! Gott ist Liebe! Fürchte also Gott nicht, sondern sei Gott gegenüber ehrfürchtig und gib Ihm in allem die Ehre, in deinem Denken, Reden und Tun – jedoch nicht einem Menschen. Die Menschen, deine Nächsten, sollst du achten, nicht jedoch ehren, denn allein Gott, dem Ewigen, All-Einen, gebührt die Ehre.

Gott ist das Licht der Liebe, und in Seinem Lichte ist alles – auch jene, die sich durch ihre Sünde wider das Gesetz des Lebens selbst „verdammen". Jegliche Götzendienste – auch Verehrungen des menschlichen Ichs – werden vergehen, denn nichts hat Bestand, was nicht aus Gott ist. Auch die vielen Religionen und Konfessionen, die immer noch an der Vorstellung eines Rachegottes festhalten und daraus die ewige Verdammnis ableiten, werden vergehen.

Nur der Mensch, der die Gesetze Gottes hält, erfährt den einen, ewigen Gott in sich. Er erfährt den Gott, der niemals straft und züchtigt, den Gott, der aus Liebe jedem Menschen die Freiheit zur Entscheidung läßt – für oder gegen Ihn. Er erfährt den Gott der Liebe, der keines Seiner Geschöpfe verdammt. Für ihn ist „ewige Verdammnis" eine Verhöhnung Gottes. Er erfährt den Gott, der zu den Menschen vom Gesetz von Saat und Ernte spricht, nach welchem der Mensch erntet, was er selbst gesät hat. Denn der Mensch selbst ist der Sämann für seine guten, weniger guten und schlechten Werke. Er erntet, was er sät. Jede Saat trägt schon die Frucht in sich, und derjenige wird die Frucht ernten, der die Saat in den Acker des Lebens gebracht hat.

Die Zeit ist nahe, in der das sündhafte Leben vergeht und die Menschen eine gute Saat in den Acker des Lebens einbringen. Die Frucht ist dann das Gesetz des Lebens, das sie erfüllen – und das sie erfüllt. Dann bleibt allein die Liebe Gottes unter den Menschen, weil sie die selbstlose Liebe zu Ihm und zu ihren Nächsten leben. Daraus ersteht das Friedensreich Jesu Christi, dessen Herrscher Ich Bin.

12. Alle, die Böses tun, hassen das Licht und kommen auch nicht an das Licht, damit ihre Taten nicht verurteilt werden. Aber die, die das Richtige tun, kommen an das Licht, daß ihre Werke offenbar werden; denn sie sind in Gott getan." (Kap. 12, 12)

Ich, Christus, erkläre, berichtige
und vertiefe das Wort:

Alle, die bewußt wider das Gesetz handeln, sind gegen das Licht des Vaters und wollen auch nicht an das Licht kommen, da sie glauben, daß sie dann nicht verurteilt würden. In Wirklichkeit tragen sie ihr eigenes Gericht in sich, denn Himmel und Hölle sind im Menschen selbst. Alle Menschen jedoch, die das Gesetz erfüllen, stehen im Lichte, und ihre Werke sind offenbar, denn sie sind in Gott getan.

Erlöst* ist der Mensch, der bereut, um Vergebung gebeten, vergeben und gesühnt hat und das Verursachte

* *Erlöst heißt: weitgehend die Vollendung erlangt zu haben. Erlösung ist das Erlöserlicht der Seele, das die Seele zur Vollendung führt.*

nicht mehr tut; dann ist alles gelöst. Denn Ich, Christus, Bin gekommen, um zu lösen – und nicht, um zu binden.

In der gewaltigen Zeitenwende, die in der heutigen Zeit [1989] offenbar wird, reinigt sich auch allmählich die Atmosphärische Chronik. Alles, was dort noch an Sündhaftem verzeichnet ist, geht allmählich auf die Verursacher über, sowohl auf die Seelen in den Stätten der Reinigung als auch auf die Menschen. Alles Ungesetzmäßige – und selbst die ungesetzmäßigen Absichten der einzelnen, das, was Menschen für die Erde noch vorhaben und durch ihre Gedanken schon in die Atmosphärische Chronik eingegeben haben – wird entweder gelöscht oder kommt auf seinen Urheber zurück, je nachdem, wie sich im weiteren Verlauf die Seele des Menschen entscheidet: für oder gegen Gott. Auch alles Wissen – Bücher- und Bibelwissen – schwindet aus der Atmosphärischen Chronik; nur die gelebte Wahrheit bleibt für Seelen und Menschen offenbar.

13. *Und es war da ein Edelmann, dessen Sohn in Kapernaum krank lag. Als er hörte, daß Jesus nach Galiläa gekommen war, ging er zu Ihm hin und bat Ihn, daß Er hinabkäme und seinen Sohn heile; denn er lag im Sterben.*
14. *Und Jesus sprach zu ihm: „Wenn ihr nicht Zeichen und Wunder sehet, so glaubet ihr nicht." Der Edelmann sagte zu Ihm: „Herr, komme hinab, ehe denn mein Kind stirbt."*
15. *Jesus sprach zu ihm: „Gehe hin, dein Sohn lebt." Und der Mann glaubte dem Worte, das Jesus zu ihm ge-*

sprochen hatte, und ging seines Weges. Und indem er hinabging, begegneten ihm seine Knechte, und sie sagten: „Dein Sohn lebt."

16. *Da fragte er sie nach der Stunde, in welcher es besser mit ihm geworden war. Und sie sagten zu ihm: „Gestern um die siebte Stunde verließ ihn das Fieber." Da wußte der Vater, daß es um dieselbe Stunde gewesen war, da Jesus zu ihm gesagt hatte: „Dein Sohn lebt." Und er glaubte nun und sein ganzes Haus mit ihm.*
(Kap. 12, 13-16)

Ich, Christus, erkläre, berichtige und vertiefe das Wort:

Der Glaube versetzt Berge und macht Menschen gesund, wenn es gut ist für ihre Seelen.

Wenn Menschen die ewige Wahrheit leben, das Gesetz des Lebens, so holen sie den Himmel auf diese Erde. Wer in der Wahrheit lebt, der ist die Stimme der Wahrheit, das göttliche Gesetz. Er ist frei von jeglichem Übel. Denn die in der Wahrheit Lebenden stehen im Lichte der Wahrheit, und ihre Werke sind Gottes Werke.

Das kommende Reich Gottes auf Erden, das Friedensreich, das sich von Zeitepoche zu Zeitepoche verfeinert, also lichter wird, ist im Lichte des Christus und ist das Licht des Christus. Die in der Wahrheit Lebenden werden bewußt Söhne und Töchter Gottes heißen. Wer in der Wahrheit lebt, der wird den Tod weder fühlen noch schmecken. Er wird all jenen zum Leben verhelfen, die an das Leben glauben und die Werke der selbstlosen Liebe tun.

Seit Anbeginn klammern sich viele Menschen einzig an das Wort „Glaube". Sie sind der Ansicht, das würde genügen. Wer sich jedoch ausschließlich an das Wort „Glaube" klammert, der bleibt blind in seinem Herzen, da er keinen weiteren Schritt über den Glauben hinaus vollzieht.

Der erste Schritt zur Wahrheit ist der Glaube. Er hält den Menschen noch blind. Der zweite Schritt ist das Vertrauen zu Gott, das den Menschen wachsam werden läßt gegenüber seinem gesetzmäßigen oder ungesetzmäßigen Denken, Sprechen und Handeln. Verbinden sich Glaube und Vertrauen, dann erfolgt der dritte Schritt: die Verwirklichung der göttlichen Gesetze. Dadurch wird der Mensch ein Schauender. Wer die Wahrheit in seinem geistigen Leibe zu schauen vermag, der ist der Reine: Ihm ist alles offenbar.

13. KAPITEL

Die erste Predigt in der Synagoge

Das Evangelium der Liebe, der Weg in die innere Freiheit (2). Glaube, Vertrauen und Verwirklichung als Basis für Hilfe und Heilung aus dem Geiste (4)

1. Und Jesus kam nach Nazareth, wo Er aufgewachsen war, und ging nach Seiner Gewohnheit am Sabbat-Tage in die Synagoge und stand auf, um zu lesen. Da wurde Ihm die Rolle des Propheten Jesaja gereicht.

2. Als Er die Rolle öffnete, fand Er die Stelle, da geschrieben steht: „Der Geist des Herrn ist bei mir, weil er mich gesalbt hat, das Evangelium den Armen zu verkündigen; Er hat mich gesandt, die gebrochenen Herzen zu heilen, den Gefangenen zu predigen, daß sie frei sein sollen, den Blinden das Gesicht wieder zu geben und die da gebunden sind, frei zu machen; zu verkündigen das Gnadenjahr des Herrn." (Kap. 13, 1-2)

Ich, Christus, erkläre, berichtige und vertiefe das Wort:

Was Jesaja gesprochen und vollzogen hatte, das vertiefte Ich als Jesus von Nazareth.

In der jetzigen Zeit, in dieser großen Zeitenwende [1989], in der sich das Blatt von der alten, sündhaften Welt zur neuen Welt, zur Lichtzeit, wendet, ersteht mehr und mehr das Friedensreich in den Herzen der Getreuen, welche die Gesetze Gottes halten; es wird auch in der Welt sichtbar. Trotz des zunehmenden Gnadenlichtes gibt es immer mehr Kranke und Notleidende. Denn in dieser Umbruchszeit vom alten, sündhaften zum neuen, reinen Leben kommt in kürzeren Abständen alles auf die Menschen zu, was noch nicht gesühnt ist.

Doch wer glaubt und vertraut, der wird den Weg nach Innen gehen und das freie Leben in Christus erkennen, das wahrhaft reich macht. Wer in Mir lebt, der wird nicht mehr auf den verweslichen Leib blicken, weil er zum Reiche des Inneren, seinem wahren Erbe, gefunden hat. Wenn die Seele vom Lichte des Christus durchdrungen ist, dann ist auch der Leib gesund.

Deshalb gilt, bis Ich die Herrschaft über diese Erde übernehme: Bereue, vergib, bitte um Vergebung, und sündige nicht mehr! Dann wirst du in dir erkennen und erfahren, daß Ich dir durch deinen lebendigen Glauben an Mich gedient habe. Denn Ich, der Erlöser und Heiland aller Menschen, verkündete als Jesus von Nazareth das Evangelium der Liebe, das frei macht. Ich verkünde es wieder als Christus durch jene, die Gottes Willen erfüllen. Auf dem Wege nach Innen, den Ich den Meinen gebracht habe und bringe, kann Mich jeder finden.

Der Sinn der Aussage „... das Evangelium den Armen zu verkünden“ bedeutet: Ich brachte und bringe das Evangelium den Armen im Geiste und den Armen des Landes, denn alle Menschen sollen im Herzen reich werden, auf daß sie auch auf Erden das besitzen, was sie benötigen, um als Kinder Gottes zu leben.

„. . . die gebrochenen Herzen zu heilen“ heißt: allen Menschen Trost und Hilfe zu bringen und den Geist der Wahrheit, auf daß ihr Glaube und ihr Vertrauen in Gott wachse und sie friedvoll werden.

„. . . den Gefangenen zu predigen“ heißt: allen Menschen das göttliche Gesetz der Freiheit nahezubringen, damit sie sich allmählich von ihren Meinungen und Vorstellungen lösen, die sie zu Gefangenen ihres Ichs machen, so daß sie in der göttlichen Wahrheit erwachen, die sie frei macht.

„. . . den Blinden das Gesicht wieder zu geben“ heißt: der Seele und dem Menschen das Gesicht, das wahre Sehen, das Schauen, wieder zu geben, das sie erlangen durch die Befolgung der Gesetze des Lebens, der selbstlosen Liebe.

3. *Und Er schloß die Rolle, gab sie dem Diener zurück und setzte sich. Und die Augen aller, die in der Synagoge waren, waren auf Ihn gerichtet. Und Er fing an, zu ihnen zu sprechen: „Heute ist diese Schrift vor euren Ohren erfüllt.“ Und sie bekundeten dies und wunderten sich der liebreichen Worte, die aus Seinem Munde kamen. Sie sagten: „Ist das nicht Josephs Sohn?“*

4. *Und einige brachten einen Blinden zu Ihm, um Seine Kraft zu erproben und sagten zu Ihm: „Meister, hier ist ein Sohn Abrahams, der blind ist von Geburt an: Heile ihn, wie Du die Heiden in Ägypten geheilt hast.“ Und Er, da Er ihn anblickte, bemerkte seinen Unglauben und den der anderen, die ihn hergebracht hatten, und ihren Wunsch, Ihm eine Falle zu stellen. Und Er konnte an die-*

sem Ort keine machtvolle Tat vollbringen wegen ihres Unglaubens. (Kap. 13, 3-4)

Ich, Christus, erkläre, berichtige
und vertiefe das Wort:

„Heute ist diese Schrift vor euren Ohren erfüllt" bedeutet: Jesaja, ein Prophet, von Gott gesandt, verkündete Mein Kommen: den Erlöser und Messias, der die Menschen von ihrer Knechtschaft befreien wird. Das Wort des Jesaja ist erfüllt: Auf das Wort folgten die Taten des Christus. Ich erfüllte und erfülle, was der Ewige durch Jesaja offenbart hat.

Wer zweifelt und seinen Nächsten nur auf die Probe stellen möchte, der kann vom Geiste nicht empfangen, denn er glaubt nicht, sondern prüft nur. Seine Zweifel, die ihm vorauseilen, sind das Hindernis für die Heilung und die Hilfe.

Wer Mich erproben will, der empfängt nicht! So konnte Ich auch als Jesus von Nazareth dort, wo Unglaube herrschte, keine Taten vollbringen. Wo die Basis des Glaubens und des Vertrauens fehlt, wo Zweifel und Ichbezogenheit den Menschen bestimmen, dort fallen weder die Worte der Wahrheit in das Herz, noch kann der Mensch aus dem Geiste Hilfe und Heilung erlangen. Deshalb bedarf es zuerst der Lehren aus der Wahrheit. Hat der Mensch die Lehren aus der ewigen Wahrheit aufgenommen und verwirklicht, dann hat er die echte Basis des Glaubens und des Vertrauens geschaffen – und er kann durch die Kraft des Geistes an Leib und Seele heil werden.

Ob der Mensch seinen Nächsten einen Heiden nennt oder rechtgläubig, darauf achtet der wahre Weise nicht. Wer nicht in das Herz seines Nächsten zu schauen vermag, der sieht nur auf das Äußere und hört nur das Wort. Er schaut nicht tiefer. Wer jedoch tiefer blickt in das Herz seines Nächsten, der schaut, wie dieser wahrlich ist. Er spricht dann nicht mehr vom Heiden, weil dieser eventuell noch heidnische Bräuche hat; er gibt dem, der das Herz für Gott geöffnet hält – ob er von Menschen noch Heide oder schon rechtgläubig genannt wird. So hielt Ich es als Jesus, und so wahre Ich es als Christus.

5. *Und sie sagten zu Ihm: „Was immer wir gehört haben von Deinen Taten in Ägypten, das tue auch in Deinem eigenen Lande.“ Und Er sprach: „Wahrlich, Ich sage euch, kein Prophet wird anerkannt zuhause oder in seinem eigenen Lande, so wenig, wie ein Arzt die heilen kann, die ihn kennen. (Kap. 13, 5)*

Ich, Christus, erkläre, berichtige
und vertiefe das Wort:

Der Sinn ist nicht: „von Deinen Taten in Ägypten“, sondern: „von den Taten unter den Ägyptern“. Wahrlich, der Prophet gilt nichts – weder in seiner irdischen Familie noch in seinem eigenen Lande. Denn die Menschen sehen nur den Menschen, der einst mit ihnen gelebt hat und lebt – und der doch im Herzen nicht wie sie dachte, wenn es um Menschliches ging.

6. Aber Ich erzähle euch eine wahre Geschichte: Es waren viele Witwen in Israel in den Tagen des Elia, da der Himmel drei Jahre und sechs Monate verschlossen war und eine große Hungersnot im ganzen Lande herrschte. Aber allein nach Sarepta, einer Stadt in Sidon, wurde Elia gesandt, zu einem Weibe, das eine Witwe war.

7. Und viele Aussätzige waren in Israel zur Zeit, da Elisa, der Prophet, lebte, und keiner ward gereinigt denn allein Naaman, der Syrier."

8. Und als sie das hörten, wurden alle in der Synagoge mit Zorn erfüllt. Sie standen auf und stießen Ihn zur Stadt hinaus und führten Ihn an einen Steilhang des Berges, auf dem ihre Stadt gebaut war, um Ihn hinabzustoßen. Aber Er, mitten durch sie hindurchschreitend, ging Seinen Weg und entkam ihnen. (Kap. 13, 6-8)

14. KAPITEL

Die Berufung des Andreas und Petrus – Der Hundeabrichter – Die Reichen

Weg in die Nachfolge Christi erst nach Ordnen sämtlicher menschlicher Beziehungen und Verhältnisse (4). Versündigung an der Schöpfung durch Mißachtung und Töten der Mitgeschöpfe und die Folgen – In der Umbruchszeit wirken sich die Ursachen rascher aus – Die Möglichkeit zu inkarnieren nimmt mit der Verfeinerung der Erde ab – Umbruchszeit ist Katastrophenzeit – Christus schützt die Seinen – Leben auf der gereinigten Erde (6-7). Äußerer und innerer Reichtum (11-12)

1. Herodes, der Tetrarch aber, fügte zu allen anderen Übeltaten, die er bereits begangen hatte, noch diese hinzu: er ließ Johannes den Täufer ins Gefängnis werfen, nachdem dieser ihn wegen der Herodia, seines Bruders Philippus Weib, zur Rede gestellt hat.

2. Jesus begann zu predigen und sprach: „Tut Buße, denn das Himmelreich ist nahe." Und wie Er am galiläischen See wandelte, sah Er Simon, genannt Petrus, und Andreas, seinen Bruder, wie sie ein Netz in den See warfen; denn sie waren Fischer. Und Er sagte zu ihnen: „Folget Mir, und Ich will euch zu Menschenfischern machen." Und sie ließen ihre Netze im Stich und folgten Ihm.

3. Wie Er so weiterging, begegnete Er zwei anderen Brüdern, Jakobus, dem Sohn des Zebedäus, und Johannes, dessen Bruder, und in einem Schiffe Zebedäus, ihren Vater, welche Netze ausbesserten. Und Er rief ihnen zu.

Und sie verließen sogleich ihre Netze und das Schiff und ihren Vater und folgten Ihm nach. (Kap. 14, 1-3)

Ich, Christus, erkläre, berichtige
und vertiefe das Wort:

In allem sollte der Sinn der Aussage erkannt werden, so auch in dem Niedergeschriebenen: „Und sie verließen sogleich ihre Netze und das Schiff und ihren Vater und folgten Ihm nach.“ Es soll sinngemäß heißen: Sie gaben das Fischen auf, ordneten ihre familiären Angelegenheiten und folgten Ihm.

Bis sie in Mein Gefolge traten, bedurfte es mancher Hinweise und Aufklärungen, auch für ihre Familien und Verwandten, die sie nicht ohne weiteres von sich ziehen ließen. Vieles mußte zuerst in Haus, Hof, Feld und am Arbeitsplatz bestellt, geordnet und geklärt werden, so daß die Zurückbleibenden wegen des Gesinnungswandels derer, die Meinem Rufe folgten, weder Not noch Entbehrungen auf sich nehmen mußten.

Das Gesetz lautet: Der Weg zur ewigen Wahrheit kann nur freiwillig beschritten werden. Wer also freiwillig um der Wahrheit willen den Weg der Wahrheit geht, der wird alles geordnet und wohlbestellt zurücklassen. Denn in die Nachfolge des Christus Gottes soll der Mensch weder Streit noch Feindschaft noch Unordnung mitnehmen. Trennt sich der Mensch im Streit und in Feindschaft von seinen Nächsten, dann werden ihn auch Streit und Feindschaft begleiten. Was vor dem Gesetze Gottes nicht bereinigt ist, das nimmt der Mensch mit –

gleich, an welchen Ort, in welches Land er reist und mit welchem Menschen er wandert. Es bleibt das Ungelöste, und das Ungelöste bleibt an ihm haften.

4. *Und Jesus zog umher in ganz Galiläa und lehrte in den Synagogen und predigte das Evangelium des Reiches Gottes und heilte allerlei Seuche und viele Krankheiten unter dem Volke. Und der Ruf Seiner Wundertaten drang durch ganz Syrien, und man brachte viele Kranke zu Ihm, mit Krankheiten, Gebrechen und Qualen aller Art behaftet. Und es waren da Mondsüchtige und Gichtbrüchige, und Er machte sie alle gesund. (Kap. 14, 4)*

Ich, Christus, erkläre, berichtige
und vertiefe das Wort:

Nicht allen konnte Ich helfen, und nicht jeden konnte Ich heilen. Das Gesetz des Ewigen lautet: Glaube, denn nach deinem Glauben wird dir gegeben! Bitte um Vergebung und vergib und mache gut, was du verursacht hast – dann gehe hin und sündige nicht mehr! Gesund wurden also nur jene, die erfüllt waren vom Glauben an das Leben und in deren Lebensstrahlung zu lesen war, daß sie sich fortan bemühen werden, nicht mehr zu sündigen.

5. *Und es folgten Ihm große Menschenmengen aus Galiläa, aus den zehn Städten und aus Jerusalem, aus Judäa und vom Jordanland.*

6. Als Jesus mit einigen Jüngern dahinging, begegnete Er einem Manne, der Hunde zur Jagd auf andere Tiere abrichtete; und Er sprach zu dem Manne: „Warum tust du das?“ Und der Mann entgegnete: „Weil ich davon lebe. Was für einen Nutzen haben diese Tiere denn? Diese Tiere sind schwach, die Hunde aber sind stark.“ Und Jesus sprach zu ihm: „Dir fehlt es an Weisheit und Liebe. Siehe, jedes Geschöpf, welches Gott erschaffen hat, hat seinen Sinn und Zweck. Und wer kann sagen, was Gutes in ihm ist und zu welchem Nutzen für dich oder die Menschheit?

7. Und für dein Auskommen: Siehe die Felder, wie sie wachsen und fruchtbar sind, und die fruchttragenden Bäume und die Kräuter! Was willst du noch mehr als das, was dir die ehrliche Arbeit deiner Hände gibt? Wehe den Starken, die ihre Stärke mißbrauchen! Wehe dem Schlauen, der die Geschöpfe Gottes verwundet! Wehe den Jägern! Denn sie sollen selbst gejagt werden.“
(Kap. 14, 5-7)

Ich, Christus, erkläre, berichtige
und vertiefe das Wort:

Ich Bin die Wahrheit! Wer gegen das Leben handelt, der ist auch gegen sich selbst, da auch er das Leben ist. Denn in ihm wirken alle Kräfte des Lebens – auch das Leben der Tiere und der Pflanzen. Denn alles ist das Leben, das aus dem einen Urquell strömt, aus Gott.

Der Mensch leidet so lange, wie er seinem Nächsten Leid zufügt, ob es Menschen, Tiere oder Pflanzen sind. In den zurückliegenden zweitausend Jahren haben sich

Meine Worte an die Menschen über das Gesetz von Saat und Ernte erfüllt, und sie werden sich weiterhin erfüllen – so lange, bis das Gesetz von Saat und Ernte umgewandelt ist, weil alle Menschen einander selbstlos lieben.

Das Reich Gottes kommt auf die Erde! Im Laufe weiterer Zeitepochen werden sich große Bereiche auf der ganzen Erde verfeinern. Darauf werden lichte Menschen leben. Sie werden mit den Tieren sein und die Tiere mit ihnen. Das Lamm wird beim Löwen liegen, und die beiden werden sich verstehen, weil die Menschen weitgehend frei sind von den Sünden.

Viele Tiere nehmen die Schwingungen der Menschen an und verhalten sich ähnlich wie die Menschen. Ändert sich der Mensch und lebt er nach dem göttlichen Gesetz, dann werden auch die Tiere wieder zutraulich und werden des Menschen Freunde sein.

Bis sich die sündhafte Welt zur Gotteswelt gewandelt hat, werden noch viele Menschen, Tiere und Pflanzen zu leiden haben unter der Unbeugsamkeit des Herrenmenschen, der sich gegen Gottes Schöpfung stellt.

Doch alle Macht und Herrlichkeit ist dem Christus Gottes vom Vater gegeben und niemals dem Menschen, der Gottes Gesetze mißachtet. Wehe den Jägern, und wehe jenen, die nach der Fleischnahrung verlangen! Sowohl die Jäger als auch jene, die ähnlich wie Kannibalen gierig das Fleisch der Tiere verzehren, werden von dem Weh, dem Leid und dem Schmerz der Tiere gepeinigt und gejagt werden. Das gleiche gilt für jene, welche die Pflanzen- und die Mineralreiche schänden. Auch sie werden wegen ihrer Missetaten leiden. Was der Mensch sät, wird er ernten – entweder im irdischen Leben oder als Seele in den Stätten der Reinigung. Daher achtet auf eure Gedanken, Worte und Handlungen, denn sie können euch zum Verhängnis werden.

Mein Reich auf Erden wird ein Reich der Einheit und des Friedens sein, so wie es offenbart ist: Mensch und Tier werden in Frieden miteinander leben, weil die Seelen der Menschen weitgehend rein sind.

Jetzt, in dieser Zeit des gewaltigen Umbruchs, da auch die Folgen der bestehenden Ursachen rascher eintreten, wirke auch Ich, der Christus Gottes, allumfassender in dieser Welt und durch jene, die sich bemühen, Gottes Willen zu erfüllen, damit noch viele Menschen sich selbst erkennen, daraufhin ihre Sünden bereuen und sie nicht mehr begehen.

Erkennet: Die Seelen mancher Menschen, die trotz besseren Wissens weiterhin Gegensätzliches schaffen, drängen immer wieder zur Erde. Nach ihrem Leibestode bleiben deren ungesühnte Ursachen noch in der Atmosphärischen Chronik. Diese Seelen rufen bei einer weiteren Inkarnation das dort Gespeicherte ab und leben wieder mit ihren gleichen Neigungen und Wünschen im Erdenkleid.

Doch jetzt, während der Zeitenwende, wird die Atmosphärische Chronik von allen menschlichen Vorstellungen, Neigungen, Meinungen, Wünschen und allem Unerfüllten gereinigt. Deshalb wird nach dem Gesetz von Ursache und Wirkung das Verursachte, das nicht Gesühnte also, das in der Atmosphärischen Chronik schwingt, rascher auf Mensch und Seele zurückkommen. Daran werden sowohl Menschen als auch Seelen schwer tragen. Das kann für so manche Seele die sogenannte Hölle sein.

In großen Zeiträumen versinkt allmählich die materialistische Welt. In Evolutionszyklen entsteht gleichzeitig das Reich Gottes auf dieser Erde. Das bedeutet für schwerbelastete Seelen, daß sie dann, wenn die Erde lichter wird, nicht mehr auf die Erde zurückkehren können. Die Planetenbahnen zur Erde werden für schwerbelastete Seelen mehr und mehr eingeschränkt und schließlich unterbunden durch die geistige Schicht, die universelle Atmosphäre, die Christus-Schicht, die das Reich Gottes auf Erden umstrahlt. In das Friedensreich Jesu Christi werden sich einst nur weitgehend reine Seelen eingebären, denn die neue, gereinigte Erde wird auch eine gereinigte Atmosphäre haben.

In dieser gewaltigen Umbruchszeit werden über die ganze Erde Seuchen, Krankheiten und Erdkatastrophen kommen. Doch das ist noch nicht das Ende dieser menschlichen Zeitepoche. Solange der Mensch die Erde beherrschen will, wird sie sich schütteln und auftun.

In dieser Zeitenwende strahlt der ewige Geist verstärkt in alle materiellen Sonnen und Gestirne, und aus dem All strahlt verstärkt das Licht, das einem Feuer gleicht. Es bringt die Meere in stärkere Bewegung, so daß sie aus ihren Becken treten und tief liegende Gebiete überfluten und zudecken. Und Gestirne werden Unreines in Reines umwandeln.

Infolge dieser Einwirkungen des Lichtes Gottes und der Gestirne auf die Meere und die Erde wird der Erdplanet sodann wieder fruchtbar werden.

Das alles wird noch geschehen, bevor sich das Blatt ganz gewendet hat. Wer trotz dieser Wirkungen, die auf die Menschheit zukommen, Gott treu bleibt, Ihn lobt und preist, der ist gerettet und wird die neue Erde erbauen und beleben mit der Saat und dem Samen der Liebe.

In dieser Zeit des Umbruchs von der alten, sündhaften Welt zur Welt des Geistes weiß Ich Meine Getreuen zu schützen. Auch ihre Einrichtungen für das Friedensreich Jesu Christi werde Ich bewahren. Der Geist Gottes wird die Menschen, die im Lichte der Wahrheit stehen, die also das Gesetz Gottes erfüllen, umschließen und von ihnen alles Gegensätzliche fernhalten. Ihnen ist von Mir die Kraft gegeben, das gereinigte Land zu bebauen, Gemeinden in Meinem Geiste zu gründen und sich so das Erdreich in Liebe untertan zu machen. Dann dient ihnen die Erde und alles, was die Erde trägt: die Steine, die Pflanzen, die Tiere. Und nicht zuletzt leben und wirken die Engel der Himmel mit den lichten Menschengeschwistern für das Reich Gottes auf Erden.

Der Mann in Meinem Geiste wird guten Samen tragen, und der Schoß der geistigen Frau wird liebevoll empfangen, und die sich in Gott vereinen, Mann und Frau, werden den Bund mit Gott halten, und ihre Kinder, welche die Kinder des Vater-Mutter-Gottes sind, werden das Licht der Gottheit tragen. In ihren Seelen ist die Erlösung schon vollendet, da die Seelen aus höheren Lichtebenen kommen. Entsprechend der lichten Seele des Mannes – der den irdischen Leib zeugt – und der lichten Seele der Frau – die das Kind unter dem Herzen trägt und gebiert – werden diese Seelen angezogen. Denn das kosmische Gesetz lautet: Gleiches zieht Gleiches an.

8. Und der Mann war sehr erstaunt und ließ davon ab, die Hunde zur Jagd abzurichten, und lehrte sie, Leben zu retten und nicht, es zu verderben. Und er nahm die Lehre Jesu an und wurde Sein Anhänger.

9. Und siehe, da kamen zu Ihm zwei Reiche, und der eine sagte zu Ihm: „Guter Meister!" Er aber sprach zu ihm: „Nenne mich nicht gut, denn allein Einer ist der Allgütige, und der ist Gott."

10. Und der andere sagte zu Ihm: „Meister, welches gute Werk soll ich tun, auf daß ich lebe?" Jesus aber sprach: „Befolge das Gesetz und die Propheten." Er antwortete: „Ich habe sie befolgt." Jesus antwortete und sprach: „Gehe hin und verkaufe alles, was du hast, teile es mit den Armen und folge Mir nach." Aber diese Worte gefielen ihm nicht.

11. Und der Herr sprach zu ihm: „Warum sagtest du, daß du das Gesetz und die Propheten befolgt hast? Siehe, viele deiner Mitbrüder sind mit schmutzigen Lumpen bekleidet, sie sterben vor Hunger, und dein Haus ist gefüllt mit vielen Gütern, und jene bekommen nichts davon."

12. Und Er sprach zu Simon: „Es ist schwierig für die Reichen, in das Himmelreich einzugehen; denn die Reichen sorgen für sich selbst und verachten die andern, die nichts haben." (Kap. 14, 8-12)

Ich, Christus, erkläre, berichtige
und vertiefe das Wort:

Ich Bin die Wahrheit und das Leben. Der äußere Reichtum verhärtet die Seele und macht sie arm. Das Leben in materiellem Reichtum ist nicht das Leben in Mir –

es ist nur äußerer Schein; es betrifft die Hülle der Seele und nicht das wahre Sein. Menschen, deren Reichtum nur das Hab und Gut dieser Welt, das Äußere, ist, trennen sich von der Einheit mit ihren Nächsten. Dadurch trennen sie sich zugleich von Gott und verarmen in ihren Seelen. Nur der ist wahrhaft reich, der seine Nächsten reich zu machen vermag durch Werke der selbstlosen Liebe. Er bleibt in der Einheit mit seinem Nächsten und ist damit auch in der Einheit mit Gott; denn Gott ist in jedem, und jeder ist ein Teil von Gott. Wer sich von seinem Nächsten trennt, der trennt sich von Gott, weil im Nächsten Gottes Liebe wirkt.

15. KAPITEL

Die Heilung eines Aussätzigen, eines Gelähmten und eines Tauben

Die Menschen im Geiste des Herrn

1. Es geschah, als Jesus in einer Stadt war, daß ein Aussätziger sich vor Ihm niederwarf und zu Ihm sagte: „Herr, so Du willst, kannst Du mich reinigen!“ Und Jesus streckte Seine Hand aus, rührte ihn an und sprach: „Gesegnet bist du, der du glaubst; Ich will es, sei gereinigt!“ Und alsbald verließ ihn der Aussatz.

2. Und Jesus schärfte ihm ein und sprach: „Sage es keinem Menschen, aber gehe hin und zeige dich dem Priester und opfere für dein Reinwerden, wie es Moses befohlen hat, als Beweis für ihn.“ Aber Sein Ruf verbreitete sich immer mehr, und große Mengen kamen zu Ihm, um Ihn zu hören und von ihren Leiden geheilt zu werden. Er zog sich in die Wüste zurück und betete.

3. Es begab sich eines Tages, als Er lehrte, daß die Pharisäer und Schriftgelehrten dabeisaßen, um Ihn zu sehen. Sie waren aus jeder Stadt gekommen, aus Galiläa und Judäa und von Jerusalem, und die Kraft Gottes war gegenwärtig und heilte sie.

4. Und siehe, sie brachten einen Mann auf einem Bett, der war gelähmt, und sie versuchten, ihn hineinzubringen und vor Ihn zu legen. Und da sie wegen der großen Volksmenge keinen Weg fanden, um ihn hindurchzubringen, stiegen sie auf das Haus. Sie ließen ihn durch das Dach hernieder mit dem Bette mitten unter sie vor Jesus. Und da

Er ihren Glauben sah, sprach Er zu ihm: „Mann, deine Sünden sind dir vergeben."

5. *Und die Schriftgelehrten und Pharisäer fingen an, zu überlegen und sagten: „Wer ist der, der solche Gotteslästerungen ausspricht? Wer kann Sünden vergeben als Gott allein?" Da aber Jesus ihre Gedanken wahrnahm, antwortete Er und sprach zu ihnen: „Was denket ihr in eurem Herzen? Kann selbst Gott jemals Sünden vergeben, wenn der Mensch sie nicht bereuet? Wer sprach: Ich vergebe dir deine Sünden? Sagte Ich nicht vielmehr: Deine Sünden sind dir vergeben?*

6. *Welches ist leichter zu sagen: Deine Sünden sind dir vergeben, oder zu sagen: Stehe auf und wandle? Auf daß ihr aber wisset, daß des Menschen Sohn Macht hat auf Erden zu beurteilen und die Vergebung der Sünden auszusprechen", – sprach Er zu dem Gelähmten: „Ich sage zu dir, stehe auf, nimm dein Bett und gehe heim."*

7. *Und sofort stand er vor ihnen auf und hob das Bett auf, auf dem er gelegen war, und ging heim und pries Gott. Und sie erstaunten alle und priesen Gott und wurden von Ehrfurcht erfüllt und sprachen: „Wir haben heute erstaunliche Dinge gesehen."*

8. *Als Jesus in ein Dorf kam, begegnete Er einem Manne, der taub war von Geburt an. Und dieser glaubte nicht an das Rauschen des Windes oder den Donner oder an die Schreie der Tiere oder die Stimmen der Vögel, die vor Hunger klagten oder weil sie verwundet waren, oder daran, daß andere dies hörten.*

9. *Und Jesus hauchte in seine Ohren, und sie waren geöffnet, und er hörte. Und er genoß mit unendlicher Freu-*

de die Laute, die er früher geleugnet hatte. Und er sagte: „Jetzt höre ich alles!“

10. Doch Jesus sprach zu ihm: „Warum sagst du, du hörest alles? Kannst du etwa die Seufzer der Gefangenen oder die Sprache der Vögel oder der Tiere hören, wenn sie miteinander reden, oder die Stimmen der Engel und der Geister? Denke daran, wie viel du nicht hören kannst, und sei demütig in deinem Mangel an Wissen.“
(Kap. 15, 1-10)

Ich, Christus, erkläre, berichtige und vertiefe das Wort:

Die in der Wahrheit leben, erfüllen den Willen Gottes. Sie sind die Reinen, die schon in der heutigen Zeit die Engel der Himmel vernehmen und das Leben in seiner Vielfalt schauen. Sie lesen die Gedanken der Menschen und vernehmen ihre Seufzer und sehen ihre Leiden. In Meinem Namen und aus Meinem Geiste helfen und dienen sie ihren Nächsten.

Menschen im Geiste des Herrn verstehen auch die Sprache der Tiere. Sie erkennen im Rauschen des Windes, in Blitz und Donner das allwaltende Gesetz, Gott. Wer in diesem hohen göttlichen Bewußtsein lebt, der ist wahrhaft ein Sohn und eine Tochter Gottes. Es sind Meine Getreuen.

In dieser gewaltigen Zeitenwende [1989] beginnen die ersten Schritte auf dem Wege zum allmählich werdenden Friedensreich Jesu Christi: Die Urkraft führt immer mehr Menschen auf den Weg nach Innen, zum Reiche Gottes, das inwendig in jedem Menschen ist. Menschen, die auf dem Wege der Evolution sich dem Christusbewußtsein nähern, finden zurück zur Ursprache der Liebe. Ihnen erschließt sich wieder die Sprache des Alls.

16. KAPITEL

Die Berufung des Matthäus – Neuer Wein in alten Schläuchen

Die Möglichkeit der Reinkarnation und Abtragung ist begrenzt

1. *Und danach ging Er weiter und sah einen Steuereinnehmer mit Namen Levi am Zoll sitzen. Und Er sprach zu ihm: „Folge Mir nach!" Und er verließ alles, stand auf und folgte Ihm. (Kap. 16, 1)*

Ich, Christus, erkläre, berichtige und vertiefe das Wort:

Auch Levi, so genannt, folgte Mir, dem Jesus, erst dann nach, nachdem er in seiner Familie und an seinem Arbeitsplatz alles bereinigt und Sorge getragen hatte für seine Nächsten, die er nur im Äußeren verließ, um der Wahrheit zu dienen.

2. *Und Levi bereitete Ihm ein großes Festmahl in seinem Hause. Es war eine große Gesellschaft von Zöllnern und anderen, die mit Ihm an der Tafel saßen. Doch die Schriftgelehrten und Pharisäer murrten und sagten zu Seinen Jüngern: „Warum eßt und trinkt ihr mit den Zöllnern und Sündern?"*

3. *Und Jesus antwortete und sprach zu ihnen: „Die Gesunden brauchen den Arzt nicht, sondern die Kran-*

ken. Ich Bin nicht gekommen, die Gerechten, sondern die Sünder zur Buße zu rufen."

4. *Und sie sagten zu Ihm: „Warum fasten die Jünger des Johannes so oft und beten so viel und ebenso die Jünger der Pharisäer? Aber Deine Jünger essen und trinken?"*

5. *Er sprach aber zu ihnen: „Womit soll Ich die Menschen dieses Geschlechts vergleichen und wem entsprechen sie? Sind sie nicht gleich Kindern, die auf dem Marktplatze sitzen, einander zurufen und sprechen: Wir haben vor euch gepfiffen, und ihr habt nicht getanzt, wir haben vor euch getrauert, und ihr habt nicht geklagt?*

6. *Denn Johannes der Täufer kam, und er aß und trank nicht, und ihr sagtet: Er ist vom Teufel besessen! Der Menschensohn kommt, und Er ißt und trinkt die Früchte der Erde und die Milch der Herden und die Frucht des Weinstocks und ihr sagt: Sehet, welch ein Schlemmer und Weinsäufer, ein Freund der Zöllner und Sünder!*

7. *Könnt ihr die Hochzeitsgäste fasten lassen, solange der Bräutigam bei ihnen ist? Es wird aber die Zeit kommen, da der Bräutigam von ihnen genommen wird. Dann werden sie fasten in jenen Tagen." (Kap. 16, 2-7)*

Ich, Christus, erkläre, berichtige und vertiefe das Wort:

Der Bräutigam ist der Christus Gottes in Jesus. Und der Bräutigam wird von ihnen gehen. Wer Ihn nicht im Herzen bewahrt, der wird auch nicht die Werke der Liebe erfüllen. Er wird am Tage des Grauens, das über die Menschheit kommt, fasten müssen; denn die Erde, die sich von den menschlichen Machenschaften reinigt, wird jenen kein Brot mehr geben, die mit dazu beigetragen haben, daß sich atmosphärische Schichten auflösen und die Erde und ihre Gewässer verunreinigt sind.

8. *Und Er sagte zu ihnen dieses Gleichnis: „Niemand flicket ein Stück von neuem Tuch auf ein altes Kleid. Denn das Neue paßt nicht zu dem Alten, und das Kleid ist dadurch schlechter geworden.*

9. *Und niemand füllt neuen Wein in alte Schläuche; denn der neue Wein zerreißt die Schläuche und wird verschüttet, und die Schläuche verderben. Sondern den neuen Wein soll man in neue Schläuche füllen, so bleiben sie beide erhalten.*

10. *Und es ist niemand, der vom alten Wein getrunken hat und darauf gleich neuen wünscht. Denn er sagt, der alte sei besser. Aber die Zeit kommt, da der neue alt geworden sein wird, und dann wird der neue Wein verlangt. Denn ebenso wie man alte Kleider vertauscht gegen neue, tauscht man auch den toten Körper gegen den lebendigen Körper, und was vergangen ist, gegen das, was kommt.“ (Kap. 16, 8-10)*

Ich, Christus, erkläre, berichtige
und vertiefe das Wort:

Solange die sündhafte Welt besteht und Seelen im Rade der Wiedergeburt leben, werden Einverleibungen von weltverhafteten Seelen noch möglich sein. Sie legen ihre alten Kleider, die alten Körper, ab und schlüpfen wieder in neue Kleider, in neu geborene Leiber. Sie bringen jedoch in das neue Kleid immer wieder das Sündhafte mit, das sie sowohl in den vorhergehenden Einverleibungen als auch in den Stätten der Reinigung nicht getilgt haben. Eine Seele kann so lange nicht in höhere und lichtere Reiche eingehen, bis sie durch Buße, Vergebung, Bitte um Vergebung und durch Bereinigung das getilgt hat, was sie sich auferlegt hat.

Wenn im Laufe der Zeitenwende – die sich über große Zeiträume erstreckt – eine Seele nicht im Erdenkleid bereinigt, was sie sich auferlegt hat, wird sie danach nicht mehr zur Einverleibung gehen können. Als Seele muß sie dann in den Seelenreichen das erdulden, was sie im Erdenkleid eventuell in Jahren hätte bereinigen können. Denn ihr ist kein neuer Körper mehr beschieden, weil sodann das Licht auf der Erde wohnt und die Schatten dort vorerst keinen Zugang mehr haben.

17. KAPITEL

Jesus sendet die Zwölf aus

Der Fortschritt des Erlösungswerkes ist abhängig von Treue und Entwicklung der Beauftragten (3). Taufe mit dem Geist der Wahrheit (6). Heilung der Kranken und Erweckung der Toten – Gruppenschuld – Teufel austreiben – Gaben der Liebe nicht aufdrängen (7). Die Hölle ist kein Ort, sondern ein Zustand der Seele (10). Gott ist nichts verborgen – Nur wer im Lichte der Wahrheit lebt, der kennt das Wort der Wahrheit (13). Wer gegen Christus ist, ist gegen seinen Nächsten (14)

1. *Und Jesus ging auf einen Berg, um zu beten. Und nachdem Er Seine zwölf Jünger zu sich gerufen hatte, gab Er ihnen die Vollmacht, unsaubere Geister zu vertreiben und alle Arten von Krankheiten und Seuchen zu heilen. Und die Namen der zwölf Apostel, die für die zwölf Stämme Israels standen, waren:*

2. *Petrus, genannt Kephas, für den Stamm Ruben; Jakob, für den Stamm Naphtali; Thomas, genannt Dydimus, für den Stamm Sebulon; Matthäus, genannt Levi, für den Stamm Gad; Johannes, für den Stamm Ephraim; Simon, für den Stamm Isaschar.*

3. *Andreas, für den Stamm Joseph; Nathanael, für den Stamm Simeon; Thaddäus, für den Stamm Sebulon; Jacobus, für den Stamm Benjamin; Judas, für den Stamm Dan; Philippus für den Stamm Asser. Und Judas Ischariot, ein Levite, der Ihn verriet, war auch unter ihnen (aber er war keiner von ihnen), und Matthäus und Barsabas waren auch dabei. (Kap. 17, 1-3)*

Ich, Christus, erkläre, berichtige
und vertiefe das Wort:

Mit den Worten „unsaubere Geister“ sind die unreinen Seelen gemeint, die oftmals an Menschen wie Trauben hängen.

Als Jesus von Nazareth zeigte Ich schon das Kommende auf, indem Ich den zwölf Jüngern zwölf Gemeinden zum Aufbau übertrug. Da auch sie – wie die Menschen in den weiteren Generationen ebenfalls – die Tiefe inneren Lebens kaum erfassen konnten, die besagt: Erfülle die Gesetze und dann handle, konnten sie vieles nicht erfüllen, was Ich ihnen übertragen hatte. Ich habe es ihnen übertragen, weil sie viele göttliche Weisheiten erfahren hatten und es an der Zeit gewesen wäre, diese in materielle Form zu gießen. Trotz allem erfolgten von einer Zeitepoche zur anderen immer weitere Evolutionsschritte des Friedensreiches Jesu Christi.

Auch in der heutigen Zeit [1989], in der auf der Erde die ersten Fundamente des Friedensreiches Jesu Christi sichtbar werden, wirken viele Meiner Getreuen aus dem Stamme David und aus anderen Geschlechtern in Meinem Werk der Erlösung.

Die Getreuen sind mit Mir, und Ich wirke durch sie. So wie damals sind auch heute einige unter ihnen, die nicht sammeln, sondern zerstreuen. Sie bilden immer wieder Einfallspforten für die Finsternis. Daher haben es die Getreuen sehr schwer.

Und doch: Ich Bin mit ihnen der Sieger über die Erde und über die Stätten der Reinigung. So, wie Ich damals die Apostel in die Welt sandte, so werde Ich nach und nach die Meinen, die das Gesetz des Lebens erfüllen, als Geistige Lehrer in die Welt senden. Ich werde durch die Meinen neue Urgemeinden gründen in Mir, Christus, dem Universellen Geist, so daß viele Menschen über diese Stationen der Gemeinden zu dem zentralen Lichte finden: dem Neuen Jerusalem auf dieser Erde mit seinen zwölf Toren.

4. *Und Er berief noch weitere zwölf in derselben Weise, Propheten zu sein, Männer des Lichtes mit den Aposteln zu sein, und Er zeigte ihnen die Geheimnisse Gottes. Und ihre Namen waren: Hermes, Aristobulus, Selenius, Nereus, Apollos und Barsabbas; Andronicus, Lucius, Apelles, Zachäus, Urbanus und Clementos. Und dann erwählte Er weiter zwölf Männer zu Evangelisten und zwölf zu Hirten. Viermal zwölf berief Er und sandte sie aus zu den zwölf Stämmen Israels, zu jedem vier.*

5. *Und sie standen um den Meister, gekleidet in weiße Leinengewänder, dazu berufen, eine heilige Priesterschar Gottes zu bilden im Dienste für die zwölf Stämme, zu denen sie gesandt würden. (Kap. 17, 4-5)*

Ich, Christus, erkläre, berichtige
und vertiefe das Wort:

Ähnlich wie Ich die Propheten und Geistigen Lehrer und alle Söhne und Töchter Gottes aus dem Geschlechte David und aus anderen Geschlechtern über das Prophetische Wort durch den inkarnierten Teilstrahl der göttlichen Weisheit belehrte und belehre [1989] und gemäß ihrer Verwirklichung in die Welt sende, tat Ich es im Erdenkleid als Jesus von Nazareth.

Ich belehrte die Getreuen und unterwies sie in der Verwirklichung der Gesetze Gottes. Einige von ihnen begannen, prophetisch zu reden. Wieder andere, in diesem Buch Evangelisten und Hirten genannt, waren die Geistigen Lehrer und Ältesten, die Gemeinden mitgründen und betreuen sollten.

Das Wort „Priesterschar" hat folgende Bedeutung: Es sind Menschen, die sich bemühen, einzig Gottes Willen zu erfüllen, ohne Zeremonien und Riten.

6. *Diese viermal zwölf sandte Jesus aus und beauftragte sie und sprach zu ihnen: „Ich will, daß ihr Meine zwölf Apostel seid mit euren Gefährten, zum Zeugnis für Israel. Gehet hin in die Städte Israels und zu den verlorenen Schafen von Israel. Und wenn ihr dorthin gehet, predigt und sprechet: Das Himmelreich ist nahe. Wie Ich euch mit Wasser getauft habe, so taufet ihr alle, die glauben. (Kap. 17, 6)*

Ich, Christus, erkläre, berichtige
und vertiefe das Wort:

Es steht im Buche geschrieben: „Wie Ich euch mit Wasser getauft habe ..." Es heißt sinngemäß: So, wie ihr mit Wasser getauft wurdet, so werde Ich als der Christus Gottes alle, die ihr nach den Gesetzen des Lebens belehrt habt und die sie verwirklicht haben, mit dem Geiste der Wahrheit taufen, und sie werden fortan aus dem Geiste der Wahrheit reden.

7. *Salbet und heilet die Kranken, reinigt die Aussätzigen, erwecket die Toten, treibet die Teufel aus. Umsonst habt ihr es empfangen, umsonst gebt es. Ihr sollt euch nicht mit Gold noch Silber noch Kupfergeld in euren Beuteln versorgen, auch keine Tasche für eure Reise, noch zwei Röcke, noch Schuhe und selbst einen Stecken. Denn ein Arbeiter ist seiner Speise wert. Und esset, was euch vorgesetzt ist; doch rühret nicht an, was Leben gekostet hat; denn das ist nicht gesetzmäßig für euch. (Kap. 17, 7)*

Ich, Christus, erkläre, berichtige
und vertiefe das Wort:

„Salbet und heilet die Kranken" soll heißen: Reinigt und heilt Kranke und Aussätzige und salbt sie mit dem Geiste, indem ihr sie in den Gesetzen des Lebens unterweist und ihnen beisteht, diese zu erkennen und zu verwirklichen – das heißt zu bereinigen und das Sündhafte nicht mehr zu tun.

„... erwecket die Toten, treibet die Teufel aus" sprach Ich aus dem „Übergesetz", dem Absoluten Gesetz, das über allem Menschlichen steht. Tote zu erwekken ist nur dann möglich, wenn die Seele nicht mit schweren Ursachen und mit Gruppenschuld belastet ist. Diesen Auftrag erteilte Ich wohl Meinen Aposteln und

Jüngern. Doch zugleich sprach Ich auch, daß das nur dem möglich ist, der im Absoluten Gesetz lebt und aus dem Absoluten Gesetz wirkt.

Die Erweckung der Toten war zu Meiner Zeit als Jesus von Nazareth möglich, denn damals hatten die Armen selten eine Gruppenschuld abzutragen. In der heutigen Zeit [1989] tragen die meisten Menschen einen Teil einer Gruppenschuld, so daß die Erweckung der Toten in dieser sündhaften Welt kaum möglich ist.

Eine Gruppenschuld entsteht, wenn Menschen gemeinsam Menschen oder Tiere töten, Pflanzen- und Mineralreiche schänden.

Die Seele eines sogenannten Toten kann nur dann wieder in den Leib zurückgerufen werden, wenn sie geistig erwacht ist und sich zur Rückkehr frei entscheidet. Andernfalls wäre die Erweckung eines Toten gegen das Gesetz des freien Willens der Seele, denn wenn deren geistige Augen durch die Sünde getrübt sind, kann sie sich nicht frei entscheiden. Und die Seele kann auch nur dann zurück, solange sie noch mit dem Leib durch das Informationsband verbunden ist.

„Teufel austreiben" heißt, erdgebundene, umnachtete Seelen aus dem Tempel, dem Menschen, zu treiben. Das ist nur dem möglich, der die Gesetze Gottes erfüllt, der mit Vollmacht spricht – und das auch nur dann, wenn der Mensch, der die erdgebundene Seele angezogen hat, diese nicht mehr hält durch die Gedanken, Worte und Handlungen, die sie angezogen haben.

Die Aussage „Ihr sollt euch nicht mit Gold noch Silber noch Kupfergeld in euren Beuteln versorgen, auch keine Tasche für eure Reise, noch zwei Röcke, noch

Schuhe und selbst einen Stecken“ bedeutet: Ihr sollt euch nicht mit dem Ballast dieser Welt umgeben und nicht mühsam an dem tragen, was ihr überflüssig habt, denn die Wege sind steinig, und ihr geht sie mit euren Füßen. Alles Überflüssige ist Ballast und hält euch nur auf der Wanderschaft auf.

8. *Und in welche Stadt auch immer ihr kommt, da erkundigt euch, ob jemand darinnen sei, der es verdient. Und dort bleibet, bis ihr von dannen zieht. Wo ihr aber in ein Haus geht, da grüßet es. Und wenn es das Haus wert ist, lasset euren Frieden auf es kommen; ist es aber dessen nicht würdig, laßt euren Frieden wieder zu euch zurückkehren. (Kap. 17, 8)*

Ich, Christus, erkläre, berichtige
und vertiefe das Wort:

„... ist es aber dessen nicht würdig, laßt euren Frieden wieder zu euch zurückkehren“ soll heißen: Bringt die Liebe und den Frieden in jedes Haus. Wer die Gaben der Himmel nicht wünscht, dem drängt sie nicht auf. Und wenn ihr nicht aufgenommen werdet, dann seid nicht ungehalten. Dann wird der Friede, den ihr dem Hause und seinen Bewohnern zugesprochen habt, wieder mit euch sein.

9. *Seid klug wie die Schlangen und ohne Falsch wie die Tauben. Seid unschuldig und rein. Der Menschensohn ist*

nicht gekommen, um zu vernichten, sondern um zu retten, nicht, um das Leben zu nehmen, sondern um das Leben zu geben, dem Körper wie der Seele.

10. *Und fürchtet euch nicht vor denen, die den Leib töten, doch die Seele nicht töten können. Fürchtet euch vielmehr vor dem, der Leib und Seele verderben kann in der Hölle. (Kap. 17, 9-10)*

Ich, Christus, erkläre, berichtige
und vertiefe das Wort:

Nur der Mensch selbst verdirbt seine Seele und seinen Leib durch sein menschliches Denken, Reden und Handeln, wodurch er die Verbindung zum Finsterling herstellt. Was gegen das göttliche Gesetz ist, bringt dem Menschen Verderben. Daher fürchtet euch einzig vor euren eigenen Zuwiderhandlungen, denn was der Mensch sät, das wird er ernten. Und erkennet: Die Hölle ist kein Ort, sondern der Zustand einer Seele, die sich dem Gegensätzlichen, dem „Fürsten der Finsternis", hingegeben hat.

11. *Kauft man nicht zwei Sperlinge um einen Pfennig? Dennoch fällt keiner von ihnen auf die Erde ohne den Willen des Allerhöchsten. Wahrlich, selbst die Haare auf eurem Haupte sind alle gezählt. So fürchtet euch deshalb nicht. Wenn Gott für die Sperlinge sorgt, sollte Er da nicht auch für euch sorgen?*

12. *Es ist für Jünger genug, daß sie seien wie ihr Meister und die Knechte wie ihr Herr. Haben sie den Hausvater*

Beelzebub geheißen, wie viel mehr werden sie seine Hausgenossen ebenso heißen! So fürchtet euch denn nicht vor ihnen. Es ist nichts verborgen, das nicht offenbar werde, und ist nichts geheim, das man nicht wissen wird.

13. *Was Ich euch sage im geheimen, das redet im Licht, wenn die Zeit dafür kommt. Und was ihr höret im Ohr, das predigt auf den Dächern. Deshalb, wer auch immer vor den Menschen die Wahrheit bekennt, den will Ich auch bekennen vor Meinem Vater, der im Himmel ist. Wer aber die Wahrheit vor den Menschen verleugnet, den will Ich auch verleugnen vor Meinem Vater, der im Himmel ist. (Kap. 17, 11 - 13)*

Ich, Christus, erkläre, berichtige
und vertiefe das Wort:

Gott ist allgegenwärtig. Und alles, was ist, kennt Er. Denn Er ist das Leben und die Kraft in allem. In jedem Tier ist Seine Kraft, und so ist das Tier Leben aus Ihm. In jedem Haar ist Gottes Kraft, Sein Leben. Er ist. Und da Er ist und in allem ist, kennt Er auch alles und weiß darum. Um wieviel mehr kennt der ewige Vater Sein Kind, das Er nach Seinem Ebenbilde geschaffen hat! Ihm, dem Ewigen, ist nichts verborgen. Auch wenn der Mensch vor anderen Geheimnisse hat, so sind Ihm diese scheinbar geheimen Dinge nicht verborgen. Wenn es an der Zeit ist, wird alles offenbar werden, das Gute und das weniger Gute.

Deshalb sollte sich der Mensch nur vor seinem Menschlichen fürchten, denn das ist seine Saat. Wenn diese zu sprießen und zu wachsen beginnt, wird sie offenbar und sichtbar für den Menschen selbst, der gesät hat, und auch für den, der daran beteiligt ist oder der dadurch unschuldig in Mißachtung kam.

Daher seid wachsam, daß ihr nur guten Samen sät, so daß eure Ernte die innere Reife ist. Die Wahrheit soll ausgesprochen werden. Sie ist das Licht der Seele. Und wer im Lichte der Wahrheit lebt, der kennt das Wort der Wahrheit. Er wird weder urteilen noch richten, sondern seinen Nächsten im Herzen an- und aufnehmen und so mit Mir, dem Christus, sein.

Es soll euch immer wieder aufs neue bewußt werden, daß menschliche Worte unterschiedliche Bedeutung haben können. Wer im Geiste der Wahrheit lebt, verleugnet seinen Nächsten nicht. Wer ihn verleugnet, hat ihn aus seinem Herzen verbannt. Deshalb sollen die Worte „... den will Ich auch verleugnen vor Meinem Vater, der im Himmel ist" heißen: Wer nicht das Gesetz, die Wahrheit, lebt, den kann Ich nicht zu Meinem Vater führen, und Er kann ihn nicht in den Himmel aufheben – denn der Himmel ist die Wahrheit, und die Wahrheit ist das Gesetz.

Erkennet: Wer die Wahrheit verwirft, weil er sie nicht aus den Geboten annehmen und verwirklichen will, der kennt sich nicht als Wesen des Lichtes. Wer sich selbst nicht kennt, der kann auch nicht in den Himmel eingehen, der seine wahre Heimat ist. Erst nach der Reinigung seiner Seele wird er sich selbst kennen und in den Himmel eingehen.

Der Reine ist aus der Wahrheit und spricht aus der Wahrheit. Wer die Wahrheit nicht lebt, der verleugnet die Wahrheit, die Gott ist, dem alles offenbar ist. Weil Gott die offenbare Wahrheit ist, bleibt nichts verborgen und auch nichts geheim.

14. Wahrlich, Ich Bin gekommen, den Frieden auf die Erde zu senden. Doch siehe, wenn Ich spreche, folgt ein Schwert. Ich Bin gekommen, um zu vereinigen; doch siehe, ein Sohn wird wider seinen Vater sein und eine Tochter wider ihre Mutter und eine Schwiegertochter wider ihre Schwiegermutter. Und eines Menschen Feinde werden seine eigenen Hausgenossen sein. Denn die Ungerechten können nicht mit den Gerechten zusammen sein.
(Kap. 17, 14)

Ich, Christus, erkläre, berichtige
und vertiefe das Wort:

„Doch siehe, wenn Ich spreche, folgt ein Schwert" heißt: Wer das Wort der Wahrheit hört und dieses nicht befolgt und nur davon redet, handelt gegen die Wahrheit und somit wider den Heiligen Geist. Er schafft sich selbst das Schwert, das auch Ursache genannt wird. Und so sind Meine Worte, welche die Wahrheit sind, das Schwert für jene, die sie nicht verwirklichen.

„Ich Bin gekommen, um zu vereinigen" heißt: alle Menschen und Völker zu **einem** Volke Gottes zusammenzuführen.

Wer gegen das Gesetz des Lebens, der Einheit handelt, der ist auch gegen Gott, der die Einheit ist, und gegen Seinen Sohn, Christus, der Ich Bin. Wer gegen Gott und Mein Wirken auf dieser Erde denkt, spricht und handelt, der zerstreut und vereint nicht. Er befolgt nicht die Gesetze des Lebens.

Wer nicht für Mich ist, der ist gegen Mich. Wer gegen Mich, das Leben, ist, der ist auch wider seinen Nächsten. So tritt ein, was geschrieben steht: „. . . ein Sohn wird wider seinen Vater sein und eine Tochter wider ihre Mutter und eine Schwiegertochter wider ihre Schwiegermutter. Und eines Menschen Feinde werden seine eigenen Hausgenossen sein. Denn die Ungerechten können nicht mit den Gerechten zusammensein." Das Gesetz Gottes sagt: Gleiches zieht zu Gleichem; Ungerechte ziehen zu Ungerechten, Gerechte zu Gerechten.

15. *Und die nicht ihr Kreuz auf sich nehmen und Mir nachfolgen, sind Meiner nicht wert. Wer sein Leben findet, der wird es verlieren; und wer sein Leben verliert um Meinetwillen, der wird es finden." (Kap. 17, 15)*

Ich, Christus, erkläre, berichtige
und vertiefe das Wort:

„Wer sein Leben findet, der wird es verlieren; und wer sein Leben verliert um Meinetwillen, der wird es finden". Der Sinn dieser Worte ist: Wer sein irdisches Leben als sein wahres Leben sieht, der wird es verlieren und sich als Seele nicht kennen und seine Heimat nicht finden. Wer sein irdisches Leben achtet, doch sein geistiges

Leben über alles stellt, der wird es auch in sich finden. Und er wird auch seine Heimat kennen, denn er ist bewußt ein Sohn oder eine Tochter Gottes im Reiche des Lebens.

18. KAPITEL

Die Aussendung der Zweiundsiebzig

Über das Weitergeben der Wahrheit (3). Verhalten als Gast (6). Maßstäbe für das Zusammenleben der Menschen; das Ziel: die selbstlose Liebe (10-12)

1. Danach rief der Herr noch zweiundsiebzig Jünger zu sich und sandte sie je zwei und zwei voraus in alle jene Städte und Orte der Stämme, in die Er selbst kommen wollte.

2. Deshalb sprach Er zu ihnen: „Die Ernte ist wahrlich groß, aber es sind wenig Arbeiter. Darum bittet den Herrn der Ernte, daß Er Arbeiter in Seine Ernte sende.

3. Gehet eure Wege, sehet, Ich sende euch fort wie Schafe unter die Wölfe. Traget weder Beutel noch Tasche noch Schuhe und grüßet niemand unterwegs.
(Kap. 18, 1-3)

Ich, Christus, erkläre, berichtige
und vertiefe das Wort:

In der Zeit, da Ich, Christus, als Jesus über diese Erde wandelte, wanderten die schlichten Menschen; sie ritten oder fuhren nicht. Die Füße trugen den Körper von Ort zu Ort. Wer viele Lasten mit sich nahm, kam nur langsam voran. Die Worte „Traget weder Beutel noch Tasche noch Schuhe und grüßet niemand unterwegs“ besagen:

Nehmt nur so viel mit auf eure Wanderschaft, daß ihr vorankommt auf dem Wege und zu jenen gelangt, die schon geistige Früchte tragen, und auch zu jenen, deren Seelenacker erst bestellt werden soll. So sehen auch die Diebe, daß bei euch nichts zu holen ist, und stellen euch nicht nach.

„... und grüßet niemand unterwegs" heißt: Führt keine unnützen Gespräche, sondern bringt den Menschen das Heil des Lebens, die Wahrheit. Geht zielbewußt weiter, denn die Zeit ist bemessen, in der Ich unter den Menschen weile.

4. *Und wenn immer ihr in ein Haus tretet, so sprechet zuerst: Friede sei in diesem Hause! Und wenn dort ein Geist des Friedens sein wird, so wird euer Friede auf ihm ruhen; wenn aber nicht, so wird er wieder zu euch zurückkommen. (Kap. 18, 4)*

Ich, Christus, erkläre, berichtige
und vertiefe das Wort:

Kehrt nur dann in ein Haus ein, wenn ihr selbst den Frieden habt. Tragt euren Frieden also von Haus zu Haus. Wo er nicht angenommen wird, da geht er wieder mit euch. Dort, wo der Friede, die Wahrheit des Lebens, nicht angenommen wird, soll auch nicht länger vom Frieden und von der Wahrheit gesprochen werden. Jeder hat den freien Willen, den Frieden aus Gott, die Wahrheit, anzunehmen oder abzulehnen. Deshalb diskutiert nicht über die Wahrheit. Bringt sie! Wird der Friede, die Wahrheit, nicht angenommen, so tragt die Gaben des Heils in ein anderes Haus. Dann wahrt ihr in euch selbst den Frieden.

5\. *Und in welche Stadt ihr auch kommen werdet, und sie nehmen euch auf, esset das, was euch vorgesetzt wird, außer von Lebendigem. Und heilt die Kranken, die dort sind, und sprechet zu ihnen: Das Reich Gottes ist nahe herbeigekommen.*

6\. *Und in dem Hause bleibt und esset und trinket, was man euch vorsetzt ohne Blutvergießen; denn der Arbeiter ist seines Lohnes wert. Gehet nicht von einem Hause zum andern. (Kap. 18, 5-6)*

Ich, Christus, erkläre, berichtige
und vertiefe das Wort:

„... esset das, was euch vorgesetzt wird, außer von Lebendigem“, „... esset und trinket, was man euch vorsetzt ohne Blutvergießen“ – in beiden Aussagen liegt folgender Sinn: Wenn sie für euch das Blut eines Tieres vergießen, dann lehnt dies rechtzeitig ab, bevor es für euch auf die Schlachtbank geführt wird, denn kein Tier soll geopfert werden – weder Gott noch den Menschen. Menschen- und Tieropfer sind Gott ein Greuel. Gott, der Eine, sprach gegen die Tier- und Menschenopfer, sowohl im Alten Bund als auch im Neuen Bund.

Wird euch jedoch eine Speise gereicht, die Fleisch und Fisch enthält, und wurden die Gaben schon vor eurem Kommen vorbereitet, dann eßt davon und bringt die wenigen Bissen im Gebet dem Vater-Mutter-Gott dar. Seine Kraft wandelt dann das Niedere in Höheres um. Denkt daran: Was aus dem Munde ausgeht, kann zur Sünde werden, nicht, was zum Munde eingeht und im Bewußtsein des Lebens aus Gott dem Leibe zugeführt wird.

7\. *Und wo ihr aber in einer Stadt nicht aufgenommen werdet, so geht eures Weges durch die Straßen und sagt: „Selbst den Staub, der sich von eurer Stadt an uns gehängt hat, schütteln wir ab auf euch; dennoch sollt ihr des gewiß sein, daß das Reich Gottes nahe zu euch gekommen ist. (Kap. 18, 7)*

Ich, Christus, erkläre, berichtige
und vertiefe das Wort:

Worte sind Symbole. Deshalb will Ich auch die Worte, die in dem Buche, genannt „Das Evangelium Jesu", geschrieben sind, jeweils soweit berichtigen, wie sie in der heutigen Zeit [1989] verstanden werden sollen, denn Worte haben von Generation zu Generation unterschiedliche Bedeutung.

Wer in der Stadt nicht gern gesehen ist, der soll den Staub von seinen Füßen schütteln. Das heißt: Er soll weitergehen und dennoch den Segen Gottes zurücklassen. Denn die positiven Kräfte positiver Menschen wirken weiter in den Menschen, Orten und Städten, denen sie gebracht wurden. Und so mancher, der geistig reif ist, wird die Frucht, die Wahrheit, aufnehmen. Sie fließt gleichsam jenen zu, die aus der Wahrheit sind. Denn die ewige Wahrheit ist das Reich Gottes, das zu denen kommt, die sich nach dem Reich Gottes sehnen und die Gesetze des Lebens erfüllen.

8. Wehe dir, Chorazin! Wehe dir, Bethsaida! Wären solch mächtige Taten zu Tyrus und Sidon geschehen als bei euch geschehen sind, sie hätten vor Zeiten in Sack und Asche Buße getan. Aber ihnen soll es besser ergehen am Gerichtstage als euch.

9. Und du Kapernaum, die du erhoben bist bis an den Himmel, du wirst bis in die Hölle hinuntergestoßen werden. Die, welche euch hören, hören auch Mich. Und die euch verachten, verachten auch Mich und Den, der Mich gesandt hat. Doch lasset alle in ihrem eigenen Geiste zur Erkenntnis kommen."

10. Und abermals sprach Jesus zu ihnen: „Seid barmherzig, so werdet ihr Barmherzigkeit empfangen. Vergebet den anderen, und euch wird auch vergeben werden. Mit welchem Maße ihr messet, mit dem werdet auch ihr wieder gemessen werden.

11. Und wie ihr den anderen tut, so wird auch euch getan werden. Und wie ihr gebet, so wird auch euch gegeben werden. Und wie ihr richtet, so werdet auch ihr gerichtet werden. Und wie ihr anderen dienet, so wird auch euch gedient werden.

12. Denn Gott ist gerecht und lohnet jedem nach seinen Werken. Was ihr säet, das werdet ihr ernten."
(Kap. 18, 8-12)

Ich, Christus, erkläre, berichtige und vertiefe das Wort:

Achtet darauf, daß ihr nicht in Versuchung fallet! Bewahrt Mich in euren Herzen, dann gebt ihr aus der ewigen Wahrheit. Denn Ich Bin gekommen, die Menschen die Wahrheit zu lehren und sie vorzubereiten, auf daß sie das Gesetz Gottes, das allein das Leben, die Wahrheit, ist, verwirklichen. Die Wahrheit ist das Leben. Gott ist die Wahrheit, das Leben. Sein Gesetz, die Wahrheit, das Leben, ist die selbstlose Liebe. Das beachtet, dann werdet ihr nicht in Versuchung fallen.

Nun zu den Worten, die in dem Buche, genannt „Das Evangelium Jesu", lauten:

„Die, welche euch hören, hören auch Mich. Und die euch verachten, verachten auch Mich und den, der Mich gesandt hat. Doch lasset alle in ihrem eigenen Geiste zur Erkenntnis kommen." „Seid barmherzig, so werdet ihr Barmherzigkeit empfangen. Vergebet den anderen, und euch wird auch vergeben werden. Mit welchem Maße ihr messet, mit dem werdet auch ihr wieder gemessen werden. Und wie ihr den anderen tut, so wird auch euch getan werden. Und wie ihr gebet, so wird auch euch gegeben werden. Und wie ihr richtet, so werdet auch ihr gerichtet werden. Und wie ihr anderen dienet, so wird auch euch gedient werden. Denn Gott ist gerecht und lohnet jedem nach seinen Werken. Was ihr säet, das werdet ihr ernten“:

Diese Hinweise und Ermahnungen haben Gültigkeit für alle Menschen, von Generation zu Generation, bis jenes Menschengeschlecht entstanden ist, welches das Gesetz der selbstlosen Liebe lebt. Dann sind diese Hinweise und Ermahnungen nicht mehr nötig.

Bis jedoch dieses Geschlecht des inneren Lebens dem Dunkel entwachsen ist und im Lichte der Wahrheit steht, gelten noch diese Hinweise und Ermahnungen. Sie führen hin zum Gesetz der selbstlosen Liebe, zur Wahrheit, zu dem Licht, das in und durch die Menschen im Friedensreich Jesu Christi strahlt. Es ist das Licht der Wahrheit, das Ich Bin: Christus.

19. KAPITEL

Jesus lehrt beten

Richtiges und falsches Beten (2-4).
Die Essenz allen Seins ist im Innersten jeder Seele – Wer bewußt in Verbindung mit Gott lebt, dem dient Seine Allmacht durch alle Lebensformen (6). Das Zurechtweisen aus der Liebe und dem Ernst (8). Achtung vor dem Leben der Pflanzen und Tiere (9). Die Verantwortung eines Geheilten (10)

1. Als Jesus zum Beten auf einem Berg war, kamen einige Seiner Jünger zu Ihm, und einer von ihnen sagte: „Herr, lehre uns, wie wir beten sollen." Und Jesus sprach zu ihm: „Wenn du betest, so gehe in deine stille Kammer. Und wenn du die Türe geschlossen hast, bete zum Vater, der über dir und in dir ist. Und dein Vater, der auch das Äußerste sieht, wird dir offen antworten.

2. Doch wenn ihr beisammen seid und gemeinsam betet, so gebraucht keine leeren Wiederholungen; denn euer himmlischer Vater weiß, was euch nottut, bevor ihr Ihn gebeten habt. Deshalb sollt ihr so beten:

3. Unser Vater, der Du über uns bist und in uns, geheiligt sei Dein Name. Dein Reich komme zu allen in Weisheit, Liebe und Gerechtigkeit. Dein Wille geschehe wie im Himmel, so auf Erden. Laß uns Tag für Tag teilhaben an Deinem heiligen Brot und gib uns die Frucht des lebendigen Weinstockes. Und wie Du uns vergibst unsere Schulden, so mögen auch wir vergeben allen, die gegen uns schuldig werden. Gieße Deine Güte aus auf uns, damit wir dies auch den anderen tun. In der Stunde der Versuchung erlöse uns vom Bösen.

4. *Denn Dein ist das Reich, die Kraft und die Herrlichkeit: von Ewigkeit zu Ewigkeit. Jetzt und in alle Ewigkeit. Amen.' – (Kap. 19, 1-4)*

Ich, Christus, erkläre, berichtige
und vertiefe das Wort:

Wort für Wort vorgegebene Gebete, die nur nachgesprochen werden, haben wenig Kraft, denn sie kommen aus dem Verstand und nicht aus dem Herzen. Nur so dahingesprochene Worte sind unbeseelt. Sie erreichen nicht Gott im Innersten des Menschen, da der Mensch sie nicht mit dem Leben aus Gott beseelt hat. Verstandesgebete können denjenigen noch weiter in die Irre führen, der sich durch seine falsche Denk- und Lebensweise schon verirrt hat. Wer betet, sich jedoch anders verhält, als er im Gebet spricht, der fällt in weitere Belastungen.

Deshalb sollt ihr mit dem Herzen beten. Und so ihr eure Gebete laut sprecht, sollten sie vom inneren Leben beseelt sein, das Ich Bin. Deshalb ist es allein von Bedeutung, von Herzen zu beten, und nicht, nur Worte zu sprechen. Ihr sollt also vorgegebene Gebete nicht wortgetreu wiederholen. Auch das Gebet, das hier niedergeschrieben ist, sollte nicht wortwörtlich verstanden und nachgebetet werden. Jedes Gebet sollte sinngemäß aufgenommen werden, da die Sprache des Herzens die

Sprache der Seelenempfindungen ist. Werden die Empfindungen des Herzens in Worte gekleidet, von den Nächsten jedoch wortwörtlich genommen, so verlieren sie an Sinngehalt.

Die Meinen, die Mir treu nachfolgen, werden immer mehr in die Vollendung des Lebens finden. Ihre Gebete werden dann das Leben in Mir sein, das heißt die Erfüllung des ewigen Gesetzes. Wer in sich das Reich Gottes, das Leben, erschlossen hat, zu dem ist auch das Reich Gottes gekommen, und er lebt fortan das Leben aus Gott.

„Laß uns Tag für Tag teilhaben an Deinem heiligen Brot und gib uns die Frucht des lebendigen Weinstokkes." Mit diesen Worten ist das innere Leben gemeint, der Geist, der auch in der materiellen Substanz den materiellen Leib erhält.

Der Sinn der Aussage „In der Stunde der Versuchung erlöse uns vom Bösen" lautet: Herr, Du führst uns in der Versuchung, auf daß wir herausfinden aus dem Labyrinth des menschlichen Ichs, um dann dem Versucher, dem Bösen, nicht mehr hörig zu sein.

5. Und wo immer sieben in Meinem Namen versammelt sind, da Bin Ich in ihrer Mitte; ja, selbst wenn es drei oder zwei nur sind. Und selbst, wenn einer nur im Stillen betet, so Bin Ich mit diesem einen.

6. Hebet den Stein empor, und ihr werdet Mich finden. Spaltet das Holz, und Ich Bin dort. Denn im Feuer und im Wasser, ebenso wie in jeder Lebensform ist Gott offenbar als ihr Leben und ihre Substanz." (Kap. 19, 5-6)

Ich, Christus, erkläre, berichtige
und vertiefe das Wort:

Achtet, schätzet und ehret die Schöpferkraft in allem Sein! Sehet: Alles, was ist an Kraft und Licht, trägt jeder Mensch im Innersten seiner Seele. Der geistige Leib im Menschen ist die Substanz allen Seins, weil Gott, der ewige Vater, jedem einzelnen Seiner Kinder alles gegeben hat als Essenz, als Erbe. In allen Lebensformen ist der ewige Geist, und Er strömt auch aus allen Lebensformen.

Wenn der Mensch bewußt zum Kinde Gottes geworden ist, dann dient ihm Gottes Allmacht durch alle Lebensformen, durch den Stein, das Holz, das Feuer und Wasser, durch Blumen, Gräser, Pflanzen und Tiere. Alle Gestirne dienen dem, der in Mir, dem Geiste der Wahrheit, lebt. Wenn die Schöpferkraft das Geschöpf zu durchdringen vermag, weil seine Seele licht- und kraftvoll ist, dann ist es wieder bewußt das Kind, der Sohn oder die Tochter der Unendlichkeit und hat das Erbe, die Allkraft, wieder angetreten.

Jeder Erdentag ist ein Geschenk an den Menschen, damit er sich darin erkennt und findet. Die Naturreiche bieten sich dem Menschen an. Feuer und Wasser dienen ihm und auch die Gestirne bei Tag und bei Nacht. Erkennet, wie reich der Tag für jeden einzelnen ist! Jeder Mensch ist reich, der den inneren Reichtum erschließt. Reich ist wahrlich derjenige, der mit dem Allmächtigen in Verbindung steht und so wieder zur Allmacht wird. Gott ist allmächtig, weil Er allgegenwärtig ist, und das reine Wesen ist die Allmacht aus Ihm. Es ist göttlich.

7. Und der Herr sprach: „Wenn dein Bruder gesündigt hat in Worten siebenmal des Tages und siebenmal des Tages bereut hat, nimm ihn auf." Da fragte Ihn Simon: „Siebenmal am Tage?"

8. Der Herr antwortete und sagte zu ihm: „Und Ich sage dir, auch siebenmal sieben; denn sogar bei den Propheten, nachdem sie vom Heiligen Geist gesalbt worden waren, fand man noch Äußerungen von Sünde.
(Kap. 19, 7-8)

Ich, Christus, erkläre, berichtige
und vertiefe das Wort:

Jede Erregung oder Äußerung, die den Menschen in seine Schranken weisen soll, jedoch nicht dem Feuer des Heiligen Geistes entströmt, die also nicht aus Gottes Liebe, Ernst und Kraft kommt, ist nicht in und aus dem Geiste, sondern aus dem Menschen und ist Sünde.

Daher achtet, daß das, was ihr sagt, dem Feuer des Heiligen Geistes entströmt. Und wenn es noch so ernst ist, was ihr sagt, und den Menschen aufrüttelt, so muß es dennoch aus der selbstlosen Liebe und dem göttlichen Ernst gesprochen sein. Alles andere ist wider den Heiligen Geist. Das gilt für alle Menschen, ob sie Gott zustreben oder nicht oder sogar Berufene sind wie z.B. Propheten.

Es sei euch noch folgendes gesagt: Wenn ein wahrer Prophet, der von Gott berufen ist und sich Seinem Willen untergeordnet hat, von Mitmenschen so lange gepeinigt und in Handlungen verwickelt wird, bis es an die Substanz seiner inneren Kraft geht, so empfängt er von Gott zusätzliche Energie. Wenn er sich in dieser Situation über Nichtverwirklichung oder Nichterfüllung oder über gegensätzliche Handlungen seiner Nächsten erregt, die trotz besseren Wissens geschahen, dann empfängt er diese zusätzliche Energie, die in ihm das aufhebt, was aus Erregung geschah. Denn es kam nicht aus seiner Entsprechung, sondern an ihm wurde gezehrt.

9. Seid also rücksichtsvoll, gütig, mitfühlend und freundlich nicht allein mit euresgleichen, sondern auch mit aller Kreatur, die in euerer Obhut ist; denn ihr seid für sie wie Götter, zu denen sie aufblicken in ihrer Not. Hütet euch vor dem Zorn, denn viele sündigen im Zorn und bereuen es, wenn ihr Zorn vergangen ist." (Kap. 19, 9)

Ich, Christus, erkläre, berichtige
und vertiefe das Wort:

Das Kind Gottes ist ein Ebenbild Gott-Vaters und ist deshalb – in sich – ewig schöpfende Kraft, denn es trägt in sich alle Substanzen der ewigen Kraft. Sie sind alle in ihm vollkommen entwickelt. Deshalb blicken Tiere, Pflanzen und Steine zum Ebenbilde Gottes empor und wünschen sich die Einheit mit den ausgereiften Wesen aus Gott, zu dem sich das mehr und mehr formgewordene Leben geistig emporentwickelt.

Fühlt daher die Verbindung mit jeglicher Kreatur und mit allen Steinen und Pflanzen, und schützt das Leben, das euch anvertraut ist! Blumen und Gräser sind Opfergaben aus Gottes Hand. Deshalb nehmt sie nur dann für euren Gebrauch, wenn ihr äußeres Leben im Abblühen ist. Und bemüht euch, die Wurzeln im Erdreich zu lassen. Nehmt das, was aus den Wurzeln sprießt, jedoch nur dann, wenn für diese Lebensform die Zeit gekommen ist. Und so ihr sie mit den Wurzeln entnehmt, so laßt diese an einem schattigen Ort liegen, so daß sich das Leben allmählich zurückziehen kann, um in die Ursubstanz zurückzukehren, in welcher alle Kräfte vereint sind. Tut alles in der rechten Liebe und mit Verständnis, denn alles lebt.

Schlachtet nie ein Tier für euren persönlichen Gebrauch. Sehet, die Natur, das Leben der Schöpfung, sorgt für euch. Die Früchte des Feldes, der Gärten und der Wälder sollen euch genügen. Und zertretet niemals mutwillig Leben, weder das der Tiere noch das der Pflanzen. Wer mutwillig das Leben zertritt, der schafft Ursachen. Er tritt gleichsam auf sein eigenes Leben und wird darunter leiden.

10. Ein Mann, dessen Hand verdorrt war, kam zu Jesus und sagte: „Herr, ich war ein Maurer und verdiente meinen Lebensunterhalt mit meinen Händen. Ich flehe Dich an, gib mir meine Gesundheit zurück, damit ich nicht schmachvoll um mein Brot betteln gehen muß." Und Jesus heilte ihn und sprach: „Es gibt ein Haus, welches nicht mit Händen gebaut ist, sieh zu, daß auch du darinnen wohnest." (Kap. 19, 10)

Ich, Christus, erkläre, berichtige
und vertiefe das Wort:

Der Mensch, dessen Hand entsprechend dem Gesetz von Saat und Ernte erkrankt war, bekam das Leben in seine Hand zurück, um wieder seinen Lebensunterhalt verdienen zu können. Doch Ich gab ihm diese Lehre auf seinen Lebensweg mit: Kehre ein in das Haus, das nicht von Menschenhand erbaut ist – in dein Inneres, denn es ist der Tempel Gottes. Vollzieht dies der Mensch, dann wirkt die von Mir empfangene Kraft in ihm weiter. Tut er dies nicht, so ist ihm nur vorübergehend gegeben, was Ich ihm schenkte: das Leben in seiner Hand. Wer trotz dieser Gabe des Lebens weiter sündigt, der holt wieder herbei, was Ich aufgehoben habe; denn dann war es nur aufgeschoben.

Gott gibt! Was der Mensch dann daraus macht, liegt einzig im Ermessen der Seele und des Menschen. Der Mensch bekam den Hinweis aus dem ewigen Gesetz, nicht mehr zu sündigen und in den Tempel seines Inneren einzukehren. Somit ist er nicht mehr unwissend. Der Wissende trägt sodann die Verantwortung für das, was er weiß.

20. KAPITEL

Rückkehr der Zweiundsiebzig

Erfolg oder Mißerfolg der von Christus Ausgesandten – Verfeinerung der Materie – Erdflecken, Reste negativer Energien: die Basis für den letzten Aufstand der Dämonen am Ende des Friedensreiches – Die Entbindung der Erdseele – Über „Geister" (3). Die „Weisen" der Welt erkennen nicht die Kräfte des Alls; sie werden gesteuert und kämpfen gegen das Licht (4). Christus offenbart Seine eigene Stellung und Sein Verhältnis zu Gott, das Fallgeschehen und Seine Erlösertat (5). Christus im Erdenkleid und Seine Boten konnten und können nur von jenen erkannt werden, die das innere Schauen und Hören entwickelt haben – Wer Christi Gebote hört und verwirklicht, dem enthüllt sich das göttliche Gesetz, und er lebt in Ihm (6). Mächtiges Einstrahlen der ewigen Wahrheit durch die Weisheit in der Zeitenwende (7)

1. Nach einiger Zeit kehrten die Zweiundsiebzig wieder zurück mit Freuden und sagten: „Herr, sogar die Teufel sind uns untertan in Deinem Namen."
2. Und Er sprach zu ihnen: „Ich sah den Satan als einen Blitz vom Himmel fallen.
3. Sehet, Ich habe euch Macht gegeben, auf Schlangen und Skorpione zu treten und über alle Gewalt des Feindes; und nichts wird euch schaden. Doch darüber freut euch nicht, daß euch die Geister untertan sind. Freuet euch vielmehr, daß eure Namen im Himmel geschrieben sind." (Kap. 20, 1-3)

Ich, Christus, erkläre, berichtige
und vertiefe das Wort:

Nicht alle Männer und Frauen, die Ich dem Sinne nach als Jünger bezeichnet habe, blieben dem Gesetze Gottes treu. Einige unterlagen den Lockungen dieser Welt. Sie kehrten mit leeren Händen zurück. Ihr sollt euch auch nicht an die Zahl zweiundsiebzig binden. Sehet diese Zahl als einen Begriff, der besagt: Es waren viele. Alle, die Ich aussandte und die wieder zurückkehrten, waren einst in Meinem Gefolge. Alle, die im Geiste der Wahrheit blieben, wirkten aus dem Geiste des Vaters und besiegten in vielen Menschen den Satan der Sinne und führten sie so zu höherem Leben. Mit den Worten „sogar die Teufel sind uns untertan in Deinem Namen" meinten sie den Satan der Sinne, da viele, denen sie die Lehre des Lebens brachten, diese annahmen und auch befolgten.

So war es, als Ich im Erdenkleide über diese Erde wandelte: Die Ich ausgesandt hatte und die in Mir, dem Leben, lebten, geboten dem Gegensätzlichen Einhalt. Ihre sogenannten Feinde hatten keine Macht über sie, denn sie waren vom Gesetze des Lebens geschützt, da sie dieses befolgten. So ist es auch in der heutigen Zeit [1989]: Alle jene, die dem Satanischen widerstehen, werden bewußt die Kinder Gottes sein, die das Erdreich besitzen. Ihre Namen stehen schon jetzt in den Himmeln geschrieben. Durch Meine Kraft werden sie das erreichen, was für viele Menschen noch unvorstellbar ist: die Umwandlung ihres menschlichen Ichs und die Umwandlung dieser Welt vom Satanischen zum Göttlichen. Ihnen wird alles dienen – die Erde und alles, was auf der Erde ist. Denn sie sind es, die in Meinem Namen das Erdreich besitzen.

Nach Ablauf einiger Zeitepochen des Friedensreiches werden im Reiche Gottes die Menschen eines Geistes sein, weil sie das Satanische in ihren Seelen überwunden haben und bewußt in Mir, dem Christus, leben. Durch sie werde Ich auf Erden die weiteren Werke der Liebe vollbringen.

Obwohl der Erdmantel und die Atmosphäre der Erde von den Gestirnen und den Meeren weitgehend gereinigt werden, so bleiben doch noch Bereiche der Erde bestehen, sogenannte Erdflecken, die gröbere Materie sind. Es sind Ballungszentren negativer Energien. Diese noch vorhandenen negativen Energien sind Restbestände aus Vorzeiten, in denen die Finsternis auf der Erde wirkte, und Reste aus der Atomaufbereitung, Reste von chemischen Substanzen und all dem weiteren Gegensätzlichen, das der Mensch der Erde zugefügt hat. Diese Energien bleiben lange Zeit inaktiv, weil sie von Lava überdeckt sein werden.

Auch in der neuen Atmosphäre bleiben Bereiche bestehen, in denen noch Aspekte von den Leiden der Menschen und der Tiere gespeichert sind. Diese Bereiche bleiben ebenso lange inaktiv wie die Erdflecken auf der Erde.

Am Ende des Friedensreiches mit seiner feineren Materie – bevor sich diese Umwandlung der Erde vollzieht – wird sich mit Hilfe dieser Restbestände an negativen Energien der Satan – die dämonischen Kräfte also – noch einmal an Menschen und Erde messen dürfen. Noch einmal wird der Ewige in Mir, Christus, dem Widersacher die Möglichkeit geben, sich selbst zu erkennen – bevor er sich in den geistigen Evolutionsfeldern selbst an Ketten legt. Die dämonischen Wesen kämpfen bis zuletzt, um ihr Territorium zu retten. Gott-Vater in Mir, dem Christus, gibt auch diesen Seinen Kindern damit noch einmal die Chance zur Selbsterkenntnis und Umkehr. Jene Seelen, die diese letzte Möglichkeit nicht nutzen, werden sich auf den geistigen Evolutionsfeldern wieder aufbauen müssen, weil die Partikelstruktur ihres geistigen Leibes Schaden genommen hat. Ein solcher, deformierter, Seelenleib bedarf also der Regeneration durch die geistigen Bewußtseinskräfte der Tiere, Pflanzen oder gar der Mineralien.

Auch die Erdseele wird sich – jedoch erst nach vielen energetischen Lichtjahren – von der Erde entbinden. Dies vollzieht sich ähnlich, wie sich die Seele des Menschen vom materiellen Körper löst und in feinstoffliche Reiche geht. Der Mensch nennt diesen Vorgang den Tod des Körpers.

Wenn sich die Erdseele vom Erdmantel befreit, wird dieser zerbersten; das ist dann die Auflösung der Erde. Bis zu diesem allgewaltigen Umwandlungsprozeß jedoch wird die Erde noch vieles zu tragen haben. Sowohl der Mensch als auch die Erde werden noch vieles erleben.

In der Aussage „Doch darüber freut euch nicht, daß euch die Geister untertan sind“ will Ich das Wort „Geister“ berichtigen:

Vor zweitausend Jahren und auch in späteren Jahrhunderten nannte man belastete Seelen „Geister“. Als „Geister“ wurden auch Naturwesen und unerklärliche Phänomene bezeichnet. Es sind jedoch geistig formgewordene Energien, die für den Menschen unsichtbar sind.

Die Wirklichkeit ist der ewige Geist, das alldurchströmende Leben, aus dem die Substanzen, die formgewordenen Wesen hervorgehen, wie: Geistwesen, Naturwesen, Tiere, Pflanzen, Mineralien. Der Geist ist das ewige, reine, alldurchströmende Leben, welches Geistwesen, Menschen, Tiere, Pflanzen, Mineralien, ja alles erhält.

4. *Zu der Stunde freute sich Jesus im Geist und sprach: „Ich danke Dir, heiliger Vater des Himmels und der Erde, daß Du solches verborgen hast den Weisen und Klugen und es offenbart hast den Unmündigen. Ja, All-Heiliger, denn so scheint es gut in Deinen Augen. (Kap. 20, 4)*

Ich, Christus, erkläre, berichtige
und vertiefe das Wort:

Mit dem Wort „Weisen“ sind hier jene Menschen gemeint, die sich einzig auf Grund ihres Intellekts, das heißt ihres Verstandeswissens, klug dünken. Wahrhaft weise ist jedoch nur der Mensch, der die Gesetze Gottes erfüllt.

Viele, die sich wegen ihres Intellekts für „weise“ und klug halten, haben aus der Erde ein Brachland gemacht. Noch erkennen sie nicht die Kräfte des Vaters und Seines Sohnes, Christus, der Ich Bin – jene Kräfte, die mehr und mehr durch Söhne und Töchter Gottes im Erdenkleid wirksam werden und die Welt verändern. Diese Kräfte des Alls sind jenen noch verborgen, die ihr Herz für den Sinn des Lebens verschlossen halten. Sie glauben immer noch, sie müßten das vollbringen, was ihrem Verstande entspricht und sie deshalb für richtig und wesentlich halten. Darin glauben sie ihre Weisheit und Klugheit zum Ausdruck bringen zu müssen.

Ihr Menschen im werdenden und wachsenden Friedensreich Jesu Christi, die ihr in den nächsten Generationen das Erdreich mehr und mehr besitzen werdet, erkennet: Bis zur vollen Entfaltung des Friedensreiches werden sich die weltlich orientierten Menschen immer wieder mit Eifer verbünden, um gegen die Werke des Herrn zu kämpfen. Viele von ihnen erkennen nicht, daß sie vom Lichte der Wahrheit schon angestrahlt, geblendet sind. Unbewußt und von sklavischem Eifer erfaßt, reagieren sie, wie es ihnen von den Dämonen eingegeben wird – und kämpfen gegen das Licht.

Zu den Meinen der heutigen Zeit [1989], die den Weg zur wahren Weisheit Gottes anstreben, spreche Ich: Bleibt wahrhaftig! Denn die Zeit ist angebrochen, in der Ich, Christus, die Menschen, die guten Willens sind, immer mehr mit der göttlichen Liebe und Weisheit durchflute und sie zu echten Gotteswerkzeugen mache.

Der Weg zum Herzen Gottes, den Ich in der Bergpredigt dargelegt und in vielen Offenbarungen erläutert, ergänzt und vertieft habe, ist der Weg zur Liebe und Weisheit Gottes, zum echten Menschentum. Das erfaßt in der heutigen Zeit [1989]!

Das sollen auch die Menschen in allen Entwicklungsphasen in dem Friedensreich, dem Reich Gottes auf Erden, wissen, auf daß sie erkennen, daß Ich schon in der heutigen Zeit [1989] verstärkt mit den Meinen war, daß Ich sie geschult und geführt habe.

5. *Es ist Mir alles übergeben von Meinem Vater. Und niemand kennt den Sohn, denn nur der Vater; noch wer*

der Vater sei, denn nur der Sohn, und welchem der Sohn es offenbaren will.“ (Kap. 20, 5)

Ich, Christus, erkläre, berichtige
und vertiefe das Wort:

„Es ist Mir alles übergeben von Meinem Vater.“ Ich Bin des Vaters erstgeschauter und erstgeborener Sohn, der Mitregent der Himmel. Ich Bin in den vier Schöpfungskräften, den vier Wesenheiten Gottes – Ordnung, Wille, Weisheit und Ernst –, allgegenwärtig. In diesen vier Wesenheitsströmen fließt Mein geistiges Erbe. Es ist in den vier Schöpfungskräften die Allgegenwartsstrahlung im Urprinzip Gott.

Somit Bin Ich Gott im Schöpfungsgeist des Vaters in den vier Wesenheiten – Ordnung, Wille, Weisheit und Ernst. Die drei Eigenschaften Gottes – Geduld, Liebe und Barmherzigkeit – sind die Kindschaftseigenschaften. In diesen Bin Ich der Sohn unter allen Söhnen und Töchtern Gottes. Gott heißt: Höchste, allgegenwärtige Energie, die alles hervorbrachte und hervorbringt und die ist von Ewigkeit zu Ewigkeit.

Aus dieser allgegenwärtigen Energie, dem ewig strömenden Urpotential, dem Geist, löste Ich einen großen Teil Meines geistigen Erbes aus und pflanzte es in Funken in die Seelen ein, die sich durch Gesetzesmißachtung in den drei Eigenschaften und in den vier Wesenheiten Gottes – die als Ganzes betrachtet die sieben Grundkräfte der Schöpfung sind – belastet haben, deren Lebensenergie also bis zu den unteren vier Fallreichen heruntertransformiert ist. Diese vier unteren Fallreiche wurden nach Meinem „Vollbracht“ zu Reinigungsebenen. Seit dem „Vollbracht“ ist den gefallenen Seelen der Erlöserfunke Stütze und Halt, damit sich ihre Geistsubstanz nicht im ewigen strömenden Geist auflöst.

Denn im ersten Fallgedanken lag der Wunsch zur Auflösung aller geistigen Formen. Damit wollten die Gegensatzwesen den Neubeginn der Schöpfung bewirken. Der ewige Vater, dessen Sohn Ich Bin, übergab Mir die Kraft, das zu vollbringen, was in Seinem Willen, dem ewigen Gesetze, steht: alles Sein als Ganzes zu bewahren. Durch die Erlösertat empfing jede tiefbelastete Seele den Erlöserfunken. Damit ist die Seele gestützt, und somit ist die Möglichkeit ausgeschlossen, daß sie sich im allgegenwärtigen Geist, dem Gottesstrom, auflöst und in diesen als strömende Energie übergeht. Durch die Erlösung wird die Seele wieder zum Geistwesen und bleibt in der Geistform das Kind Gottes. Hätte Ich Mein Erbe nicht ausgelöst und als Stütze und Entwicklungskraft den Fallkindern gegeben, dann hätten sich viele Geistkörper infolge der immer mehr werdenden Belastungen aufgelöst. Dadurch wäre das Gleichmaß der Schöpfung ins Wanken gekommen, und die Auflösung aller geistigen Formen wäre unausweichlich die Folge gewesen.

Mir ist also vom Vater gegeben, als Erlöser für alle tiefgefallenen Seelen und Menschen zu wirken und diese, Seine Kinder, wieder an Sein Herz zurückzuführen. Für jede Seele Bin Ich deshalb so lange der Erlöser, bis sie die vier Reinigungsebenen überwunden hat. Hat die Seele diese vier göttlichen Bewußtseinsstrahlen aktiviert, dann wird sie von den drei Eigenschaftsebenen, den Vorbereitungsebenen – auch Entfaltungsebenen zur Absolutheit genannt – angezogen, welche die Kindschaftskräfte des Vater-Mutter-Prinzips sind. In diesen drei Eigenschaftsebenen aktiviert das werdende Geistwesen wieder das gesamte Strahlungsgesetz, das ewige Urgesetz. Ist das gesamte Urgesetz im Geistleib wieder aktiv, dann geht das reine Wesen wieder ein in die Absolutheit, in das ewige Sein.

Wenn die Seele auf dem Weg zur Vollendung die vierte Reinigungsebene, das Bewußtsein des göttlichen Ernstes, entwickelt hat, dann ist in ihr die Erlösung vollzogen. Der Teil Meines Erbes, der als Erlöserfunke die Seele gestützt, gehalten und geführt hat, geht sodann wieder in die Urkraft, in die Allkraft, zurück. Auf dem Wege durch die drei Vorbereitungsebenen zur Absolutheit nimmt sodann das werdende Geistwesen wieder bewußt die Kindschaft Gottes an.

Als Jesus von Nazareth konnte Ich von der Erlösertat, dem Ausfließen Meines Erbes, noch nicht in allen Einzelheiten lehren, weil Ich das Werk der Erlösung noch nicht vollbracht hatte. Mein Erbe war noch im Urgesetz. Bei Meiner Taufe im Jordan durch Johannes, als der Geist im Symbol der Taube über Mich kam, wurde Mein Erbe im Urgesetz verstärkt aktiv. Auf Golgatha floß es aus bei Meinem Worte „Vollbracht" und teilte sich in geistige Funken auf. Jede tiefgefallene Seele erhielt davon die Stütze, den Erlöserfunken.

Die Bedeutung der Aussage „... niemand kennt den Sohn, denn nur der Vater" ist folgende: Der Mensch, der nur menschlich denkt und die Materie als das einzig

Wahre betrachtet und anerkennt, fühlt nicht den Geist des ewigen Vaters in sich. Nur wer sich selbst als Kind Gottes weiß, weil er die Gesetze der Liebe erfüllt, der erfühlt auch den Vater, das Leben, in sich. Der Vater ist daher nur von jenen zu erfühlen, die das Gesetz der Liebe verwirklichen, das Ich als Jesus von Nazareth gelehrt habe und als Christus Gottes denen offenbare und lehre, die Gott mehr lieben als diese Welt.

6. Und Er wandte sich zu Seinen Jüngern und sagte ihnen im Vertrauen: „Selig sind die Augen, die da sehen, was ihr sehet. Denn Ich sage euch: Viele Propheten und Könige wollten sehen, was ihr sehet, und haben es nicht gesehen, und wollten hören, was ihr hört, und haben es nicht gehört. (Kap. 20, 6)

Ich, Christus, erkläre, berichtige
und vertiefe das Wort:

Ich Bin in Gott, eurem und Meinem Vater, der Sohn Gottes und Gott in den ewigen vier Schöpfungskräften.

Die Worte „Selig sind die Augen, die da sehen, was ihr sehet" bedeuten: Ich, der Sohn Gottes, der Mitregent der Himmel, war im Erdenkleid mitten unter den Menschen. Selig war die Seele im Erdenkleid, die Mich, den Sohn Gottes im Erdenkleid, erkannt hat. Der Mensch sah Mich nur so, wie Ich als Mensch unter Menschen war. Die Seelen der Seligen erkannten in Mir das Ebenbild des ewigen Vaters. Viele, die nach Meinem

Leibestode auf diese Erde kamen, vernahmen Mich durch Prophetenmund. Doch Ich sprach nicht mehr unmittelbar zu ihnen; denn wer keinen irdischen Leib mehr trägt, hat auch nicht mehr die Stimme der Menschen. Es bedarf dann der Übermittlung der Worte Gottes durch Propheten.

Auch die Innenschau ist nur mittelbar und nicht unmittelbar; sie ist so, wie sie die Menschen in der dreidimensionalen Welt sehen. Ich gab und gebe durch Prophetenmund das Wort des Lebens sowohl nach Meinem Leibestode als auch in der heutigen Zeit [1989], auf daß die Meinen zu Mir finden und die Seligkeit erlangen und nach dem Hinscheiden ihres irdischen Leibes den ewigen Vater von Angesicht zu Angesicht schauen.

Wer also die Worte des Lebens erfüllt, der wird nach dem Leibestod den Vater schauen und Ihn kennen. Er wird bewußt in Ihm sein – so, wie Ich Ihn kenne und in Ihm Bin. Wer jedoch Meine Worte nur hört oder liest und sie nicht in sein Leben einbezieht, der wird weder den Vater in sich erfühlen, noch nach dem Leibestode Ihn schauen und Ihn auch nicht kennen. Denn der Ewige ist das Gesetz des Lebens. Wer es nicht hält, der ist geistig tot. Nur diejenige Seele und derjenige Mensch sind bewußt im Vater, die Meine Worte annehmen und danach leben. Sie werden wieder zu Seinem Ebenbilde.

So ähnlich, wie es in der Zeit Meines Erdenlebens war, ist es auch in der heutigen Zeit [1989]. Ich, Christus in Jesus, stand während Meiner Erdenwanderung leibhaftig vor Meinen Aposteln und Jüngern als das Ebenbild des Vaters. Doch die meisten, die Mir nachfolgten und Mich sahen, erkannten Mich nicht. Nur einige der

Apostel und Jünger schauten Mich, den Christus in Jesus. So, wie es damals war, so ist es auch in dieser Zeitepoche: Der Christus ist nur für jene schaubar, die ihre geistigen Augen geöffnet haben durch ein Leben nach dem ewigen Gesetz der Liebe.

Vielen Menschen brachte Ich die Botschaft der Himmel und sprach zu ihnen von Meinem Kommen als Christus. Wenige jedoch verstanden die Heilsbotschaft. Sie wollten unter anderem keinen Messias im Kleide eines bescheidenen Mannes, des Jesus von Nazareth, der ein Sohn des Zimmermanns Josef war. Denn sie wollten einen irdischen König, der ihnen ihre Lasten abnimmt, ohne daß sie etwas dazu tun. Viele Menschen haben Mich, den Nazarener, reden hören – und hörten Mich doch nicht, weil sie nur den Nazarener sahen und nur die Worte des Nazareners hörten. Sie erfaßten das Wort Gottes nicht, das durch Mich, den Nazarener, sprach, weil sie nur den Jesus, den Nazarener, hörten – und nicht Gott durch Seinen Sohn im Erdenkleid.

Auch in dieser Zeitepoche fließt Mein Wort in der Fülle durch den einverleibten Teilstrahl der göttlichen Weisheit – ein Menschenkind unter den Menschen, das in sich die Gottnähe trägt. Die Einheit mit dem ewigen Vater in ihr wird ebensowenig erkannt, wie einst auch Ich, der Menschensohn unter den Menschen, nicht erkannt wurde.

Es ist eine alte Vorstellung des Menschen, daß jeder seiner Mitmenschen so sein müßte, wie er selbst ist. So unterscheiden viele Menschen nur zwischen Reichtum und Armut im Äußeren, jedoch nicht zwischen innerem Reichtum und seelischer Armut. Sie können die inneren

Vorgänge nicht erkennen und unterscheiden. Deshalb sehen sie jeden Menschen aus der Perspektive ihres menschlichen Ichs. Ihre Mitmenschen haben für sie nur die Bedeutung, die ihr Ich ihnen zumißt. Deshalb werden die Boten Gottes im Erdenkleid nicht erkannt, und die Worte des Lebens, die durch sie fließen, werden nur von wenigen als das Wort Gottes, das Gesetz des Lebens, angenommen.

So ist das Wort des Ewigen durch die Boten Gottes im Erdenkleid für viele Menschen nur ein Wort von Menschen – und doch ist und bleibt es das Wort Gottes durch Seine zu den Menschen gesandten Boten.

7. *Gesegnet seid ihr in dem inneren Kreise, die ihr Mein Wort hört und denen die Geheimnisse enthüllt werden, die ihr kein unschuldiges Geschöpf gefangen nehmt oder tötet, sondern die ihr das Gute suchet in allem; denn solchen gehört ewiges Leben. (Kap. 20, 7)*

Ich, Christus, erkläre, berichtige und vertiefe das Wort:

Ich erkläre die Aussage „Gesegnet seid ihr in dem inneren Kreise, die ihr Mein Wort hört und denen die Geheimnisse enthüllt werden“. Wer das Wort des Vaters durch Mich, Seinen Sohn im Erdenkleid, Jesus, zu hören verstand, der lebte auch danach. Er war wahrlich gesegnet und trat in den inneren Kreis Meiner Schar ein und war bewußt in Mir und Ich in ihm als das Licht der Welt.

Wahrlich, der Segen floß reichlich durch Mich, den Jesus, zu vielen Menschen und zu Meinen Aposteln und Jüngern.

Ähnlich fließt der Segen, das Wort des Ich Bin, in dieser Zeit [1989] durch den Teilstrahl der einverleibten göttlichen Weisheit. Es ist allen Menschen gegeben und fließt auch heute wieder in den inneren Kreis zu jenen, die sich um Mein heiliges Wort scharen. Ich gebe es durch den Menschen, in dem das Lichtwesen einverleibt ist, das Ich in der heutigen Zeit, am Beginn der mächtigen Zeitenwende, zu den Menschen gesandt habe, auf daß sie Mein Wort durch ihn hören und danach leben. Und so sie Mein heiliges Wort verwirklichen, das Ich sie wieder lehre, und Mein Gebot halten, sich untereinander selbstlos zu lieben – so, wie Ich sie als Christus liebe –, werden sie wieder Meine wahren Jünger sein, die Söhne und Töchter Gottes, die bewußt Mein Kommen vorbereiten.

Als Jesus von Nazareth lehrte Ich Meine Apostel und Jünger die ewigen Gesetze. Wer von ihnen Meine Lehre verwirklichte, dem wurden die sogenannten „Geheimnisse" enthüllt, weil die Schleier des menschlichen Ichs von ihm fielen und er dadurch in der Wahrheit lebte. Auf ähnliche Weise lehre Ich nun wieder als Christus durch den einverleibten Teilstrahl der göttlichen Weisheit das Gesetz der Liebe. Wer es verwirklicht, der enthüllt das ewige Gesetz. Seine Schleier der Ichbezogenheit lösen sich auf, und die Seele und der Mensch stehen dann im Lichte der Wahrheit.

Menschen im Geiste ist alles offenbar, weil sie das Gesetz des Lebens erfüllen. Heute [1989] lehre Ich in allen Einzelheiten den Weg zur selbstlosen Liebe und führe alle Willigen, die bereit sind, ihr menschliches Ich zu lassen, um göttlich zu werden, in das Reich Gottes, das inwendig in jedem Menschen ist.

Nur die Seele und der Mensch, die von Meinem Geiste erfüllt sind, halten, was Ich ihnen geboten habe. Menschen des Geistes werden keine unschuldigen Geschöpfe gefangennehmen, gefangenhalten oder gar töten. Wer in der Wahrheit lebt, der weiß, daß in jeder Kreatur die unendliche Liebe waltet und wirkt. Menschen im Geiste der Wahrheit leben mit der Natur und all ihren Geschöpfen.

Auf dem Wege zum Herzen Meines Vaters lehre Ich [1989] die Menschen, sich selbst zu erkennen und sich als Wesen aus Gott anzunehmen und in allen Menschen und in allem, was auf sie zukommt, das Gute zu finden. Wer sein wahres Sein erkennt, der hält das Gebot der Gebote: „Liebet euch selbstlos untereinander, so wie Ich euch als Jesus geliebt habe und als Christus liebe." Meine Lehre ist das Gesetz des Lebens. Wer sie verwirklicht, der ist erfüllt vom Geiste des Vaters und lebt in Mir, dem Christus. Alle, die das Gebot der Gebote halten, leben in Mir, und Ich wirke durch sie. Denn durch sie erfülle Ich, was offenbart ist: das Reich Gottes auf dieser Erde.

Die Menschheit steht in einer großen Zeitenwende. Ich, Christus, bereite Mein Kommen vor und gebe Meine Botschaft durch Söhne und Töchter Gottes weiter, die im Auftrage Meiner Erlösung stehen, so daß viele zu Mir finden und eins werden unter dem weiten Mantel des Universellen Lebens – denn Gott ist universelles Leben, universelles Sein.

8. Gesegnet sollen sein, die sich von allem enthalten, was durch Blutvergießen und Töten erlangt wurde, und die Recht und Gerechtigkeit üben. Gesegnet seid ihr; denn ihr werdet Seligkeit erlangen." (Kap. 20, 8)

Ich, Christus, erkläre, berichtige
und vertiefe das Wort:

In der Wende von der alten Zeit, der Zeit unter dem Kausalgesetz, zur Neuen Zeit, der Lichtzeit, offenbare Ich Mich aus allen sieben Grundstrahlen Gottes durch den Teilstrahl der göttlichen Weisheit. Ein mächtiges Strahlenband der ewigen Wahrheit fließt durch die göttliche Weisheit zu den Menschen. Noch einmal wird ihnen Mein Denken und Leben als Jesus von Nazareth nahegebracht. Auch lehre Ich alle, die auf Mich, den Christus, bauen, wieder die Gesetze des Lebens und deren gesetzmäßige Anwendung. Wer sie verwirklicht, der beginnt, in das erfüllte Leben einzutreten, und ist ein Miterbauer des Friedensreiches Jesu Christi, von welchem in den zurückliegenden Zeitepochen Propheten und Erleuchtete gekündet haben.

Wahrlich, wahrlich, selig sind jene, die es mit Mir, dem Christus, halten, indem sie das Gebot der Gebote erfüllen. Sie werden weder binden noch töten. Sie werden Recht und Gerechtigkeit üben, damit Friede werde unter den Menschen. Denn die Zeit ist gekommen [1989], in der Ich aus allen vier Winden jene sammle, die sich bemühen, das zu halten, was Ich ihnen geboten habe.

Wisset: Trotz Meiner Weisungen und Lehren werden noch viele Menschen durch ihre Ursachen, die sie wider besseres Wissen immer wieder schaffen, sich selbst zerstören. Ihre Seelen jedoch bleiben erhalten durch Mich, den Erlöser. Alle jene, die trotz besseren Wissens die Gebote des Lebens mißachten, werden so lange zu Meiner Linken stehen, bis sie Mich, den Erlöser, an- und aufgenommen haben und den Frieden und die Liebe in sich finden und halten – und so zum Gesetz der Liebe werden. Dann wechseln sie von links nach rechts, und sie werden mit Mir sein, bis alle Seelen zu Meiner Rechten stehen, die Ich dann als Ebenbilder Gottes wieder dem Vater zuführe.

21. KAPITEL

Jesus tadelt die Grausamkeit gegen ein Pferd

Der selbstsüchtige, ichbezogene Mensch beherrscht und quält die Tiere – Wer in Gott lebt, ist mit allen Geschöpfen eins (2-4). Der Mensch schändet und zerstört das Leben auf der Erde – Aussterben vieler Tierarten – Bedeutung vieler Tiere für das ökologische Gleichmaß – Das Gesetz von Saat und Ernte gilt auch im Umgang mit der Schöpfung (5). Selbstlose Liebe, der Schlüssel zu Verständnis und Hilfe für den Nächsten und zur Einsicht in das Kausalgesetz und seine Überwindung – Hunger und Durst der Seele nach der inneren Quelle (7). Töten der Tiere, auch als Opfer, ist Gott ein Greuel – Jeder Mensch sollte freiwillig sein Ich opfern – Falsches Gottesbild – „Auge um Auge, Zahn um Zahn" (8) und „So will Ich euch verstoßen" richtig verstanden – Überlieferung und Interpretation biblischer Worte (10). Irdische Reichtümer und innerer Reichtum (11). Äußerer Reichtum ist nur geliehen, um ihn für viele einzusetzen (12-13). Das Gesetz Gottes ist absolut und wird sich erfüllen – Die Wassertaufe, ein Symbol – Das „Vollbracht" – Christus lehrt nun die ganze Wahrheit (14). Die Planung und Vorbereitung des Erlöserauftrages und des Werkes der Erlösung – Viele Geistwesen stehen im Auftrag, bis alle Fallwesen zurückgekehrt sind (16)

1\. *Es geschah, daß der Herr aus der Stadt zog und mit Seinen Jüngern über das Gebirge ging. Und da kamen sie an einen Berg mit sehr steilen Wegen. Dort begegneten sie einem Mann mit einem Lasttier.*

2\. *Das Pferd aber war zusammengebrochen, denn es war überlastet. Der Mann schlug es, bis das Blut floß. Und*

Jesus trat zu ihm hin und sprach: „Du Sohn der Grausamkeit, warum schlägst du dein Tier? Siehst du denn nicht, daß es für seine Last viel zu schwach ist, und weißt du nicht, daß es leidet?"

3. Der Mann aber erwiderte: „Was hast Du damit zu schaffen? Ich kann mein Tier schlagen, so viel es mir gefällt; denn es gehört mir, und ich kaufte es für eine schöne Summe Geldes. Frage die, die bei Dir sind, sie sind aus meiner Nachbarschaft und wissen es."

4. Und einige von den Jüngern antworteten und sagten: „Ja, Herr, es ist so, wie er sagt, wir waren dabei, als er das Pferd kaufte." Und der Herr erwiderte: „Sehet ihr denn nicht, wie es blutet, und höret ihr nicht, wie es stöhnt und jammert?" Sie aber antworteten und sagten: „Nein, Herr, wir hören nicht, daß es stöhnt und jammert!"
(Kap. 21, 1-4)

Ich, Christus, erkläre, berichtige
und vertiefe das Wort:

Selbst wenn der Mensch ein Tier erworben hat, so ist es trotzdem nicht sein Eigentum. So, wie der geistige Leib, die Seele im Menschen, zum ewigen Sein gehört, weil der Ewige den geistigen Leib geschaffen hat und das Geistwesen durch den Ewigen im ewigen Sein lebt, so wurde auch das Tier vom ewigen Schöpfergeist geschaffen und gehört zu dem Leben, das ist und ewig währt – zu Gott.

Die ganze Unendlichkeit ist dienende Liebe, dienendes Leben: Auch der Mensch ist von Mir, Christus, gerufen, seinem Nächsten in selbstloser Weise zu dienen. Dazu gehört auch der Übernächste, das Tier. Denn auch das Tier ist mit den Gaben selbstlosen Dienens ausgestattet und dient gern und bereitwillig dem Menschen, der es liebt.

Wenn der Mensch seine Nächsten, seine Mitmenschen also, nicht selbstlos liebt, wird er ihnen auch nicht selbstlos dienen. Seine Selbstsucht überträgt er dann ebenfalls auf die Tier-, Pflanzen- und Mineralwelt.

Das Tier kann nicht reden. Still leidet und duldet es und kann kaum seinen Schmerz und sein Weh mitteilen. Nur der vernimmt, was das Tier an Schmerz und Pein erduldet, der Menschen, Tiere, Pflanzen und Steine selbstlos liebt.

Der Ichbezogene, der Herrenmensch, erwartet, daß seine Mitmenschen ihm dienen. Er verlangt auch vom Tier, daß es über seine Möglichkeiten und Kräfte hinaus ihm dient. Er selbst bestimmt – und dient nicht. Deshalb fügt er Menschen und Tieren unsagbare Qualen zu. Wenn der Mensch seine Mitmenschen zu seinen Abhängigen – gleichsam zu Sklaven – macht, dann wird er auch die Tiere unterjochen. Wer nicht mehr auf sein Gewissen hört, der wird hartherzig gegenüber Mensch und Tier. Er sieht nur noch auf seine Belange, auf seinen Eigennutz. Er nimmt sich selbst sehr wichtig und vergißt dabei, daß seine Nächsten und Übernächsten, die Tiere, unter seiner ichbezogenen Herrschaft zu leiden haben. Er spürt dann auch nicht mehr, was sein Nächster und das Tier benötigen. Wenn die Sinne des Menschen verroht sind, dann ist der ganze Mensch gefühlsarm. Um so empfindlicher reagiert er jedoch, wenn sein eigenes Ich angesprochen und sein Tun in Frage gestellt wird.

Erkennet: Wer nur mit dieser Welt ist, der blickt auch nur auf seine kleine, begrenzte Welt des Ichs. Dadurch wird er stumpf gegenüber dem Gesetz des Lebens und wird somit ein geistig Toter. Geistig Tote sind stumm und taub für das wahre Leben. Sie werden so lange, wie es nach den Gesetzen der Einverleibung noch möglich ist, wieder in die Materie eingeboren werden, um im Wandel ihrer Schicksale zu erfahren und zu erleben, daß ihr Nächster, der neben ihnen steht, und ebenso auch das Tier empfindet und leidet – zumal alle das Leben aus Gott haben.

Wohl jenen, die erkennen, daß ihr weiteres Dasein Qual oder Freiheit bedeuten kann, weil der Mensch erntet, was er sät.

Die Zeit ist nahe herbeigekommen, in der die schwerbelasteten Seelen nicht mehr das Zeitliche aufsuchen können, weil dann das Licht auf der Erde wohnt. Die Schatten menschlichen Ichs können dann nicht mehr die Welt beherrschen, weil Gottes Wille gelebt und sichtbar wird.

Wer sein Leben Gott geweiht hat, der ist selbstlos geworden. Sein Leben steht sodann im selbstlosen Dienst am Nächsten. Der Mensch im Geiste des Herrn spricht nicht mehr von Dein und Mein. Er lebt in Gottes Fülle von Ewigkeit zu Ewigkeit – in dem, was Gott ihm vererbt hat: alles Sein, die Ewigkeit.

Wer also wahrhaft lebt, der schaut, was geistig Tote nicht sehen – er hört, was geistig Tote nicht erhorchen können: das Leben, das strömt, aus Mensch, Tier, Pflanze und Stein, aus der ganzen Unendlichkeit. Denn wer in Mir lebt, ist eins mit allen Menschen, Wesen, Tieren,

Pflanzen, Steinen und mit der ganzen Unendlichkeit. Er versteht die Sprache der Liebe.

5. *Und der Herr wurde traurig und sprach: „Wehe euch, der Stumpfheit eures Herzens wegen hört ihr nicht, wie es klagt und schreit zu seinem himmlischen Schöpfer um Erbarmen, und dreimal Wehe über den, gegen den es schreit und stöhnt in seiner Qual!" (Kap. 21, 5)*

Ich, Christus, erkläre, berichtige
und vertiefe das Wort:

Wehe denen, die gegen Mensch, Tier, Pflanze, Stein und gegen alles sündigen, was ihnen Gott zum Leben in Ihm gegeben hat! Das Gemüt vieler Menschen ist stumpf geworden. Ihr menschliches Ich sinnt nur auf eigene Vorteile. Dabei benachteiligt der eigensüchtige Mensch seine Mitmenschen und beutet auch die Naturreiche aus. Der Mensch dieser Zeit [1989] legte und legt Hand an den großen Erdmenschen, die Erde, an. Er verunreinigt die Erde, schändet das Leben auf ihr und greift durch seinen Umgang mit der Atomkraft in die Atmosphäre ein, ebenso mit Chemikalien und anderem. Er schändet also die Erde und alles, was darauf lebt, und zerstört ihren atmosphärischen Mantel, welcher ihr und allem irdischen Leben Schutz bietet.

Gerade in dieser Zeitenwende, der Wende von der alten, sündhaften Zeit zur Lichtzeit, rufen Tier- und Pflanzenarten mit ihren Empfindungskräften, mit der Sprache ihres Bewußtseins, zu ihrem Schöpfer um Hilfe und Rettung. Unvorstellbar leiden die Tiere und Pflanzen unter den Auswüchsen des menschlichen Ichs, der menschlichen Eigensucht. Das geknechtete Leben ruft um Erbarmen und Erlösung.

Gott, Mein Vater, der Schöpfer aller Lebensformen, hat die geknechtete Kreatur erhört. Viele Tierarten sterben wegen der gegensätzlichen Handlungsweise der Menschen aus. Ihre geistigen Kräfte gehen entweder zurück in die Erdseele oder in die reinen Bereiche des ewigen Seins. Das ist für viele Erlösung. Viele von ihnen kommen jedoch dann wieder, wenn das Licht auf der Erde wohnt, weil Menschen in der Einheit mit Gott leben.

Wisset: Jede ungesühnte Missetat und jede Mißhandlung – sei es an Menschen, Tieren, Pflanzen, sogar an Steinen, an der ganzen Erde also und an der Atmosphäre – fällt auf den Urheber zurück. Erkennet: Viele Tiere sind den Menschen gegeben, auf daß sie ihnen dienen. Viele sind gegeben, um das ökologische Gleichmaß zu wahren. Doch rechtes, ja gegenseitiges Dienen kann nur dann sein, wenn der Mensch die Kindschaftsliebe aus dem Vater-Mutter-Gott und die Schöpferliebe, die im Tier, in den Pflanzen und in den Steinen wirksam ist, entfaltet hat. Dann kann er auch mit allem Sein kommunizieren.

Wo reine Kommunikation ist, dort fließt auch ewige, kosmische Energie. Wo jedoch die Kräfte der Liebe gebunden sind, dort ist Hartherzigkeit, Eigensucht und Sklaverei. Dort gibt es weder Verständnis noch Toleranz; dort ist nur Nehmen und kein Fließen aus Geben und Empfangen.

Es ist Gesetz: Was der Mensch dem Geringsten Meiner Brüder antut, seinem Mitmenschen, das hat er Mir, dem Christus, angetan – und letzten Endes auch sich selbst; denn was der Mensch sät, das wird er ernten. Die Ernte entspricht jeweils der Saat. Wenn der Mensch gegen das ewige Gesetz der selbstlosen Liebe verstößt, wendet er sich ab von den ewigen Energien, die er zu einem gesunden Leben benötigt, zum Wohlergehen seiner Seele und auch seines Leibes. Wer sich also der Welt und ihren Schatten zuwendet, der wendet sich von Mir, dem Lichte, ab. Und wer sich von Mir abwendet, der tritt in die Schatten des menschlichen Ichs ein. Wer im Schatten steht, der leidet und verkümmert und wird zum Sklaven seines Ichs und macht wiederum seine Nächsten zu Sklaven.

Erkennet: Nur der läßt sich zum Sklaven des Herrenmenschen machen, der selbst im Schatten steht und dadurch schon versklavt ist. Er verkauft sich sodann dem Herrenmenschen um ein paar Silberlinge und verrät somit seinen wahren Herrn. Das geschieht gegenüber Menschen, Tieren, Pflanzen, der Erde und der Atmosphäre.

6. Und Er schritt weiter und berührte das Pferd, und das Tier erhob sich, und seine Wunden waren geheilt. Aber zu dem Manne sprach Er: „Gehe nun deinen Weg und schlage es künftig nicht mehr, wenn auch du Erbarmen zu finden hoffest.“

7. Und da Er das Volk herankommen sah, sprach Jesus zu Seinen Jüngern: „Des Kranken wegen Bin Ich krank, des Hungrigen wegen leide Ich Hunger, des Durstigen wegen leide Ich Durst." (Kap. 21, 6-7)

Ich, Christus, erkläre, berichtige
und vertiefe das Wort:

„Des Kranken wegen Bin Ich krank" heißt: Wer selbstlos liebt, der ist offen für seinen Nächsten und kann auch in seinem Herzen das Weh, das Leid und die Krankheit in seinen Mitmenschen erspüren und nachempfinden. Menschen, die selbstlos für ihre Nächsten da sind, erhalten aus Mir die Kraft, den Kranken Trost und Hilfe zu geben. Menschen in Meinem Geiste dienen selbstlos ihren Nächsten, wenn diese es wünschen.

Erkennet: Jeder Mensch hat den freien Willen, und keiner soll sich seinem Nächsten aufdrängen. Deshalb soll der Mensch nur Hilfe leisten, wenn diese erwünscht ist.

Der Geist der Liebe strömt durch selbstlos dienende Menschen zu vielen Seiner Menschenkinder und läßt ihnen Hilfe zuteil werden. Gott steht Seinen Menschenkindern in jeder Situation bei – auch durch Menschen, deren Herzen selbstlos für Gott und für ihre Mitmenschen schlagen. Wer selbstlos liebt, dient auch selbstlos. Dadurch kommt das Gute in diese Welt: Gott.

Wer seine eigenen Ursachen erkennt, der kennt auch die in dieser Welt ablaufenden Ursachenketten, deren Wirkungen zu mannigfachen Krankheiten, Leiden und Pein führten und führen. Wer den Einblick in das Gesetz von Saat und Ernte hat, der kennt auch den Weg heraus

aus den Wirren und Verstrickungen des menschlichen Ichs. Und wer den Weg heraus aus Leid, Pein, Krankheit und Siechtum geht, der wird immer weniger Ursachen schaffen. Dadurch verringert sich die schlechte Saat im Acker des Lebens. In ihm geht dann die gute Saat auf, das Leben in Mir, dem Christus.

„... des Hungrigen wegen leide Ich Hunger, des Durstigen wegen leide Ich Durst“ heißt: Ich empfand als Jesus von Nazareth und weiß als Christus, warum es vielen Meiner Menschenkinder an Nahrung mangelt und weshalb sie dürsten. Ich schaute als Jesus die Mängel und weiß sie als Christus. Die Mängel sind das mangelnde Licht der Seele. Die erwachte Seele hungert und dürstet nach Mir, dem Christus. Eine in Mir erwachte Seele wird nicht eher ruhen, bis der Mensch erkennt, weshalb sie hungert und dürstet. Hat der Mensch die Not der Seele erkannt und bereinigt er mit Meiner Kraft das Erkannte, das zur Lichtarmut der Seele geführt hat, dann atmet die Seele auf, und der Mensch gesundet.

Erkennet: Die Seele lebt allein von dem Lichte Gottes. Hat sie davon zu wenig, dann erkrankt der Körper – oder der Mensch muß hungern und dürsten; je nachdem, welche Saat er in den Acker, in seine Seele, gelegt hat.

Jeder Durstige sehnt sich nach der Quelle, nach Wasser. Fließt im Menschen die Quelle inneren Lebens nur spärlich, weil er sich von der Quelle abgewendet hat, dann leiden Seele und Mensch. Wer in Gott lebt, empfindet das Leid seiner Nächsten und wird nicht eher ruhen, bis alle Seelen und Menschen an der Quelle des Lebens angelangt sind und die Seelen sich mit dem Ursprung der Quelle vereinen, um dann wieder die Quelle selbst zu sein.

Bis alle Menschen und Seelen in diesem geistigen Bewußtsein leben, werde Ich als Erlöser mit den Menschen und Seelen sein und ihre Krankheiten, ihren Hunger und ihren Durst mitempfinden, den Hunger stillen und den Durst löschen – bis alles Menschliche gelöst ist und die Seele wieder die Quelle aus Gott selbst ist, das Geistwesen der Himmel, das Ebenbild Gottes.

8. Und Er sagte auch: „Ich Bin gekommen, die Opfer und die Blutfeste abzuschaffen. Wenn ihr nicht aufhören werdet, Fleisch und Blut der Tiere zu opfern und zu verzehren, so wird der Zorn Gottes nicht aufhören, über euch zu kommen; ebenso wie er über eure Vorfahren in der Wüste gekommen ist, die dem Fleischgenusse frönten und von Fäulnis erfüllt und von Seuchen aufgezehrt wurden. (Kap. 21, 8)

Ich, Christus, erkläre, berichtige
und vertiefe das Wort:

„Ich Bin gekommen, die Opfer und die Blutfeste abzuschaffen" heißt: Ich Bin gekommen, euch das Evangelium, das Gesetz der Liebe, zu lehren und es euch vorzuleben, damit ihr erkennt, daß nur jener Mensch im Inneren reich an geistiger Kraft ist, der die Gesetze Gottes hält. Menschen, die innere Werte besitzen, wird es an nichts mangeln. Denn wer in seinem Herzen reich ist, der ist mit seinem Nächsten und nicht gegen ihn – und somit für Gott, das Leben, das die Fülle ist. Menschen mit inneren Werten sind auch mit der Tier- und Pflanzenwelt und nicht gegen die Schöpfungen Gottes. Wer gegen seinen Nächsten ist, wird gegen ihn kämpfen und ihn töten. Und wer gegen seinen Nächsten ist, der wird auch nicht für anderes Leben sein – weder für das der Tiere noch das der Pflanzen und Steine.

Wer gegen das Leben in Mir, dem Christus, ist, den hungert und dürstet es nach Erfolg, Reichtum, Macht und Ansehen. Für seine Feste und Gaumengelüste tötet er Tiere und verzehrt ihr Fleisch. Damit zeigt er, daß er fern von Gott ist.

Gott, dem Ewigen, sind auch Tieropfer ein Greuel. Er will nicht, daß Ihm Tiere geopfert oder geweiht werden. Gott hat allen Formen des Seins das Leben gegeben, also auch den Tieren. Wozu sollen sie Ihm geopfert werden, wenn doch Er, das Leben, selbst in ihnen wohnt?

Wenn der Mensch jedoch sein menschliches Ich, seine Leidenschaften und Begierden Mir, dem Christus, opfern und ein gottgewolltes, also gottgeweihtes Leben anstreben und führen würde, so würde dies zur Einheit aller Lebensformen beitragen. Gott ist der Geist der Liebe und der Freiheit! Deshalb sollte jeder Mensch freiwillig sein Ich opfern. Dann erst wird er sanftmütig und von Herzen demütig und findet zur großen Einheit: Gott. Diese Entfaltung des Menschen hin zu Ihm liebt Gott an Seinen Kindern.

Und wer sich dem ewigen Vater-Mutter-Gott hingibt, indem er sein Menschliches wandelt in Göttliches, der wird keine Tiere schlachten und ihr Fleisch verzehren und auch kein Tier mutwillig töten. Solche Menschen werden auch der Pflanzenwelt mit selbstloser Liebe begegnen, da auch sie ein Schöpfungsgeschenk Gottes an Seine Menschenkinder ist. Die Pflanzen und die Früchte des Feldes und des Waldes schenken sich dem Menschen bereitwillig und wollen ihm als Nahrung dienen und als Heilmittel für seinen kranken Leib.

Der „Zorn Gottes" kommt aus der Vorstellungswelt der Heiden, die im Alten Bund noch sehr lebendig war: Man glaubte, die „Götter" würden an Menschen Rache nehmen. Es wäre gut, wenn der sündige Mensch erkennen würde, daß er den sogenannten „Zorn Gottes" selbst geschaffen hat. Der „zürnende Gott" ist das menschliche Ich, das Rache übt für das, was es selbst verursacht hat; denn was der Mensch sät, das wird er ernten.

Auch die Worte „Auge um Auge, Zahn um Zahn" wurden und werden falsch gedeutet. Der Mensch soll sich nicht an seinem Nächsten rächen und Gleiches mit Gleichem vergelten. Ihm ist geboten, seinem Nächsten zu vergeben, ihn um Vergebung zu bitten und Gleiches oder Ähnliches nicht mehr zu tun. Wer dieses Gebot nicht befolgt, der begibt sich selbst in das Gesetz der Abtragung. Es lautet: „Auge um Auge, Zahn um Zahn." Dann wird er ernten – „Auge um Auge, Zahn um Zahn" –, was er gesät hat.

Erkennet: Früher oder später wird das zornige, beherrschende Ich, der Ich-Gott des Menschen, zusammenbrechen – spätestens dann, wenn aus der Seele die Ursachen ausfließen: das, was der Mensch gesät hat.

Erkennet weiter: Das Leid der Tiere und das Fleisch der mutwillig getöteten Tiere, das verzehrt wurde, zehren wiederum am Fleische des Menschen. Die Folgen sind Krankheiten und Seuchen. Es sind die Wirkungen auf diese und ähnliche Ursachen.

9. Und Ich sage euch, selbst wenn ihr versammelt seid in Meinem Schoße, haltet aber Meine Gebote nicht, so will Ich euch verstoßen. Denn wenn ihr nicht das verborgene Wissen im Kleinen erfüllen wollt, wie soll Ich euch dann das größere geben?

10. Wer treu ist im Kleinsten, wird auch treu sein im Großen; und wer ungerecht ist im Kleinsten, wird auch ungerecht sein im Großen. (Kap. 21, 9-10)

Ich, Christus, erkläre, berichtige
und vertiefe das Wort:

„Und Ich sage euch, selbst wenn ihr versammelt seid in Meinem Schoße, haltet aber Meine Gebote nicht, so will Ich euch verstoßen“ soll heißen: Auch wenn der Mensch „Herr, Herr!“ ruft und viel von Mir spricht und vom Evangelium der Liebe, jedoch in seinem Leben nicht verwirklicht und nicht das befolgt, worüber er redet, so wird er sich selbst – durch sein menschliches Ich – verstoßen. Dadurch tritt er aus dem Gesetz der Liebe heraus und schafft Ursachen, deren Wirkungen über ihn hereinbrechen werden, wenn er sie nicht rechtzeitig erkennt, bereut und solches nicht mehr tut. Nicht das Ich Bin, Gott, verstößt die Seele und den Menschen. Der Mensch wendet sich selbst vom Gesetz der Liebe und des Lebens ab; er schafft dadurch sein eigenes Gesetz, unter dem er dann leidet. Denn der Mensch wird das empfangen, was er gesät hat. Daher bemüht euch, in Meinem Schoße zu bleiben durch ein Leben in Mir, dem Christus, durch selbstlose Liebe und selbstlose Werke.

Die Aussage „so will Ich euch verstoßen" kommt niemals aus dem Geiste Gottes, der Ich Bin. Der Sinn dieser Aussage ist: Durch euer eigenes kleines Ich stoßt ihr eure Seele in das Tal der Ursachen, unter denen ihr dann leiden werdet. Denn allein das Ich des Menschen baut in der Seele und im physischen Leib das Gesetz von Saat und Ernte auf.

In viele alte Texte, die in früherer Zeit gegeben und immer wieder redigiert und übersetzt wurden, flossen Redewendungen aus der Zeit vor und nach dem Alten Bund ein. Waren diejenigen, welche diese Texte redigiert und übersetzt haben, noch in dieser Vorstellungswelt verhaftet, dann verwendeten sie auch diese Begriffe wieder und übernahmen sie in die neuen Textfassungen – in dem Glauben, sie hätten den ihnen vorliegenden Text richtig verstanden und deshalb auch richtig redigiert und übersetzt.

Auch in eure sogenannten Bibeln wurden immer wieder solche alten Begriffe übernommen. Das geschieht auch noch heute [1989]. Auch deshalb können viele Bibelkundige und Theologen Mein offenbartes Wort für die heutige Zeit und für die Neue Zeit, die Lichtzeit, nicht verstehen. Durch die starre Anwendung solcher Begriffe kam in die Bibeln viel Menschenwerk. Nicht immer wurde bewußt in die Texte hineininterpretiert – es floß oftmals unbewußt, aus menschlicher Überzeugung, mit ein. Die alten Redeformen und die alten Begriffe, mit denen die göttliche Wahrheit in menschlichen Worten wiedergegeben wurde, haben jedoch in der heutigen Zeit [1989] oft andere Sinngehalte und Bedeutungen.

Hätte die Menschheit auf die von Gott gesandten Propheten gehört – auch innerhalb der Institutionen Kirche – und hätte sie das erfüllt, was Gott durch Seine Instrumente lehrte; hätte die Menschheit auch auf das gehört, was Ich als Jesus von Nazareth gelehrt und vorgelebt habe, dann wäre diese Zeitepoche voll des Lichts, also der Wahrheit – und es hätte nicht mehr der Propheten bedurft.

Erkennet: Wer das kleinste Gebot, Verständnis und Toleranz gegenüber seinen Mitmenschen zu üben und ihren freien Willen zu beachten, nicht erfüllt, der kann auch das größte Gebot, das Gebot der Liebe, nicht erfüllen. Wer das Gesetz von Saat und Ernte nicht anerkennt und deshalb seinen Nächsten als Schuldigen verurteilt, wie kann der Größeres empfangen, das Gesetz der Liebe, das wahrhaftige Leben?

Wissen ist nicht Weisheit. Die göttliche Weisheit bleibt dem verhüllt, der nur Wissen sammelt.

Wer in den kleinsten Dingen treu, aufrichtig und ehrlich zu sich selbst ist, der ist es auch seinem Nächsten gegenüber. Solche Menschen werden dann auch Großes vollbringen, das von Dauer ist, weil sie in Meinem Willen leben. Wer jedoch im Kleinsten habgierig, neidisch, eifersüchtig und begierig ist, der wird auch dann, wenn es um größere Dinge und Angelegenheiten geht, entsprechend denken, reden und handeln.

Wisset: Aus Neid, Eifersucht, Habgier und Streit entstanden Kriege, Mord, Zerstörung und Entzweiung der Völker.

Gesprochen für die Menschen im lichten Friedensreich: So war es auch noch in der Zeitepoche, in der Ich dieses Werk durch den einverleibten Teilstrahl der göttlichen Weisheit offenbart habe, zu Beginn der mächtigen Zeitenwende.

11. Und wenn ihr nicht treu gewesen seid in den sündhaften irdischen Gütern, wer wird euch die wahren Reichtümer anvertrauen? Und wenn ihr nicht treu gewesen seid in dem, was eines anderen ist, wer wird euch dann das Eure geben? (Kap. 21, 11)

Ich, Christus, erkläre, berichtige
und vertiefe das Wort:

Wenn ihr eure irdischen Güter als euer Eigentum betrachtet und nur darauf bedacht seid, es für eure Zwecke zu vermehren, so seid ihr im Innersten verarmt, denn ihr verwaltet den Besitz nicht gesetzmäßig – zum Wohle vieler. Gott wird euch dann nicht die wahren Reichtümer anvertrauen: das Gesetz des Lebens in diese Welt zu tragen. Denn wer das Gesetz der Liebe und des Lebens nicht erfüllt, der ist geistig verarmt. Und wenn ihr eure Nächsten übervorteilt habt, also dem Gesetze des Lebens und der Liebe nicht treu geblieben seid – wie könnt ihr das Himmelreich, das selbstlose Leben, erlangen?

Wer in den Himmel eingehen möchte, der muß im Inneren reich sein – reich an inneren Werten und Göttlichkeit. Wer sich auf Erden Reichtümer erworben hat und sie als sein Eigentum betrachtet, der ist im Geiste des Lebens arm. Denn was ihm an äußerem Reichtum gegeben ist, wurde ihm nur deshalb anvertraut, daß er damit das Gemeinwohl auf Erden fördert, das heißt: Einer für alle – und alle für Einen.

Wer die irdischen Reichtümer als sein Eigentum ansieht und als sein Verdienst, der ist nicht besser als jener, der seinen Nächsten um dessen Hab und Gut beneidet und es ihm hinwegzunehmen trachtet oder sich daran bereichern will.

Wer jedoch zuerst nach dem Himmelreich trachtet, der hat in sich das ewige Leben erkannt und es bewußt an- und aufgenommen.

Wer den inneren Reichtum entwickelt, dem wird es auch als Mensch an nichts mangeln. Denn Gott, der Vater-Mutter-Gott, sorgt für Seine Erdenkinder, auf daß sie nicht darben müssen. Wenn Menschen jedoch darben und hungern, so haben sie in Vorleben ihren Menschengeschwistern das Brot verweigert und die Hilfe versagt oder als Wissende sie oftmals nicht gesetzmäßig geführt nach dem Gebot „Bete und arbeite".

Vielen Menschen hat Gott ein äußeres Vermögen anvertraut, auf daß sie es für das Gemeinwohl einsetzen und in rechter Weise vermehren zum Wohle aller. Wer leidet und darbt, soll von jenen getröstet werden und Hilfe erlangen, denen Gott die Gaben dazu gegeben hat, daß sie diese in rechter Weise an Seine notleidenden und hungernden Kinder verteilen. Es soll jedoch gesetzmäßig verteilt werden nach dem Gebot „Bete und arbeite".

12. Niemand kann zwei Herren dienen. Denn entweder muß er den einen hassen und den anderen lieben; oder er muß zu dem einen halten und den anderen geringschätzen. Ihr könnt nicht Gott und dem Mammon zugleich dienen." Und die Pharisäer, welche habgierig waren, hörten alle diese Worte und verspotteten Ihn.

13. Und Er sprach zu ihnen: „Ihr seid es, die sich vor Menschen rechtfertigen; aber Gott kennt eure Herzen: Denn was unter den Menschen hochgeschätzt ist, ist ein Greuel im Angesichte Gottes. (Kap. 21, 12-13)

Ich, Christus, erkläre, berichtige
und vertiefe das Wort:

Niemand kann zwei Herren dienen. Wer sich jedoch dem einen Herrn, dem Vater-Mutter-Gott, anvertraut, indem er Gottes Willen erfüllt, der wird Gott auch in seinem Nächsten dienen und wird sich nicht höher schätzen als seinen Nächsten. Wer jedoch den äußeren Reichtum sein Eigen nennt, der wird auf seine Nächsten herabblikken und sie geringer schätzen. Solche Menschen sind oftmals eigensüchtig, ängstlich und engherzig und ihrem Nächsten gegenüber mißtrauisch und argwöhnisch; denn sie sind der Ansicht, ihr Nächster könnte sie übervorteilen und ihnen den Reichtum entwenden, den sie nach dem Gesetze des Lebens gar nicht besitzen – der ihnen nur geliehen ist, damit sie ihn in rechter Weise einsetzen für viele. Solche Menschen lieben nur sich und ihren scheinbaren Reichtum und stellen sich gegen alle, von denen sie glauben, sie wollten sie berauben.

Zu allen Zeiten gab und gibt es Pharisäer, die schöne Reden führen und viele Argumente und Ausreden haben, um das zu behalten, was sie sich als ihr scheinbares Eigentum angeeignet haben.

Erkennet: Jeder, der sich verteidigt und rechtfertigt, klagt sich an und gibt Zeugnis davon, wer er ist. Gott kennt alle Seine Kinder! Er schaut nicht auf die Reden der einzelnen, sondern in ihre Herzen. Dem Ewigen ist nichts verborgen. Wenn es an der Zeit ist, läßt Er alles offenbar werden, damit jeder Sünder sich selbst erkennt, damit er bereut, um Vergebung bittet, vergibt, wiedergutmacht und solches nicht mehr tut, so daß er sich wieder in Gott findet.

Dazu lehre Ich, Christus, in dieser Zeitepoche [1989] wieder den Inneren Weg, auf daß alle Menschen, die guten Willens sind, sich erkennen, wieder zu Gott finden und zur Einheit mit Ihm und mit ihren Nächsten gelangen durch den Sohn, der Ich Bin.

14. Das Gesetz und die Propheten galten bis zu Johannes. Und von dieser Zeit an wird das Reich Gottes gepredigt, und jedermann dringet hinein. Es ist aber leichter, daß Himmel und Erde vergehen, denn daß ein Pünktchen des Gesetzes sich nicht erfülle."
(Kap. 21, 14)

Ich, Christus, erkläre, berichtige
und vertiefe das Wort:

„Das Gesetz und die Propheten galten bis zu Johannes“ heißt: Das Gesetz, das die Propheten gelehrt haben, wurde bis zum Erscheinen des Johannes offenbar. Was die Propheten aus dem Gesetz Gottes darüber hinaus noch gelehrt haben, das habe Ich als Jesus vertieft und lebte es den Menschen vor. Darauf baute Ich als Jesus auf und begann, das Reich Gottes und seine Gesetze zu verkünden, das schon die Propheten vor Johannes angekündigt hatten. Jede Seele geht in das Reich Gottes ein, welche die Gesetze des Lebens verwirklicht und hält.

Das Gesetz Gottes ist absolut. Von ihm kann kein Jota hinweggenommen werden. Das Gesetz des Ewigen wird sich auf und in der Erde und in den Stätten der Reinigung in allen Facetten des Lebens erfüllen. Ich Bin als Jesus von Nazareth gekommen, um das Gesetz Gottes zu erfüllen; und wer in Meine Fußspuren tritt, wird es halten, wie Ich es gelehrt, vorgelebt und somit geboten habe.

In dieser Zeitepoche [1989] lehre Ich, Christus, durch Meine Prophetin und Botschafterin wieder das ewige Gesetz und führe die Meinen in das Reich des Inneren ein. Ich lehre sie auch wieder die ewigen Gesetze für das Reich Gottes auf dieser Erde. Wer in Meinen Fußspuren, in denen des Nazareners, wandelt, der ist der Mitgründer und Miterbauer des Friedensreiches Jesu Christi auf Erden.

Ich, Christus, kam also in Jesus in diese Welt, um das Reich Gottes auf Erden zu verkünden und die Gesetze des Reiches Gottes zu lehren.

Mit den Worten „Lehret und dann taufet“ meinte Ich die Taufe durch den Heiligen Geist. Denn wer die Lehren aus dem Geiste empfangen und erfüllt hat, der ist der geistig Getaufte; er bedarf nicht mehr der Taufe mit Wasser. Die Wassertaufe kann nur noch als Symbol gelten. Denn jeder Mensch, der die Gesetze Gottes verwirklicht, ist vom Geiste des Lebens getauft und kann in den Himmel eingehen, weil er das Gesetz des Lebens, Gott in Mir, dem Christus, erfüllt.

Ich, Jesus, empfing von Johannes die Wassertaufe als Symbol, und von da an begann Ich zu predigen und zu lehren und den Menschen das Reich Gottes näherzubringen. Zugleich kam auch die Teilkraft aus der Urkraft, das Lichtpotential für alle gefallenen und belasteten Seelen, in der Urzentralsonne mehr und mehr in Aktion. Und so, wie Ich als Jesus von Nazareth das Reich Gottes predigte und den Weg dorthin, das Gesetz der Liebe, lehrte und vorlebte, so taten es alle weiteren Propheten, die Ich nach Meinem „Vollbracht“ sandte – und so werde Ich es auch weiterhin tun, bis viele Menschen in der Erfüllung der ewigen Gesetze leben.

Erkennet: Durch das „Vollbracht“ ist jeder Seele der Evolutionsweg in die ewigen Himmel vorgegeben. Keine Seele wird zurückbleiben, denn in allen, ja sogar im Dämon, ist das Erlöserlicht – die Leuchte der Seele –, das sie vor der Auflösung bewahrt.

Nur wer wieder zum absoluten Gesetze der Liebe geworden ist, zum Geistwesen, wird in die Wohnungen zurückkehren, die der ewige Vater für es bereithält. Denn jede wieder rein gewordene Seele muß das Gesetz Gottes ganz erfüllen; es darf kein Pünktchen des Gesetzes unerfüllt sein.

Ich, Christus, offenbare Mich wieder in dieser Zeitenwende [1989], die hinführt zum neuen Zeitalter, dem Friedensreich Jesu Christi. Durch die göttliche Weisheit kommt das allumfassende Gesetz Gottes wieder auf diese Erde in allen Einzelheiten. Alle, die guten Willens sind, finden nicht nur aus dem Gesetz von Saat und Ernte heraus; sie erhalten auch die Lehren und Anweisungen, wie sie das ewige Gesetz des Lebens auf dieser Erde allumfassend anwenden können.

Ich, Christus, lehre also in dieser Zeitepoche die ganze Wahrheit. Wer aus der Wahrheit ist, versteht den Sinn des von Mir in Wort und Schrift Offenbarten. Denn Menschen, die dem Ewigen näher kommen, haften nicht mehr am Wort und auch nicht mehr am Buchstaben. Worte und Buchstaben sind nur Zeichen.

Menschen, die den Inneren Weg der Liebe bewußt Schritt für Schritt gehen, werden nicht mehr danach fragen, was hinter den sogenannten Geheimnissen Gottes steht. Für sie wird alles offenbar, weil der Mensch, der dem Inneren Leben näher kommt, sein geistiges Bewußtsein erschließt, also eintaucht in das ewige Gesetz, Gott, das nur jenen verschlossen ist, die es nicht verwirklichen und halten.

Jetzt schon sind die Menschen reich im Geiste des Lebens, die den Weg der Liebe wandeln und die Gemeinschaft mit ihren Nächsten halten. Sie können gewiß sein, daß sie schon jetzt zu Meiner Rechten stehen.

Ich wiederhole: Den hier vorliegenden Text aus dem Buch „Das Evangelium Jesu" erkläre und berichtige Ich, Christus, so weit, wie die damaligen Begriffe und Worte denen der jetzigen Zeit nicht mehr entsprechen, weil ihnen ein anderer Sinngehalt beigemessen wird. Auch wesentliche ungesetzmäßige Interpretationen, die – auch durch Übersetzungen – eingeflossen sind, berichtige Ich. Ich vertiefe auch die Darlegungen und gebe weitere Gesetzmäßigkeiten hinzu. Dadurch sollen all jene, die im Friedensreiche Jesu Christi leben werden, nicht nur einen Einblick in das erhalten, was sich in Meiner Zeit als Jesus von Nazareth zugetragen hat, sondern auch in das, was sich bis hin zum erwachenden Friedensreich Jesu Christi ereignet hat.

15. Und es kamen mehrere Frauen zu Ihm und brachten ihre Kindlein, die sie an der Brust hatten, zu Ihm, damit Er sie segne. Aber einige sagten: „Warum belästigt ihr den Meister?“

16. Doch Jesus verwarnte sie und sprach: „Von diesen da werden jene kommen, die Mich vor den Menschen verkünden werden.“ Und Er nahm sie in Seine Arme und segnete sie. (Kap. 21, 15-16)

Ich, Christus, erkläre, berichtige
und vertiefe das Wort:

Mit den Worten „Von diesen da werden jene kommen, die Mich vor den Menschen verkünden werden“ deutete Ich das Kommen jener an, die mit Mir im Auftrage des Vater-Mutter-Gottes stehen, alle gefallenen und belasteten Seelen und Menschen an das Herz der Liebe zurückzuführen.

Im ewigen Sein, in der ewigen Stadt Jerusalem, wurde in Gegenwart des ewigen Vaters der Erlöserauftrag in allen Einzelheiten geplant und vorbereitet. Jedes Wesen, das sich für diesen Auftrag entschied, brachte einen oder mehrere Bausteine aus dem großen Mosaik des Erlöserplanes als sein Liebe- und Hilfspotential für die gefallenen und belasteten Seelen in die Urzentralsonne und in die Prismensonnen, das heißt in die Wesenheits- und Eigenschaftssonnen, ein. Ausgehend von der Urzentralsonne und den Wesenheits- und Eigenschaftssonnen, welche die Grundkräfte der Unendlichkeit sind, strahlte der Auftrag für die Erlösung in alle Fallwelten und in die Atmosphäre dieser Erde ein.

Während dieses machtvollen Geschehens nahmen die Söhne und Töchter Gottes ihren Anteil am Werk der Erlösung auch in ihren Geistleib auf.

Viele Söhne und Töchter Gottes entschlossen sich, das Erlösungswerk mit Mir, Christus, durchzuführen, bis die letzte Seele wieder im ewigen Sein ist. Doch nicht jedes Geistwesen, das im Erlöserauftrag steht, wird bis zuletzt mit Mir, Christus, wirken, das heißt, bis alle Wesen wieder die Reinheit erlangt haben. Diese gewaltige Hilfsaktion – bis die letzte Seele heimgekehrt ist – obliegt jenen Wesen, die sich hierfür verpflichtet haben und die vorwiegend aus dem Zentrum allen Seins, aus dem Heiligtum, kommen, wo der Fall seinen Anfang genommen hat. Es sind jene, die über das Geschlecht David in diese Welt kamen und so lange immer wieder auf die Erde kommen, bis das Friedensreich Jesu Christi seinen Höhepunkt erreicht hat. Sie stehen bis zuletzt mit Mir im Erlöserauftrag und sind mit Mir,

Christus, die Hauptverantwortlichen in Meinem Werk der Erlösung.

Jedes Geistwesen, das die Verantwortung für das Erlöserwerk mit auf sich nahm, brachte aus den Anlagen seiner geistigen Mentalität das entsprechende Geistpotential ein. Dieses eingebrachte geistige Potential der Söhne und Töchter Gottes bereitete Mir, Christus, und ihnen selbst die Wege über die Fallreiche, die nach dem „Vollbracht“ zu Reinigungsebenen wurden. Ihr eingebrachtes geistiges Potential sind ihre verschiedenen geistigen Mentalitäten, mit denen sie im Menschenkleide die entsprechenden Fähigkeiten für das Friedensreich Jesu Christi entwickeln.

So haben also viele Söhne und Töchter Gottes, die im Auftrag der Erlösung stehen, einen Teil ihres Geistpotentials für die Heimführung aller Kinder Gottes in den Auftrag eingebracht und wirken nun im Werk der Erlösung. Die erwachten Seelen, die sich im Erdenkleid für Mich entschieden haben, reihen sich entsprechend ihrem Auftrag in das große Ganze ein und dienen im Werk der Erlösung, das auch ihr Werk ist. Sie tragen in sich den strahlenden Auftrag, alle Seelen und Wesen heimzuführen zum großen, ewigen Urlicht, Gott.

Das Geschlecht David und Söhne und Töchter Gottes aus den weiteren Geschlechtern bilden ein großes, mächtiges Volk, das Volk Gottes auf dieser Erde. Manche von ihnen haben sich in Inkarnationen belastet und können von Mir, dem Christus Gottes, noch nicht angesprochen werden, weil ihr Herz noch fern von Mir ist. Andere der Söhne und Töchter Gottes, die im Auftrag stehen, befinden sich noch auf dem Weg, um den Teil des Auftrags zu erfüllen, der ihnen obliegt. Manche von ihnen gingen wieder zurück in die „Welt“, da sie noch zu sehr in der Welt verhaftet waren. Ihre Seelen jedoch haben Meinen Ruf vernommen und werden zu gegebener Zeit wieder zurückkehren zu ihrem Auftrag, in das Werk der Erlösung. Ihre Rückkehr muß nicht in dieser Inkarnation, in diesem Erdendasein, sein [1989]. Es kann auch noch in späteren Einverleibungen geschehen, denn Mein Friedensreich auf dieser Erde ist erst im Aufbau.

Wieder andere Söhne und Töchter Gottes wachsen allmählich in ihre Aufgabe hinein und nehmen ihren Auftrag bewußt an.

Weitere stehen schon voll im Auftrag und erfüllen, was sie dafür an geistigem Potential in die Urzentralsonne, in die sieben Grundkräfte der Schöpfung, in die Fallwelten und in die Atmosphäre eingegeben haben.

Viele Söhne und Töchter Gottes, die im Auftrage stehen, und weitere Kinder der Liebe, die im Geiste des Lebens erwacht sind, werden den Sohn Gottes als den Erlöser aller Seelen und Menschen verkünden, bis alle Seelen die Erlösung bewußt angenommen haben und sich auf den Weg zur Vollendung begeben.

Die Söhne und Töchter Gottes, die über das Geschlecht David in die Welt kamen und kommen, bleiben im Auftrag der Erlösung, bis alles vollendet ist. Das deutete Ich schon als Jesus von Nazareth an, als Mir einige Frauen ihre Kinder brachten, auf daß Ich sie segnete. An der Strahlung der Kinder erkannte Ich, welche Seele zum Auftrag der Erlösung gehört. Jedes

Wesen, das im Erlöserauftrage steht, hat in seinem Geistleib ein Strahlungssiegel. Dieses strahlt auch durch den irdischen Leib aus, durch das Christuszentrum, das in der Nähe des Herzens wirksam ist.

22. KAPITEL

Die Erweckung der Tochter des Jairus

Voraussetzungen für Heilung des Leibes – Der Christus ist in dir (2-5). Die Auferweckung von „Toten" (6-12)

1. *Und siehe, da kam einer der Synagogenvorsteher, mit Namen Jairus. Und als er Ihn sah, fiel er Ihm zu Füßen und flehte Ihn an und sagte: „Meine kleine Tochter liegt im Sterben. Ich bitte Dich, komme und lege Deine Hände auf sie, daß sie gesund werde und lebe." Und Jesus ging mit ihm, und es schlossen sich Ihm viele Menschen an und drängten sich um Ihn.*

2. *Und da war ein Weib, das hatte seit zwölf Jahren einen Blutfluß und hatte viel erlitten von vielen Ärzten und hatte alles, was sie besaß, dafür ausgegeben; und es war nichts gebessert, sondern sogar schlimmer geworden.*

3. *Da sie von Jesus gehört hatte, drängte sie sich hinter Ihn und berührte Sein Gewand. Denn sie sagte sich: „Wenn ich nur Sein Gewand berühre, so werde ich gesund werden." Und alsbald hörte das Blut auf zu fließen. Und sie fühlte es in ihrem Leibe, daß sie von ihrer Plage gesund geworden war.*

4. *Und Jesus spürte sogleich selbst, daß eine Kraft von Ihm ausgegangen war, und wandte sich zu dem Volke, das sich um Ihn drängte, und sprach: „Wer hat Mein Gewand berührt?" Und Seine Jünger sagten zu Ihm: „Du siehst, daß sich die Menge drängt, und sprichst: Wer hat Mich berührt?"*

5. Und Er sah sich um nach der, die es getan hatte. Das Weib aber fürchtete sich und zitterte (denn sie wußte, was an ihr geschehen war), kam und fiel vor Ihm nieder und sagte Ihm die ganze Wahrheit. Er sprach aber zu ihr: „Meine Tochter, dein Glaube hat dich gesund gemacht. Gehe in Frieden, und sei geheilt von deiner Krankheit.“ (Kap. 22, 1-5)

Ich, Christus, erkläre, berichtige
und vertiefe das Wort:

Was damals geschah, kann auch heute geschehen. Denn sehet, die ihr Meine Worte lest, der Christus wandelt nicht mehr in Jesus über diese Erde – der Christus, o Menschenkind, ist in dir! Und wo du auch bist, wohin du auch gehst: Ich Bin in dir die Kraft der Erlösung, die auch die Heilung deines Leibes bewirkt, wenn dies gut ist für deine Seele. Du, o Mensch, brauchst Mich nicht zu suchen – du findest Mich in dir! Du brauchst nicht dahin oder dorthin zu gehen – Ich Bin in dir! Und überall, wo du bist, da Bin Ich. Ziehe dich in eine stille Kammer zurück und tritt in das Herzenskämmerlein ein, um von Herzen zu beten. Bringe im Gebet Mir, der Ich in dir Wohnung genommen habe, deine Herzensanliegen, und glaube, daß Ich alles vermag.

Und so du in deinem Glauben an Mich keine Zweifel zuläßt, wird das geschehen, was für dich gut ist und dem Heil deiner Seele dient. So wie damals gilt auch heute das Gesetz: Dein Glaube hat dir geholfen. Und wenn du nicht mehr sündigst – indem du dich bemühst, die Gebote des Lebens zu halten –, so ist deine Bitte in deiner Seele schon erhört. In deiner Seele und an deinem Leibe wird sich das Heil dann auswirken, wenn es zur Weiterentwicklung deiner Seele dient.

6. *Während Er noch sprach, kamen etliche vom Gesinde des Synagogenvorstehers und sagten: „Deine Tochter ist gestorben. Was bemühst du weiter den Meister?"*

7. *Sobald aber Jesus die Worte hörte, die da gesagt wurden, sprach Er zu dem Synagogenvorsteher: „Fürchte dich nicht, sondern glaube nur!" Und Er erlaubte niemand, Ihm zu folgen, außer Petrus, Jakobus und Johannes, dem Bruder des Jakobus.*

8. *Und Er kam in das Haus des Synagogenvorstehers und sah den Auflauf und die Sänger des Tempels, und alle weinten und klagten laut.*

9. *Und als Er hineingekommen war, sprach Er zu ihnen: „Warum lärmt und weint ihr so? Das Mädchen ist nicht gestorben, es schläft nur." Und sie lachten Ihn aus; denn sie dachten, daß sie tot sei, und glaubten Ihm nicht. Doch nachdem Er alle hinausgetrieben hatte, nahm Er zwei Seiner Jünger mit sich und ging hinein, wo das Mädchen lag.*

10. *Und Er ergriff das Mädchen bei der Hand und sprach zu ihr: „Talitha Kumi!" Das heißt so viel wie: „Mädchen, Ich sage dir, stehe auf!"*

11. *Und alsbald erhob sich das Mädchen und ging umher. Sie war zwölf Jahre alt. Und sie erstaunten über alle Maßen.*

12. *Und Er befahl ihnen streng, daß niemand es bekanntmachen sollte, und gebot, ihr etwas zu essen zu geben. (Kap. 22, 6-12)*

Ich, Christus, erkläre, berichtige und vertiefe das Wort:

Erkennet in der Tiefe eurer Herzen Mein Wirken – nicht nur als Jesus von Nazareth, sondern auch als Christus Gottes! Denn Ich Bin wieder zu euch gekommen im Geiste der Liebe, um euch zu helfen und zu dienen.

Solange das Silberband – auch Informationsband genannt –, das Seele und Körper verbindet, noch nicht vom Leibe getrennt ist, besteht noch der geistige Kreislauf und fließen noch die Lebensenergien vom unbelastbaren Wesenskern, Gott, in die Seele – von der Seele in den Körper und vom Körper wieder zurück zur Seele und zum Wesenskern, Gott. Das sah Ich bei dem Mädchen und sprach zuerst still mit der Kraft Meines Vaters in Mir, dem innewohnenden Ich Bin. Dann stellte Ich eine geistige Verbindung zur Seele des Kindes her und ließ über sie dem Silberband vermehrt kosmische Kräfte zufließen. Über den Wesenskern der Seele floß dann diese verstärkte Lebensenergie in die Seele ein und über die Seele in die Gehirnzellen und in den Organismus des Kindes. So erweckte Ich den Menschen von dem sogenannten Tod.

Auf diese Weise holte Ich alle zurück in das Fleisch, deren Zeit im Erdenkleid noch nicht abgelaufen war. Sie wären nur wegen äußerer Umstände von der Erde gegangen, welche der Seele den Halt nahmen und sie dadurch früher, als ihr nach den kosmischen Gesetzen vorgegeben war, aus dem Körper getrieben hätten.

Im Gesetz des Lebens steht geschrieben, daß jeder Seele im Erdenkleid ein bestimmter irdischer Lebenszyklus vorgegeben ist. Dieser enthält die Möglichkeit eines früheren und eines späteren Todes des Erdenkleides. Der irdische Tod kann auch innerhalb dieser Zeitspanne erfolgen. In dieser Zeitspanne konnte Ich als Jesus von Nazareth mit der Kraft des Geistes die Seelen wieder in ihr Erdendasein zurückrufen.

Diese Werke der Liebe vollbrachte Ich, wenn es gut war für Seele und Mensch. Ich erkannte an der Bewußtseinsstrahlung der Seele, ob sich Seele und Mensch im weiteren Erdendasein neu belasten oder den Glauben an den Ewigen verstärken würden durch Vergeben, Bitten um Vergebung und durch Wiedergutmachen.

Das Gebot für alle Menschen lautet: Ist euer Glaube so groß wie ein Senfkorn, dann kann in und an euch vieles geschehen aus den Werken göttlicher Liebe.

23. KAPITEL

Jesus und die Samariterin

Das Wasser des Lebens, die Wahrheit, eine ewig strömende Kraft (3-7). Wer ernsthaft sucht, findet die Wahrheit – Prüft jene, die über die Wahrheit reden – Über den Wert äußerer Formen der Anbetung – Wer ist heute das Volk Israel? – Das Neue Jerusalem – Der letzte Bund (16)

1. *Jesus kam in eine Stadt Samarias, die hieß Sichar, nahe bei dem Felde, das Jakob seinem Sohne Joseph gegeben hatte.*

2. *Es war aber daselbst Jakobs Brunnen. Da nun Jesus müde war von der Reise, setzte Er sich auf den Brunnenrand. Es war um die sechste Stunde.*

3. *Und da kommt ein Weib aus Samaria, um Wasser zu schöpfen. Jesus spricht zu ihr: „Gib Mir zu trinken." (Denn Seine Jünger waren in die Stadt gegangen, um Nahrung zu kaufen.)*

4. *Da sagt das samaritische Weib zu Ihm: „Wie kommt es, daß Du, ein Jude, mich um einen Trank bittest, ein Weib aus Samaria?" (Denn die Juden haben keine Gemeinschaft mit den Samaritern.)*

5. *Jesus antwortete und sprach zu ihr: „Wenn du erkenntest das Geschenk Gottes, und wer Der ist, der zu dir sagt: 'Gib Mir zu trinken', so bätest du Gott, der dir lebendiges Wasser gäbe."*

6. *Da sagt das Weib zu Ihm: „Herr, Du hast doch nichts, damit Du schöpfen kannst, und der Brunnen ist tief; woher hast Du denn das lebendige Wasser? Bist Du*

denn größer als unser Vater Jakob, der uns diesen Brunnen gegeben hat und daraus trank, er und seine Kinder und seine Kamele und Ochsen und Schafe?"

7. *Jesus antwortete und sprach zu ihr: „Wer von diesem Wasser trinket, den wird wieder dürsten. Wer aber das Wasser trinken wird, das Ich ihm geben werde, den wird nimmermehr dürsten, sondern das Wasser, das Ich ihm geben werde, wird in ihm als eine Quelle des Wassers aufbrechen in das ewige Leben hinein." (Kap. 23, 1-7)*

Ich, Christus, erkläre, berichtige
und vertiefe das Wort:

Das Wasser des Lebens fließt stärker in diese Welt seit Meinem Wirken als Jesus von Nazareth – und noch stärker seit Meinem „Vollbracht".

Wer vom Wasser des Lebens trinkt, der schöpft aus der Quelle der ewigen Wahrheit, weil er in den Urquell allen Seins zurückgekehrt ist. Ihn wird nie mehr dürsten, noch wird es ihm jemals an etwas mangeln. Er besitzt, was er benötigt, und darüber hinaus.

Menschen im Geiste der Wahrheit sind selbst der geistige Brunnen der Wahrheit. Sie geben und geben – und trocknen nie aus, weil der Geist Gottes, der durch sie wirkt, ewig strömende Kraft ist, der Ursprung der Quelle und die Quelle selbst, die Wahrheit.

Erkennet: Ich Bin das Wasser des Lebens. Wer Mein Leben als Jesus von Nazareth zu seinem Leben macht, indem er das, was Ich ihm geboten habe, hält, der wird in Mir, dem lebendigen Wasser, leben und ein Brunnen des lebendigen Heils sein, aus dem das Wasser des Lebens unaufhörlich fließt. Dann erst kann er vielen Menschen den wahren, frischen Trunk lebendigen Wassers reichen. Diese werden fortan nicht mehr nach der Wahrheit suchen, da sie die Wahrheit, das Ich Bin, gefunden haben. Sie dürsten nicht mehr, denn sie trinken aus der ewigen Quelle der Wahrheit.

Wer vom Wasser des Lebens empfängt, der bleibt kein Einzelgänger; er schwimmt auch nicht mit dem Strom der alten, sündhaften Zeit. Er rudert gegen ihn an, indem er das Menschliche nicht mehr fördert, sondern durch die Kraft der Liebe aufhebt. So findet er in sich die Ewigkeit, das Leben, die Wahrheit, den Urquell, Gott.

Auf diese Weise entsteht allmählich die Lichtzeit und ein neues Menschengeschlecht in Mir, dem Christus: die Menschen, die das Reich des Friedens aufbauen und erhalten werden, da sie selbst friedvoll sind.

8. *Da sagt das Weib zu Ihm: „Herr, gib mir dieses Wasser, auf daß ich nicht dürste und ich nicht herkommen müßte, zu schöpfen." Jesus spricht zu ihr: „Gehe hin, rufe deinen Mann und komme her." Das Weib antwortete: „Ich habe keinen Mann."*

9. *Jesus sieht sie an und spricht zu ihr: „Du hast recht gesagt: ich habe keinen Mann. Du hast fünf Männer gehabt, und der, den du nun hast, der ist nicht dein Mann. Du hast wahr gesprochen."*

10. Da sagte das Weib zu Ihm: „Herr, ich erkenne, daß Du ein Prophet bist. Unsere Väter haben auf diesem Berge gebetet, und ihr sagt, zu Jerusalem sei die Stätte, da man anbeten solle."

11. Jesus spricht zu ihr: „Weib, glaube Mir, es kommt die Zeit, daß ihr weder auf diesem Berge noch zu Jerusalem werdet Gott anbeten. Ihr wisset nicht, was ihr anbetet; wir wissen aber, was wir anbeten. Denn das Heil kommt von Israel.

12. Aber es kommt die Zeit, und sie ist schon da, da die wahrhaftigen Anbeter den All-Vater im Geiste und in der Wahrheit anbeten. Denn solche Anbeter will der All-Heilige haben. Gott ist Geist, und die Ihn anbeten, müssen Ihn im Geiste und in der Wahrheit anbeten."

13. Da sagt das Weib zu Ihm: „Ich weiß, daß der Messias kommt, der da Christus heißt. Wenn dieser kommen wird, so wird Er uns alles verkündigen." Jesus spricht zu ihr: „Ich Bin es, der zu dir redet."

14. Und währenddem kamen Seine Jünger und wunderten sich, daß Er mit dem Weibe redete. Doch fragte niemand: „Was suchst du?" Oder: „Warum unterhältst Du Dich mit ihr?"

15. Da ließ das Weib ihren Krug stehen, nahm ihren Weg in die Stadt und sagte zu den Leuten: „Kommt und seht einen Mann, der mir alles gesagt hat, was ich jemals getan habe. Ist dieser nicht der Christus?"

16. Da gingen sie und kamen zu Ihm, und viele Samariter glaubten an Ihn und baten Ihn, bei ihnen zu bleiben. Und Er blieb zwei Tage dort.
(Kap. 23, 8-16)

Ich, Christus, erkläre, berichtige
und vertiefe das Wort:

Wer aus der Wahrheit spricht, dessen Worte sind ewiges Leben. Sie sind durchdrungen von dem Leben und der Kraft, die Ich im Vater-Mutter-Gott Bin. Wer ernsthaft nach dem Wasser des Lebens, der Wahrheit, sucht, der findet zu dem Menschen, der ihm den Weg zum Ursprung der Quelle zu weisen vermag, und findet das Leben, die Wahrheit, in seinem Innersten.

Worte des Lebens sind Worte der Wahrheit. Wer nach dem Sinn des lebendigen Wortes lebt, der erfüllt das Gesetz des Lebens und wohnt im Geiste der Wahrheit. Daher prüft die Menschen, die von der Quelle lebendigen Heils reden, ob sie das Wasser des Lebens, die Wahrheit, bringen oder ob sie erst am Brunnen der Wahrheit stehen.

Erkennet: Wo das Licht ist, da sammeln sich jene, die dem Lichte zustreben. Doch viele sind auch darunter, die nur von der Wahrheit reden und Dunkles im Sinne haben. Daher prüft mit dem Maßstab eurer Ehrlichkeit, um ihre Werke zu erkennen. Seht und hört nicht auf jene, die unlautere Reden führen – auch dann nicht, wenn sie sich „Rabbi" nennen. Prüft den Sinn ihrer Worte und ihr Verhalten gegenüber ihren Nächsten – und sie werden für euch ein offenes Buch sein. Menschen des Geistes sind bescheiden, demütig und sanftmütig, doch ihr Wesen ist durchstrahlt und überstrahlt von dem, der Ich Bin: Christus, das lebendige Wasser.

Wer in der Wahrheit lebt, der lebt aus der Wahrheit – und der schaut die Wahrheit und sieht auch das Unwahre. Mit den Augen der Wahrheit sah Ich als Jesus von Nazareth die Frau am Brunnen. Ich sah ihr vergangenes und gegenwärtiges Leben. Daraus sprach Ich an, was ihr an diesem Tage zur Erkenntnis dienen sollte.

Zu allen Zeiten und auch noch in der heutigen Zeit [1989] schufen und schaffen sich Menschen äußere Zeichen und Merkmale, um Gott anzubeten. Diese äußeren Bilder, Merkmale und Zeichen zur Anbetung wie z.B. Statuen, Synagogen, Kirchen, Plätze, Anhöhen, Berge oder auch Riten und Zeremonien schafft sich der Mensch so lange, bis er Gott, den Geist der Wahrheit, in sich anerkennt und die „Tempelordnung" hält, die Gebote des Lebens.

Jeder Mensch ist ein Tempel Gottes. Es bedarf deshalb keines Ortes, um Gott anzubeten. Bete Gott im Allerheiligsten deines Inneren an, und halte deinen Tempel rein durch edle Gedanken, gotterfüllte Worte und Handlungen; dann hältst du die „Tempelordnung" – und Gott wird dir auf deine Gebete Antwort geben, weil du mit Ihm in Kommunikation stehst.

Auch in der heutigen Zeit [1989] wissen viele Menschen noch nicht, wen oder was sie anbeten. Sie sind Nachahmer derer, welche die Kulte geschaffen haben und aufrechterhalten, da sie im Herzen noch verarmt sind. Weil ihnen der wahre, allmächtige Gott, der Gott des Inneren, fremd ist, bedürfen sie eines äußeren Gottes. Dieser jedoch ist niemals der Gott der Wahrheit, sondern ein Götze.

Ich erkläre die Worte „Denn das Heil kommt von Israel". Israel ist dort, wo Menschen Gottes Willen erfüllen.

Das heutige Israel ist nicht mehr jenes Israel, in dem Ich als Jesus von Nazareth gelebt habe. Es ist allein der Name, den dieses Land noch trägt: Ein großer Teil der Israeliten hat den Bund mit Gott nicht gehalten und Mich nicht als seinen Erlöser angenommen. Deshalb hat Gott, der Ewige, den Bund mit einem Teil der Menschen erneuert, die einst im alten Israel einverleibt waren und in der heutigen Zeit in einem anderen Land einverleibt sind und immer noch im Auftrag stehen.

Gott, der Ewige, hat nun [1989] den Bund auch mit jenen geschlossen, die in der Zeit Meines Erdendaseins nicht in Israel einverleibt waren, die jedoch in den zurückliegenden Jahrhunderten immer wieder ins Erdenkleid gegangen sind und das Werk der Heimholung vorbereitet haben. Auch diese stehen im Auftrag der Erlösung. Er schloß ebenfalls mit den Menschen den Bund, die im Werk der Erlösung das Heil für ihre Nächsten erfüllen und somit auch am Auftrag der Heimholung teilhaben.

Also ist Israel dort, wo die Menschen einverleibt sind, die im Auftrag der Erlösung stehen und die bereit sind, Gottes Willen zu erfüllen.

Aus dem großen Auftragspotential für die Erlösung waren zur Zeit Mose viele Geistwesen einverleibt und auch in der Zeit Meiner Erdenwanderung im alten Israel. Die Sünde hat viele Menschen, die im Auftrage für das Erlösungswerk stehen, in alle vier Winde zerstreut. Doch nun sammle Ich sie wieder in einem anderen Land. Dort wird das Neue Israel sein.

Jetzt schon [1989] sammeln sich viele Brüder und Schwestern in dem Lande, wo der einverleibte Teilstrahl der göttlichen Weisheit lehrt und wirkt: im Neuen Jerusalem. Mit den Brüdern und Schwestern im Neuen Jerusalem, im werdenden Israel, hat der Ewige nun den letzten Bund geschlossen.

Das Volk Gottes auf dieser Erde wird ein mächtiges Volk werden. Daher kommen immer mehr Menschen, um mit Gott den ewigen Bund zu schließen. Denn Ich, Christus, rufe sie – und sie kommen. Sie sammeln sich, um für die Neue Zeit, die Lichtzeit, zu wirken. Sie beten den Ewigen nicht mehr vor Denkmälern und Statuen an. Sie haben keine äußeren Kirchen. Sie gehen nicht auf Berge, um den Ewigen dort zu suchen, in dem Glauben, Ihn dort zu finden. Sie haben keine Zeremonien und Riten. Sie beten den Ewigen in ihrem Tempel, in ihrem Inneren, an; denn dort wohnt der Eine Ewige, der Gott Abrahams, Isaaks und Jakobs, der Geist des ewigen Vaters, dessen Kinder alle Geistwesen, Menschen und Seelen sind. Sie treffen sich wohl an Orten, jedoch nicht, um dort Gott zu suchen, sondern um miteinander die Einheit zu leben und miteinander zu Dem zu beten, der das Leben ist: Gott, der Geist der Wahrheit, der in jedem Geistwesen, in jeder Seele und in jedem Menschen wohnt.

Gott ist auch der Schöpfergeist, der alles Sein geschaffen hat, der in jeder Pflanze, in jedem Stein, in jedem Tier, in jedem Atom – in allem Sein – lebt. Gott ist Geist, und die Ihn wahrhaft anbeten, beten Ihn im Geiste und in der Wahrheit an, und sie halten die Gesetze.

Wahrlich, Ich sage euch: Als Jesus ging Ich von euch; als Christus, der Auferstandene, kam Ich zu euch, auf daß ihr in Mir, dem Erlöser, aufersteht, um in Gott, den Urstrom, wieder einzugehen.

Wisset: Als Jesus blieb Ich eine geraume Zeit bei den Menschen – als Christus Gottes wohne Ich in euch. Und Ich bleibe in euch ewiglich; denn Ich Bin im ewigen Vater, und der Vater ist in Mir, und Wir sind der eine Geist der Wahrheit, der in allen Menschen wohnt.

24. KAPITEL

Jesus verurteilt Grausamkeit – Er heilt Kranke und treibt Teufel aus

Alle Verstöße gegen das Gesetz des Lebens fallen auf den Menschen zurück; Natur und Geschöpfe auf Erden sind Geschenke Gottes zum Wohlergehen der Menschen (1). Erklärung des „verdorrten Armes“ (3). Heil und Heilung für den Leib, wenn es gut ist für die Seele (7). Pharisäer gestern und heute – Kampf gegen das wachsende Licht auf der Erde und in den Stätten der Reinigung noch in der Zeit des Friedensreiches – In der Zeitenwende wird das Fundament des Friedensreiches gelegt und nimmt Gestalt an – Mahnung an die Menschen im Friedensreich: Vergeßt nicht die Pioniere und den einverleibten Seraph der göttlichen Weisheit, Meine Prophetin und Botschafterin – Der Kampf hinter der Nebelwand dauert an (8). Erklärung des „Speisungswunders“ (12-13)

1. Als Jesus durch ein Dorf kam, sah Er eine Gruppe von Tagedieben. Diese quälten eine Katze, die sie gefunden hatten, und mißhandelten sie in schändlicher Weise. Und Jesus befahl ihnen, dies zu unterlassen, und begann mit ihnen zu schelten; aber sie achteten auf Seine Worte nicht und beschimpften Ihn. (Kap. 24, 1)

Ich, Christus, erkläre, berichtige
und vertiefe das Wort:

Wer Menschen und Tiere quält und mißhandelt, der wird einst Qualen und Mißhandlungen am eigenen Leibe erfahren. Das gleiche gilt für die Verfehlungen an den Pflanzen- und Mineralreichen. Denn was als Lebensform in der Materie offenbar ist, das ist auch als Geistsubstanz in der Seele. Wer also gegen das Leben verstößt, der richtet sich selbst, da er einen Teil seines geistigen Erbes belastet. Denn alles, was aus Gott ist, das ist auch als Essenz in der Seele des Menschen.

Erkennet: Die Erde bringt die Nahrung für die Menschen hervor. Menschen bedürfen auch des Obdachs und der Kleidung. Sie können ihre Nahrung, ihr Obdach und ihre Kleidung nicht schaffen wie die Engel im Himmel. Die Erde ist die Lebensträgerin für alles. Sie soll weder geschändet noch ausgebeutet werden. Die Erde und alles, was darauf lebt, Tiere, Pflanzen und Steine, will den Menschen dienen. Voraussetzung ist, daß der Mensch seine Erde an- und aufnimmt, sie also pflegt, denn die Erde ist ein großer lebender Organismus.

Gott, der Ewige, gab den Menschen Tiere und Pflanzen und schenkte ihnen von der Erde Obst, Gemüse und Getreide. Er gab es den Menschen und sprach zu ihnen: „Macht euch die Erde untertan", was in seiner rechten Bedeutung besagt: Achtet und pflegt das Leben aller Lebensformen, und sie werden euch dienen.

Erkennet: Die reinen Lebensformen der Tiere sind von Gott geschaffen, und jede Pflanze gehört zu dem großen Schöpfungspotential Gott, das sich im Evolutionszyklus weiterentwickelt. Somit ist jede Lebensform ein Teil aus dem großen Ganzen.

Es ist dem Menschen von Gott geboten, das Leben zu schätzen und zu lieben und das Gebot „Bete und arbeite" zu halten. Daher ist das Leben der sogenannten Tagediebe eine Vergeudung der Tageskräfte. Es sind Menschen, die Gottes Energie stehlen. Wer den Tag nicht nützt, sondern ihn nur benützt, um seine Mitmenschen auszunützen oder um Tiere und Pflanzen zu schänden, der handelt gegen das Gesetz des Lebens.

Menschen, die nur an ihr Wohl denken, werden die Tiere quälen und die Erde ausbeuten und das Leben auf ihr vergiften, weil ihre Gedanken vergiftet sind von Habgier und Neid. Denn die Menschen, die sich selbst nicht kennen, quälen Menschen und Tiere und sind wider die Natur. Sie tun nur das, wozu ihr egoistisches Denken sie drängt. Sie sind selbst Getriebene und wollen deshalb alles, was um sie herum ist, vertreiben, weil sie alles stört, was nicht in ihre Vorstellungen paßt. Ihr menschliches Ich macht solche Menschen gleichsam unzurechnungsfähig.

Sie kennen nicht das Gebot der Bitte um Vergebung, des Vergebens und der Wiedergutmachung. Sie rechnen mit ihrem Nächsten ab: Auge um Auge, Zahn um Zahn. Dabei belasten sie jedoch ihre eigene Seele mit dem, was sie ihrem Nächsten zufügen! Denn was der Mensch seinem Nächsten antut – auch dem Tier, der Pflanze, ja dem gesamten Organismus der Erde –, das fügt er sich selbst zu. So war es und ist es noch in der heutigen, sündhaften Zeit [1989]. Doch ein neues Geschlecht wächst heran und schreitet in das neue Zeitalter, in ein Leben miteinander und mit Gott.

2. *Da machte Er eine Peitsche aus geknoteten Schnüren und trieb sie weg und sprach: „Diese Erde, die Mein Vater*

zu Glück und Fröhlichkeit erschaffen hat, habt ihr zur tiefsten Hölle gemacht durch eure Taten von Gewalt und Grausamkeit." Und sie flohen vor Seinem Angesichte. (Kap. 24, 2)

Ich, Christus, erkläre, berichtige
und vertiefe das Wort:

Die Peitsche symbolisiert das Gesetz von Ursache und Wirkung. Wer seine Nächsten und auch seine Übernächsten, die Tiere, mißachtet und quält, wer Gewalt und Grausamkeit an Mensch und Tier, an den Pflanzen und Mineralien und an dem weiteren Leben in und auf der Erde verübt, der wird die Wirkungen seiner Ursachen erleben – es sei denn, er tut rechtzeitig Buße.

Das Gesetz von Ursache und Wirkung wird wie mit einer Peitsche alle die schlagen, die das Leben mißhandelt haben und mißhandeln – in welcher Form und in welchem Bewußtseinsstand es sich auch zeigt. Die Erde ist den Menschen gegeben, damit sie sich wieder bewußt werden, daß sie Kinder Gottes sind, daß ihr Leben – wie alles Leben – aus Gott ist, damit sie das Leben schätzen und lieben lernen. In welcher Form und in welchem Bewußtseinsstand das Leben dem Menschen begegnet und sich offenbart: In allem ist Gott – das Leben.

Alles Reine möchte selbstlos dienen, so auch die Erde mit ihren Naturreichen. Wer erkennt, daß sein Leben aus Gott ist, und entsprechend lebt, hält Frieden mit allen Geschöpfen, mit allem, was aus Gottes Schoß zur

Freude und zum Wohlergehen der Menschen gegeben ist. Gott wünscht friedvolle und fröhliche Kinder. Wer jedoch Gott nicht erkennen und Sein Walten nicht annehmen möchte, der ist gegen Ihn und gegen alles, was aus Seinen Händen den Menschen gegeben ist. Dadurch wird er mißmutig, unglücklich, sorgenvoll und krank.

3. *Doch einer, noch schlimmer als die anderen, kam zurück und bedrohte Ihn. Und Jesus streckte Seine Hand aus, und des jungen Mannes Arm verdorrte. Und große Furcht kam über alle. Und einer sagte: „Er ist ein Zauberer." (Kap. 24, 3)*

Ich, Christus, erkläre, berichtige
und vertiefe das Wort:

„Und Jesus streckte Seine Hand aus, und des jungen Mannes Arm verdorrte." Dieses Geschehen wurde mißverstanden und deshalb in dieser Weise wiedergegeben. Niemals greift ein Mensch, der im Gesetze Gottes lebt, in das Gesetz von Ursache und Wirkung ein, um zu beschleunigen und herbeizuführen, was ein Übeltäter sich selbst für sich verursacht und bestimmt.

Wer Gewalt ausübt, der wird Gleiches oder Ähnliches ernten. Hätte Ich den Arm, wie geschrieben steht, verdorren lassen, so hätte Ich in das Gesetz von Saat und Ernte eingegriffen. Der Vorgang lief nach dem Gesetz von Saat und Ernte ab: Bei der Mißhandlung eines Tieres hatte der Übeltäter sich seinen Arm an einem rauhen, harten Gegenstand geschlagen. Das Blut stockte, der Arm wurde blau und hing nun schlaff herunter. Ich streckte Meine Hand aus und wies auf die Wirkung hin, um ihm die Ursache zu erklären. Da die Menschen der damaligen Zeit das Gesetz von Saat und Ernte nur in Form der Worte „Auge um Auge, Zahn um Zahn" kannten und zu alledem auch noch falsch deuteten, so glaubten sie, Ich hätte dies heraufbeschworen und sei ein Zauberer.

In dieser Weise zeigte Ich immer wieder den Menschen, daß sie ernten werden, was sie säen: Wer schlechte Saat in den Acker des Lebens bringt, wird auch eine schlechte Ernte haben, denn die Frucht liegt schon im Samen.

Doch wer seine Fehler rechtzeitig erkennt, bereut und sie nicht mehr begeht, der nimmt das Gesetz Gottes an, und er lernt allmählich, alle Lebensformen zu lieben. Dann empfängt er aus den Gnadenhänden des Ewigen, und seine Seele und sein Leib werden Licht, Heil und Heilung erlangen.

Erkennet: Nicht immer bringt die Saat sofort die Ernte hervor. Was der Mensch in diesem Erdenleben sät, also verursacht – auch an den Tier- und Pflanzenreichen –, das wird er ernten; wenn nicht in diesem Erdendasein, dann in einem künftigen Erdenleben oder als Seele in den Stätten der Reinigung.

Daher lebt jeden Tag bewußt! Denn jeder Tag zeigt jedem Menschen, was an ihm gut und weniger gut ist und was er heute, an diesem Tag, wiedergutmachen kann.

4. Am nächsten Tage kam die Mutter des jungen Mannes zu Jesus und bat Ihn, daß Er seinen Arm wieder heile. Und Jesus sprach zu ihnen von dem Gesetz der Liebe und der Einheit allen Lebens in der einen Familie Gottes. Und Er sprach sodann: „Wie ihr in diesem Leben euren Mitgeschöpfen tut, so wird es euch ergehen im künftigen Leben."

5. Und der junge Mann glaubte und bekannte seine Sünden. Und Jesus streckte Seine Hand aus, und der verdorrte Arm wurde so gesund wie der andere. Und das Volk lobte Gott, daß Er solche Macht einem Menschen gegeben hatte.

6. Als Jesus von dannen zog, siehe, da folgten Ihm zwei Blinde. Sie schrien und sagten: „Herr, Du Sohn Davids, erbarme Dich unser." Und als Er in das Haus gekommen war, kamen die Blinden zu Ihm, und Jesus sprach zu ihnen: „Glaubet ihr, daß Ich dazu fähig Bin?"

7. Und sie sagten zu Ihm: „Ja, Herr." Und Jesus rührte ihre Augen an und sprach: „Euch geschehe nach eurem Glauben." Und alsbald wurden ihre Augen wieder geöffnet. Aber Jesus gebot ihnen streng: „Sehet zu, daß ihr es niemand erzählt." Sie aber, nachdem sie hinausgegangen waren, verbreiteten Seinen Ruhm im ganzen Lande. (Kap. 24, 4-7)

Ich, Christus, erkläre, berichtige
und vertiefe das Wort:

Wer glaubt, dem wird gegeben!

Heilungen aus dem Geiste des Lebens sind keine Wunder, sondern Gesetzmäßigkeiten.

Gottes Liebe und Gnade stehen Seinen Menschenkindern bei. Der richtige Glaube kommt aus dem Herzen. Menschen mit einem tiefen Glauben bleiben standhaft, was auch immer auf sie zukommt, und sie empfangen das Heil für ihre Seele – denn die Gnade und Hilfe Gottes ergießen sich zuerst in die Seele. Von dort kommen das Heil und die Heilung für den Leib, wenn es gut ist für die Seele, wenn also der Mensch künftig nicht mehr die gleichen Sünden begeht, die zu dem Leid oder der Krankheit des Körpers geführt haben.

„Alsbald" heißt: Die Heilung geschah nicht unmittelbar, sondern nach dem Gebote des Glaubens; denn zuerst gedenke Ich der Seele. In ihr ist das Lebensgesetz, das Gesetz, Gott. Wenn es der Mensch so weit hält, wie es ihm bewußt ist, dann erlangt er das Heil und die Heilung auch in und am Leibe.

Nicht immer wirken sich die Gnadengaben für die Seele in diesem Erdendasein in und an diesem Leibe aus. Sie können auch im Seelenreich – dann, wenn die Seele entkörpert ist – zur Entfaltung kommen oder erst in einer weiteren Einverleibung. Dabei wandelt sich das Gegensätzliche in der Seele allmählich in positive Kraft um, die dann dem Körper zuströmt. Das bedeutet, daß die Seele davon befreit ist und auch der Leib nicht mehr das zu tragen hat, was der Mensch einst verursacht hat.

8. Da nun diese gegangen waren, siehe, da brachten sie zu Ihm einen Menschen, der stumm und von einem Dämon besessen war. Und als der Dämon ausgetrieben war, redete der Stumme. Und das Volk wunderte sich und sag-

te: „Solches ist noch nie in Israel gesehen worden." Aber die Pharisäer sagten: „Er treibt die Teufel aus durch den Obersten der Teufel." (Kap. 24, 8)

Ich, Christus, erkläre, berichtige
und vertiefe das Wort:

Als Jesus von Nazareth wirkte Ich dort, wo Mich Mein Vater hinstellte. Vielen Menschen konnte Ich durch die Macht des Vaters Linderung und Heilung bringen und sie auch durch das lebendige Wort zur Erkenntnis führen.

Nicht jedem Menschen, der zu Mir kam, konnte Ich helfen und dienen. Vielen legte Ich die Hand auf, und sie wurden nicht gesund. Auch nicht jede dunkle Kraft, die Ich im Menschen ansprach, wich aus ihm. Denn das Gesetz des Lebens lautet: Nach deinem Glauben wird dir gegeben! Und: Sündige fortan nicht mehr! Weiter sagt das Gesetz des Lebens: Glaube auch dann, wenn du an deinem Leibe noch nicht spürst, was sich schon in der Seele vollzogen hat. Im und am Leibe wird nur das wirksam werden, was der Mensch an Fehlern und Sünden erkennt, bereut, wofür er um Vergebung bittet und vergibt – und was er nicht mehr begeht.

Erkennet: Jeder Mensch, der anders redet, als er denkt, ist ein Pharisäer.

Auch noch heute [1989] verwenden die Pharisäer die gleichen lästerlichen Reden wie damals, als Ich als Jesus von Nazareth über die Erde wandelte, und gießen den gleichen Hohn und Spott aus, um das Volk zu verhetzen.

Wer jedoch in das Herz der Menschen hineinzublicken vermag, der erkennt, daß im Grunde jeder Pharisäer ein verängstigter Mensch ist, der ständig darauf bedacht ist, daß sein Lügengebäude nicht ins Wanken gerät. Gerade die Pharisäer und auch die Schriftgelehrten haben schon viel Unwahres in die Welt gesetzt und unter den Menschen verbreitet.

Die verblendeten Pharisäer, die Führer der Völker und viele Kirchenmänner reden unbewußt und zum Teil auch bewußt viel Unwahres. Bewußt reden sie Falsches aus der Furcht, sie könnten ihr Ansehen verlieren. Unbewußt reden sie Falsches, weil sie ihre Empfindungen und Gedanken nicht kontrollieren und ohne Selbsterkenntnis die irdischen Tage vergeuden. Sie bereinigen nicht ihr Fehlverhalten und lassen ihren Aggressionen, die von ihren Ängsten angeheizt werden, freien Lauf.

Die Pharisäer, viele Schriftgelehrte und Kirchenmänner bezichtigen ihre Mitmenschen der Unwahrheit und verurteilen diejenigen, die aus der ewigen Wahrheit reden. Wer falsches Zeugnis wider seinen Nächsten gibt, der fürchtet sich vor der ewigen Wahrheit, die Gott ist.

Viele Pharisäer, die ein geistliches Gewand tragen, sind überzeugt, in Glaubensfragen kompetent zu sein. Sie bezichtigen ihren Nächsten, satanisch oder „des Teufels" zu sein, weil sie selbst mit ihrem Leben und Denken diesem mehr oder weniger dienen. Daher hütet euch vor denen, die ihre Nächsten verwerfen und ihnen Übles nachsagen, denn sie stehen selbst mit dem Üblen im Bunde.

Für die Menschen, die dann im Friedensreiche Jesu Christi leben werden, ist wichtig zu wissen, daß der

Kampf der Finsternis gegen das Licht, wie er in der Zeit Meines Erdenlebens als Jesus von Nazareth stattfand, die darauffolgenden Zeiten über andauerte und sich heute [1989] noch einmal steigert.

Alles, was Ich als Jesus von Nazareth erlebt hatte, erlebten in den darauffolgenden Jahrhunderten viele getreue Männer und Frauen. Auch sie wurden verhöhnt, verspottet und verleumdet um der Wahrheit willen. Und doch kamen nach ihrem Leibestode ihre Seelen immer wieder in das Erdenkleid, um das Reich Gottes auf Erden vorzubereiten – und nun [1989] zu gründen und zu erbauen.

Die ersten Schritte in die Lichtzeit wurden – für die Weltmenschen zuerst unsichtbar – durch Werke der Nächstenliebe vollzogen. Im Laufe der Zeiten wurden sodann die Werke Gottes auf Erden mehr und mehr sichtbar. Menschen mit höherem Bewußtsein führten ihre Mitmenschen, ihre Mitgeschwister, auf dem Weg nach Innen zu Mir, dem Christus Gottes. Sie erwarben Grund und Boden und gründeten christliche Einrichtungen, in welchen Menschen die Bergpredigt, das Gesetz Gottes für diese Erde, zu verwirklichen begannen. Immer wieder wurden diese Einrichtungen von den Gegensatzkräften zunichte gemacht.

Was in diesen Kampfzeiten ablief, in der sich auf der Erde Licht und Finsternis begegneten, das vollzieht sich nun – während ihr in der Lichtzeit auf Erden lebt – noch immer auf den für euch unsichtbaren Stufen in den Stätten der Reinigung. Dort wirken immer noch viele ehemalige Schriftgelehrte, Pharisäer und Kirchenmänner, die sich damals [1989] im Erdenkleid befanden. Sie beeinflussen weiterhin die Seelen der ihnen einst hörigen Menschen, um auch in den Stätten der Reinigung Unfrieden zu stiften.

Die ihr in der Lichtzeit im Reiche Gottes auf Erden lebt, sollt das wissen, was einst auf Erden geschah und sich immer noch in den unteren Seelenreichen, den Ordnungsbereichen, vollzieht. Wenn ihr nach dem Leibestode das Diesseits verlaßt und durch die Nebelwand geht, durch welche das physische Auge nicht hindurchzublikken vermag, sollt ihr davon unterrichtet sein. Denn wer – als Seele – wissend um die noch wirksamen Ursachen die Nebelwand durchschreitet, wird dann nicht erschreckt sein und verzagen, sondern gleich zu lehren beginnen und die Seelen, die ihm zugeführt werden, unterweisen, damit diese vom Lichte der Wahrheit erfahren, das schon auf der Erde wohnt: dem Christus Gottes, der Ich Bin.

Alle, die in den nahezu zweitausend Jahren nach Meinem Leben als Jesus von Nazareth für das Reich Gottes gewirkt und gekämpft haben und verfolgt wurden, sind für euch, die ihr im Friedensreiche Jesu Christi lebt, die Pioniere der Neuen Zeit. Großes vollbrachten sie. In den verschiedenen Epochen nach Meinem Erdenleben kamen sie immer wieder in das Erdenkleid und schufen und vergrößerten immer mehr das geistige Potential für das Reich Gottes auf Erden. Zuerst war es ein unsichtbares geistiges Potential, das sich dann ganz allmählich auf der Erde, vor allem in der Atmosphäre, manifestierte. Hin und wieder wurde davon einiges umgesetzt, also sichtbar: dort, wo Menschen begannen, nach der Bergpredigt zu leben und zu arbeiten.

Dann brach die Zeitenwende an, jene Zeitepoche [1989], die das Friedensreich Jesu Christi in allen Einzelheiten enthüllte. Wieder kamen Pioniere auf diese Erde. Sie sind die eingekleideten Geistwesen, die im Auftrage der Erlösung stehen, aus dem Geschlechte David und aus anderen Geschlechtern. Nun [1989] ließen sie das sichtbar werden, was sie in den zurückliegenden Generationen vorbereitet hatten.

Da und dort wurde die große Familie Gottes auf Erden sichtbar. Viele lebten in christlichen Urgemeinden. Das zentrale Urlicht unter ihnen war die Bundgemeinde „Neues Jerusalem“, die damals schon für alle entstehenden Urgemeinden und für das werdende Reich Gottes auf Erden die Verantwortung trug. Im lichtstofflichen Friedensreich bildet sie nun als Stadt Jerusalem das Zentrum, von dem aus alle Urgemeinden geführt werden.

Die Urgemeinden im Universellen Leben, die sich noch inmitten der sündhaften Welt gebildet haben, bestanden vor allem aus Menschen des Geistes, die mehr und mehr in Mir, dem Christus, und damit im Gesetze Gottes lebten. Sie schufen die Gemeinschaftseinrichtungen, die sie als Menschen zum Leben benötigten. Sie erwarben und bauten Häuser, in denen sie in Wohngemeinschaften lebten. Sie gründeten Handwerksbetriebe, in denen sie das Gesetz „Bete und arbeite“ verwirklichten; gemeinsam gründeten und bauten sie Kliniken, Altenheime, Kindergärten, Schulen, Vater-Mutter-Häuser, Speisehäuser und alles, was sonst noch für die Menschen zum Leben auf dieser Erde notwendig ist.

Unter ihnen gab es weder Vorgesetzte noch Untergebene. Sie alle empfanden sich bewußt als Kinder Gottes; sie bejahten die Sohn- und Tochterschaft in unserem ewigen Vater. Entsprechend ihren Fähigkeiten wirkten sie für das große Ganze, für das Gemeinwohl.

Unter diesen Pionieren für die Neue Zeit in Mir, dem Christus, lebte, wie schon offenbart, eine Frau, der einverleibte Seraph der göttlichen Weisheit. Sie wirkte für Mich als Prophetin und Botschafterin und ging allen als ein leuchtendes Beispiel in der Erfüllung der ewigen Gesetze voran. Durch sie, den inkarnierten Teilstrahl der göttlichen Weisheit, und ihr Geistdual, das Positiv der göttlichen Weisheit, habe Ich die Neue Zeit eingeläutet und eingeleitet. Denn die Liebe und Weisheit wirken im Erlöserwerk und mit ihnen alle Wesen, alle Söhne und Töchter Gottes, die sich zur Aufgabe gemacht haben, das einzubringen, was ihnen von Gott gegeben ist: die Kraft, Liebe und Weisheit, die Ordnung, den Willen, den Ernst, die Geduld und die Barmherzigkeit – für die Neue Zeit.

Alle einverleibten Lichtgestalten wirkten gemäß ihrer geistigen Herkunft, ihren geistigen Mentalitäten, die ihre irdischen Fähigkeiten für das Reich Gottes auf Erden geprägt haben. Diese Pioniere für die Lichtzeit erduldeten ebenfalls Schmach, Hohn und Spott. Auch ihnen wurde viel Übles nachgesagt. Doch sie bemühten sich, in Mir zu leben, und Ich war mit ihnen.

Ich wiederhole und sage euch, die ihr nun in der Neuen Zeit lebt, damit ihr es in eurem Herzen bewahrt: Immer wieder kämpften die Pharisäer, viele Schriftgelehrte und Kirchenmänner der damaligen Zeit [1989] gegen die Pioniere. Durch üble Nachreden hetzten sie das Volk gegen diese auf. Doch, wie es schon zu Meiner Erdenzeit war, so war es auch in dieser Zeitepoche [1989]: Die Wahrheit siegte. Unerschütterlich, was auch immer die Verleumder ihnen angedichtet haben, wirkten sie weiter, um Mir, dem Christus, die Wege in die Lichtzeit zu bereiten. Sie ließen mehr und mehr sichtbar werden, was der Neuen Zeit dient.

Freuet euch, die ihr nun im Frieden lebt – und erfüllt dankbar die Gesetze der Liebe! Gedenkt eurer Brüder und Schwestern, die als Pioniere Mir die Wege in die Neue Zeit bereitet haben und das für euch erwarben, gründeten und erbauten, was sich in der Strahlung immer wieder gewandelt hat für die Lichtzeit – was ihr nun besitzt in Meinem Namen.

Doch vergeßt nicht: Hinter der Nebelwand ist noch nicht das Leben in Mir! Dort besteht noch der Kampf zwischen Licht und Finsternis. Die Atmosphäre der Erde jedoch schützt euch vor diesen Kräften, auf daß ihr auf Erden in Frieden leben könnt.

Durch diese Meine Worte sollt ihr erfahren und erkennen, daß die Erlösung noch nicht in allen Bereichen abgeschlossen ist. Viele von euch werden hinter der Nebelwand in den niederen Seelenreichen Ähnliches antreffen wie das, was sich einst auf Erden zugetragen hat – so, wie Ich es für euch hier offenbart habe und wie es in diesem Buch, „Das ist Mein Wort", als Historie niedergeschrieben ist. Es wird für viele von euch wieder gegenwärtig sein, wenn ihr das Erdenkleid abgelegt habt und mit eurem geistigen Körper hinter die Nebelwand tretet. Denn nach eurem Leibestode sollt ihr gewappnet in diese Reiche kommen und mithelfen, auf daß alles, was noch nicht der göttlichen Ordnung entspricht, geordnet wird und alles, was noch gebunden ist, gelöst wird.

9. *Und Jesus ging umher in alle Städte und Dörfer, lehrte in ihren Synagogen, predigte das Evangelium vom Reiche Gottes und heilte jegliche Seuche und alle Krankheit im Volke. (Kap. 24, 9)*

Ich, Christus, erkläre, berichtige
und vertiefe das Wort:

Ich heilte viele Seuchen und Krankheiten – jedoch nicht „jegliche Seuche und alle Krankheit" konnte Ich aufheben. Denn viele Menschen dachten nur an ihren Leib. Sie waren nicht bereit, zuerst ihrer Seele zu gedenken. Viele Leidende waren nur darauf bedacht, ihren irdischen Körper zu retten. Wer so dachte, der konnte nicht empfangen. Er erlangte weder Hilfe noch Heilung – weder für seine Seele noch für seinen Körper. Viele zogen deshalb enttäuscht von dannen, weil in und an ihnen nichts geschah. Sie redeten sodann gegen Mich und sprachen gleichzeitig den Pharisäern und Schriftgelehrten nach dem Munde. Auch durch solche Reden Enttäuschter wurden die Pharisäer und viele Schriftgelehrte ermutigt, gegen Mich, den Christus in Jesus, vorzugehen.

10. Aber da Er die Mengen sah, überkam Ihn das Mitleid; denn sie waren träge und verstreut wie Schafe, die keinen Hirten haben. (Kap. 24, 10)

Ich, Christus, erkläre, berichtige
und vertiefe das Wort:

„Mitleid" bedeutet mitleiden: Ich schaute ihr Leid und ihre Not und litt mit ihnen. Das Leid aus der Barmherzigkeit zu schauen heißt, Erbarmen zu haben und zu helfen, wo Hilfe angebracht ist.

11. Da sprach Er zu Seinen Jüngern: „Die Ernte ist wahrhaft übergroß, aber es sind wenige Arbeiter. Darum bittet den Herrn der Ernte, daß Er Arbeiter in Seine Ernte sende."
12. Und Seine Jünger brachten Ihm zwei kleine Körbe voll Brot und Früchte und einen Krug voll Wasser. Und Jesus stellte das Brot und die Früchte vor sie hin und auch das Wasser. Und sie aßen und tranken alle und wurden satt.
13. Und sie wunderten sich; denn jeder von ihnen hatte genug und behielt noch etwas übrig, und es waren ihrer doch viertausend. Und sie zogen von dannen und priesen Gott für alles, was sie gehört und gesehen hatten. (Kap. 24, 11-13)

Ich, Christus, erkläre, berichtige
und vertiefe das Wort:

Es waren viele Menschen, nahezu viertausend. Sie alle hörten die Worte des Allmächtigen durch Mich, Jesus.

Das Wort Gottes ist Substanz und Kraft. Viele von ihnen nahmen das Wort Gottes als die Speise aus den Himmeln. Sie nahmen sich vor, von diesem Brot und von diesen Früchten täglich mehr zu essen – das heißt ihr Leben Gott, dem Gesetz des Lebens, zu weihen. Dadurch wurden positive Energien freigesetzt.

Einen Teil dieser positiven Energien – die durch den Wunsch und den Willen vieler Anwesenden entstanden, in sich das geistige Brot und die geistigen Früchte täglich mehr und mehr zu verwirklichen – entnahm Ich und verdichtete die geistigen Energien, die dann für die hungrige Menge Brot, Früchte, Wasser und auch Fische waren, die Hauptnahrung jener Menschen. Die Verdichtung der geistigen Energie war eine Lichtmanifestation aus dem Geiste Gottes. Sie enthielt allein das geistige Leben, sowohl im Brot als auch in der Frucht, im Wasser und in den Fischen. Was aus dem Geiste manifestiert wird, ist nicht reine materielle Substanz. Es trägt in sich nicht das irdische Leben und so auch nicht das irdische Wachstum. Manifestierte geistige Substanz kann nicht getötet werden.

Die anwesenden Menschen waren in angehobener Schwingung. Sie sahen die vollen Körbe, die vollen Wassergefäße, sahen das Brot, die Früchte, das Wasser vor sich und nahmen die Gaben des Lebens aus den Körben und Gefäßen – und doch erfolgte alles in und aus ihnen. Sie schöpften diese Gaben aus sich, weil sie hierfür die höheren Energien entwickelt hatten – durch ihren guten Willen, ihr Leben Gott, dem Gesetz, zu weihen und die Kräfte Gottes in sich zu vermehren. Sie waren gesättigt, und ihr Durst war gelöscht.

Weil sich also die Menge in einem angehobenen Bewußtsein befand, konnte Ich, Christus in Jesus, die Lichtmanifestation vornehmen.

25. KAPITEL

Bergpredigt (1. Teil)

Die Bergpredigt, der Innere Weg zur Vollendung – Die Seligen – Die „Armen" – Trage dein Leid richtig – Die Sanftmut, Eigenschaft der selbstlos Liebenden – Die Zehn Gebote und die Bergpredigt als Weg zu Wahrheit und Gerechtigkeit – Die Barmherzigkeit, das Tor zum ewigen Sein – Die reinen Seelen im Absoluten Gesetz Gottes – Die Friedensstifter haben den Frieden in sich – Kampf der Pioniere an mehreren Fronten – Kirchenmänner, Pharisäer, Wölfe im Schafspelz – Kampfplatz hinter der Nebelwand – Betet für die unerleuchteten Seelen (2–4). Irdischer Reichtum als Verpflichtung und Aufgabe – Falscher Gebrauch des Reichtums hat schwere Folgen – Warnung an die Spötter – Reiche, Machthaber, falsche Propheten, Schönredner, Scheinchristen: Werkzeuge des Satans (5). Die Gerechten sind das Salz der Erde, die das Unrecht ans Licht bringen (6). Berufung und Auftrag der Prophetin und Botschafterin Gottes – Das Wirken der Pioniere unter der direkten Schulung und Führung – Das Neue Jerusalem (7). Freiwerden vom Gesetz von Saat und Ernte durch Christus, Bindung in das Fallgesetz durch Konfessionen und Dogmen – Christus führt heute in alle Wahrheit (8). Falsche und wahre Lehrer (9). Rettung nur durch Glauben und Verwirklichung (10). Christus wandelt freiwillig übergebene Sünde um (11). Bereinigen, bevor ein schweres Karma entsteht – Der scheinbare Feind, dein Spiegel (12–13). Jeder empfängt, was er selbst gesät hat – Gebt selbstlos Liebe (14). Persönliche Wünsche führen zu Bindung an Menschen und Dinge – „Tümpelleben" (16). Flugsamen in den Seelenacker deines Nächsten – Der Reinigungsweg der Pioniere bis zum Friedensreich (18)

1. Da Jesus die Menge des Volkes sah, ging Er auf einen Berg. Und als Er sich gesetzt hatte, kamen die Zwölf zu Ihm. Er blickte auf zu Seinen Jüngern und sprach:

2. „Selig im Geiste sind die Armen, denn ihrer ist das Himmelreich. Selig sind, die da Leid tragen, denn sie sollen getröstet werden. Selig sind die Sanftmütigen, denn sie werden das Erdreich besitzen. Selig sind, die da hungert und dürstet nach der Gerechtigkeit, denn sie sollen gesättigt werden.

3. Selig sind die Barmherzigen, denn sie werden Barmherzigkeit erlangen. Selig sind, die reinen Herzens sind, denn sie werden Gott schauen. Selig sind die Friedensstifter, denn sie werden Kinder Gottes heißen. Selig sind, die um der gerechten Sache willen Verfolgung leiden, denn ihrer ist das Reich Gottes.

4. Ja, selig seid ihr, wenn euch die Menschen hassen und euch ausstoßen werden aus ihrer Gemeinschaft und allerlei Übles wider euch reden und euren Namen ächten um des Menschensohnes willen. Freut euch an jenem Tage und hüpfet vor Freude, denn siehe, euer Lohn ist groß im Himmel. Denn Gleiches taten ihre Väter den Propheten. (Kap. 25, 1–4)

Ich, Christus, erkläre, berichtige
und vertiefe das Wort:

Die Bergpredigt ist der Innere Weg zum Herzen Gottes, der zur Vollendung führt.

Die Seligen werden den Christus schauen und mit Mir, dem Christus, in aller Sanftmut und Demut das Erdreich besitzen. Wohl dem, der die Herrlichkeit des Vater-Mutter-Gottes in allem schaut! Er ist zum lebendigen Vorbild für viele geworden.

Ich führe die Meinen zur Erkenntnis der Wahrheit.

Wer aus der Wahrheit ist, hört Meine Stimme, weil er die Wahrheit ist und daher auch die Wahrheit hört und schaut.

Die Seligen sind furchtlos und freudig, denn sie schauen und hören, was jene nicht sehen und hören, die sich noch hinter ihrem menschlichen Ich verbergen und dieses mit äußerster Anstrengung halten, um nicht erkannt zu werden.

Doch die Seligen schauen in den Kerker menschlichen Ichs hinein und erkennen die verborgensten Gedanken ihrer Mitmenschen. Sie leuchten mit der Kraft ihres lichten Bewußtseins hinein und rufen ihren Mitmenschen zu:

„Selig im Geiste sind die Armen, denn ihrer ist das Himmelreich!“

Mit den Worten „die Armen“ ist nicht materielle Armut gemeint. Nicht diese bringt die Seligkeit im Geiste, sondern die Gottergebenheit, aus welcher der Mensch erfüllt, was Gottes Wille ist. Sie ist innerer Reichtum.

Mit den Worten „die Armen“ sind alle jene gemeint, die nicht nach eigenem Besitz streben und keine Güter horten. Ihr Denken und Trachten gilt dem Gemeinschaftsleben, in dem sie die Güter, die Gott allen geschenkt hat, in gesetzmäßiger Weise verwalten. Sie sinnen und trachten nicht nach Weltlichem. Sie dienen dem Gemeinwohl und strecken ihre Arme nach Gott aus und gehen bewußt den Weg zum inneren Leben. Ihr Ziel ist das Reich Gottes in ihrem Inneren, das sie allen Menschen verkünden und bringen wollen, die guten Willens sind. Ihr innerer Reichtum ist das Leben in Gott, für Gott und für ihre Nächsten. Sie leben das Gebot „Bete und arbeite“.

Sie streben dem Geiste Gottes zu und empfangen für ihr irdisches Leben von Gott, was sie benötigen, und darüber hinaus. Das sind die Seligen im Geiste Gottes.

„Selig sind, die da Leid tragen, denn sie sollen getröstet werden.“

Das Leid des Menschen ist nicht von Gott, sondern der Leidende hat es entweder selbst verursacht – oder seine Seele hat im Seelenreich einen Teil der Schuld einer Bruder- oder Schwesterseele übernommen, um für diese im Erdendasein abzutragen, damit die Bruder- oder Schwesterseele in höhere Bereiche inneren Lebens einzugehen vermag.

Wer sein Leid trägt, ohne seinen Nächsten zu beschuldigen, und im Leid seine Fehler und Schwächen erkennt, diese bereut, um Vergebung bittet und vergibt, dem wird Gottes Barmherzigkeit zuteil werden. Denn Gott, der Ewige, möchte Seine Kinder trösten und von ihnen das hinwegnehmen, was nicht gut und heilsam für ihre Seele ist. Denn wenn das Leid die Seele verläßt, wenn also die Ursachen, die in der Seele wirksam wurden, getilgt sind, findet der Mensch näher zu Gott.

„Trage dein Leid“ heißt: Klage nicht darüber; klage Gott nicht an und auch nicht deine Nächsten. Finde in deinem Leid dein sündhaftes Verhalten, das zu diesem Leid geführt hat.

Bereue, vergib und bitte um Vergebung, und tue das nicht mehr, was du als Sünde erkannt hast. Dann kann die Seelenschuld von Gott getilgt werden, und du empfängst aus Ihm sodann vermehrt Kraft, Liebe und Weisheit.

Wenn du einem leidtragenden und leidgeprüften Menschen begegnest und er dich um Hilfe bittet, so stehe ihm bei und hilf ihm, soweit es dir möglich ist und es gut für seine Seele ist. Und wenn du erkennst, daß dein Nächster die Hilfe dankbar annimmt und sich mit ihr aufbaut, dann gib ihm darüber hinaus, so es dir möglich ist.

Doch du, der du Hilfe bringst, tue dies selbstlos. Wenn du dies nur aus äußerer Verpflichtung tust, so wirst du dafür keinen geistigen Lohn empfangen – und du wirst auch der Seele des Leidtragenden und Leidgeprüften keinen Dienst erweisen, sondern nur dem Körper, dem Gefährt der Seele.

„Selig sind die Sanftmütigen, denn sie werden das Erdreich besitzen."

Sanftmut, Demut, Liebe und Güte gehen Hand in Hand. Wer zur selbstlosen Liebe geworden ist, der ist auch sanftmütig, demütig und gütig. Er ist erfüllt von Weisheit und Kraft.

Menschen in Meinem Geiste, die selbstlos Liebenden, werden das Erdreich besitzen. O sehet, der Weg zum Herzen Gottes ist der Weg in das Herz der selbstlosen Liebe. Aus der selbstlosen Liebe strömt der Friede Gottes.

Die Menschen, die zum Herzen Gottes hinwandern, und die Menschen, die schon in Gott leben, wirken für die Neue Zeit, indem sie alle willigen Menschen den Weg zu Gott lehren. Damit nehmen sie das Erdreich mehr und mehr in Meinem Geiste in Besitz.

Die selbstlos Liebenden sind es, die im Reiche Gottes auf Erden, im Friedensreich, leben werden. Freuet euch, die ihr jetzt schon [1989] den Weg zum Herzen Gottes wandelt! Ihr seid in Mir die Wegbereiter und Pioniere für die Neue Zeit. Viele von euch werden sich in die Neue Zeit, in das Lichtreich, hineingebären und die Erfüllung in Gott mitbringen, weil sie jetzt schon den Weg dorthin gehen. Freuet euch und seid dankbar für die Läuterung und Reinigung eurer Seelen, denn ihr werdet Mich dann schauen und bewußt in und mit Mir leben und sein.

„Selig sind, die da hungert und dürstet nach der Gerechtigkeit, denn sie sollen gesättigt werden."

Wer nach der Gerechtigkeit Gottes hungert und dürstet, ist ein Wahrheitssuchender, der sich nach dem Leben in und mit Gott sehnt. Er soll gesättigt werden.

Mein Bruder, Meine Schwester, die du dich nach der Gerechtigkeit, dem Leben in und mit Gott, sehnst, sei getrost, und erhebe dich aus dem sündhaften menschlichen Ich! Freue dich, denn die Zeit ist angebrochen, in der das Reich Gottes den Menschen näher kommt, die sich bemühen, die Gebote des Lebens zu halten.

Siehe, Ich, dein Erlöser, Bin die Wahrheit in dir selbst. In dir selbst also Bin Ich der Weg, die Wahrheit und das Leben.

Die Wahrheit ist das Gesetz der Liebe und des Lebens. In den Zehn Geboten, welche Auszüge aus dem allumfassenden Gesetz Gottes sind, findest du die Merksätze für den Weg zur Wahrheit. Beachte die Zehn Gebote, und du gelangst immer mehr auf den Weg der Bergpredigt, in welcher der Weg zur Wahrheit grundlegend ausgeführt ist.

Der Weg zur Wahrheit ist der Weg zum Herzen Gottes, zu dem ewigen Leben, das selbstlose Liebe ist. Die Bergpredigt ist der Weg in das Reich Gottes, in die Gesetze für das Friedensreich Jesu Christi. Vertiefst du dich in sie und erfüllst du sie, dann gelangst du zur göttlichen Weisheit.

Du hast schon gelesen, daß sich der Teilstrahl der göttlichen Weisheit im Erdenkleid befindet [1989], um Gottes Wort zu geben und die Gesetze Gottes auszulegen. Über dieses Mein Instrument offenbare Ich nun die Bergpredigt in allen Einzelheiten und führe und begleite die Willigen auf dem Inneren Weg durch Lehren und Lektionen, die – sofern sie verwirklicht werden – hinführen zum Vater, dem ewigen Licht. Außerdem lehre Ich durch Mein Instrument das Absolute Gesetz, das Gesetz der Ewigkeit.

Erkenne: Keiner soll nach der Gerechtigkeit hungern oder dürsten. Vollziehe den ersten Schritt hin zum Reiche der Liebe, indem du zuerst zu dir selbst gerecht bist. Übe dich im positiven Leben und Denken, und du wirst ganz allmählich ein gerechter Mensch werden. Dann bringst du die Gerechtigkeit Gottes in diese Welt; und du vertrittst diese auch, weil du den Willen Gottes, des Herrn, erfüllst, aus Seiner Liebe und Weisheit.

Erkenne: Die Zeit ist nahe, in der geschieht, was offenbart ist. Der Löwe wird beim Lamme liegen, weil die Menschen den Sieg über sich selbst errungen haben – durch Mich, ihren Erlöser. Sie werden eine große Familie in Gott bilden und mit allen Tieren und der ganzen Natur in Einheit leben.

Freuet euch, das Reich Gottes ist nahe herbeigekommen – und mit dem Reiche Gottes auch Ich, euer Erlöser und Friedensbringer, der Herrscher des Friedensreiches, des Weltreiches Jesu Christi.

„Selig sind die Barmherzigen, denn sie werden Barmherzigkeit erlangen."

Die Barmherzigkeit Gottes entspricht der Sanftmut und der Güte Gottes und ist für alle Seelen das Tor zur Vollendung des Lebens. Die Menschen, die durch Mich, den Christus, der Ich im Vater-Mutter-Gott lebe, alle sieben Grundkräfte des Lebens – das Gesetz von der Ordnung bis zur Barmherzigkeit – in ihren Seelen entfaltet haben, werden wieder als reine Geistwesen durch das Tor der Barmherzigkeit in die selbstlose Liebe, in das Reich Gottes, in die Himmel, eingehen und in Frieden leben. Das Tor zum ewigen Sein bildet die siebte Grundkraft, die Barmherzigkeit – im Geiste Gottes Güte und Sanftmut genannt. Alle Menschen, die sich in der Barmherzigkeit üben, werden auch Barmherzigkeit erlangen und jenen beistehen, die sich auf dem Wege zur Barmherzigkeit befinden.

Erkennet: Der Weg zum Herzen Gottes ist der Weg des einzelnen in der Gemeinschaft mit Gleichgesinnten.

Denn Gott ist Einheit, und Einheit in Gott ist Gemeinschaft in und mit Gott und mit den Nächsten.

Wer die ersten Schritte auf dem Wege zur Vollendung getan hat, der wird das Gebot der Einheit erfüllen: Einer für alle, Christus – und alle für Einen, Christus.

Die Bergpredigt ist, wie offenbart, der Evolutionsweg hin zum inneren Leben. Alle jene, die auf diesem Entfaltungsweg hin zum Herzen Gottes vorangeschritten sind, helfen wieder denen, die erst am Beginn des Weges stehen. In und über allen leuchtet der Christus, der Ich Bin.

„Selig sind, die reinen Herzens sind, denn sie werden Gott schauen."

Das reine Herz ist die reine Seele, die sich wieder zum absoluten Geistwesen emporgeschwungen hat durch Mich, den Christus im Vater-Mutter-Gott.

Die reinen Seelen, die wieder zu Wesen der Himmel wurden, sind dann wieder das Ebenbild des ewigen Vaters und schauen den Ewigen wieder von Angesicht zu Angesicht. Sie schauen, leben und vernehmen zugleich das Gesetz des ewigen Vaters, weil sie wieder Geist aus Seinem Geiste geworden sind – das ewige Gesetz selbst.

Solange Menschen und Seelen den Geist Gottes in sich noch erhorchen müssen, sind sie noch nicht Geist aus Seinem Geiste, noch nicht das Gesetz der Liebe und des Lebens selbst.

Wer jedoch wieder zum Gesetz der Liebe und des Lebens geworden ist, der schaut den ewigen Vater von Angesicht zu Angesicht und steht mit Ihm in ständiger, bewußter Kommunikation. Er schaut auch das Gesetz

Gottes, das Leben aus Gott, als Ganzes, weil er selbst das Leben und die Liebe ist und sich darin bewegt. Wer sich im Absoluten Gesetz Gottes bewegt, der hat es auch ganz erschlossen – von der Ordnung bis zur Barmherzigkeit. Ihm dienen alle sieben Grundkräfte der Unendlichkeit, weil er in absoluter Einheit und Harmonie mit allem Sein ist.

„Selig sind die Friedensstifter, denn sie werden Kinder Gottes heißen."

Diese Worte bedeuten dem Sinne nach: Selig sind, die Frieden halten. Sie werden auch den wahren Frieden auf diese Erde bringen, weil sie in sich selbst friedfertig geworden sind. Sie sind bewußt die Kinder Gottes.

Viele der Söhne und Töchter Gottes, die den Frieden in sich tragen und in die Welt bringen, sind die einverleibten Wesen, die im Auftrage Gottes stehen und für die Neue Zeit kämpfen, damit das geistige Menschentum entsteht, das im Friedensreich Jesu Christi lebt, in der Lichtzeit.

Worte des Herrschers des Friedensreiches auf Erden an die Menschen der Neuen Zeit:

Ihr Menschen in der Neuen Zeit, im immer lichter werdenden Friedensreich Jesu Christi, die ihr dieses Buch, „Das ist Mein Wort", lest, erkennt, daß die Pioniere Christi an mehreren Fronten gleichzeitig gegen das Satanische kämpfen mußten, um dem angekündigten Reich Gottes auf Erden zum Durchbruch zu verhelfen.

Ihr also lebt im Frieden, in Mir, dem Christus, eurem göttlichen Bruder, dem Herrscher des Friedensreiches.

Doch hinter der Nebelwand leben und wirken jene Seelen, die sich von der Bergpredigt, dem Weg in das innere Leben, nicht erfassen ließen, die immer noch im Kerker ihres menschlichen Ichs leben. Als Menschen wollten sie den Ruf der Wanderer zum Herzen Gottes nicht hören. Sie hielten ihre Ohren und ihre Herzen für die Wahrheit verschlossen und verbargen sich hinter ihrem menschlichen Ich, hinter ihren Vorstellungen, Meinungen und theologischen Ansichten. Auch in der Vorbereitungszeit von der alten zur Neuen Zeit, der Lichtzeit, blieben sie Pharisäer, Heuchler, Verfolger und Verleumder.

Wisset, in allen Seelen bis hin zur vierten Reinigungsebene leuchtet das Licht der Erlösung. So sind auch sie nicht verloren. Hinter der Nebelwand wirken im Namen des Herrn viele reine Geistwesen – unter ihnen auch viele Söhne und Töchter Gottes, die Mir, dem Christus, auf Erden in verschiedenen Erdenkleidern in verschiedenen Zeitepochen die Wege in das immer lichter werdende Friedensreich bereitet haben. Dort in den Seelenreichen wirken sie weiter im selbstlosen Dienst für ihre Nächsten. Die gerechten Männer und Frauen, die das Gesetz der Liebe und des Lebens in diese Welt gebracht haben, hatten es in jener Zeitepoche [1989] sehr schwer.

Erkennet, ihr Brüder und Schwestern, die ihr nun im Reiche Gottes auf Erden lebt: Die Pioniere Christi für die Neue Zeit stellten sich in jener großen Zeitenwende von der alten, materialistisch geprägten Zeit hin zur Neuzeit, der Lichtzeit, auch gegen das Satanische und Dämonische.

„Selig sind, die um der gerechten Sache willen Verfolgung leiden, denn ihrer ist das Reich Gottes.“

Was geschah weiter in der damaligen Vorbereitungszeit [1989]? Die Pioniere Christi für die Neue Zeit litten um des Reiches Gottes auf Erden willen Verfolgung. Von Pharisäern und Schriftgelehrten, von Kirchenmännern und von allen jenen, die diesen hörig waren, wurden sie mißachtet und verleumdet. Die Wahrheit wurde bewußt in ein falsches Licht gebracht und verzerrt. Jene, die treu für die Wahrheit gekämpft haben, wurden der Wahrheit wegen lächerlich gemacht. Menschen, die Mich, Christus, nur auf den Lippen, jedoch nicht im Herzen trugen, predigten in ihren Kirchen und auch außerhalb der Kirchenmauern gegen sie, verleumdeten und diskriminierten sie. Sie wurden beschimpft und der falschen Lehre beschuldigt.

Den wahren Nachfolgern Christi sprachen die Scheinchristen ab, Christen zu sein, weil sie selbst nicht lebten, was Ich ihnen als Jesus von Nazareth geboten hatte. Wie zu Meiner Zeit als Jesus predigten sie zwar aus ihren Bibeln und frömmelten den Menschen einen Glauben an Mich vor – und waren doch die Wölfe im Schafspelz. Denn sie taten nicht, was Ich den Menschen geboten habe: sich untereinander selbstlos zu lieben, so, wie Ich sie liebe; deshalb sind sie Pharisäer und Heuchler. Und wer das Gebot der Feindesliebe mißachtet, der mißachtet den Christus, der Ich Bin.

Wer dies später liest, der möge der Christuspioniere gedenken, die das Erdreich und die Atmosphäre der Erde für die Neue Zeit vorbereitet haben. Sie brachten einen Teil des ewigen Strahlungsgesetzes auf die Erde und in deren Atmosphäre. Ihrer gedenkt in Liebe, denn viele von ihnen gehen nicht mehr in das Erdenkleid, um im Friedensreich auf Erden zu leben und zu wirken. Sie kämpfen in den Stätten der Reinigung weiter. Sie ringen um die Seelen, damit auch diese frei werden von ihren Sünden und eingehen können in die Herrlichkeit, die Ich im Vater Bin.

Erkennet: Was die Seelen auf Erden nicht bereinigt haben, das nehmen sie mit hinter die Nebelwand. Dort müssen sie erkennen und abtragen, was sie im Erdenkleid verursacht haben. Wer als Mensch nicht zur Selbsterkenntnis gelangt ist und daher auch nicht Buße getan hat, der vegetiert als Seele hinter der Nebelwand gleichsam traumwandlerisch weiter wie zuvor im Erdenkleid – was er Leben nannte. Viele, die einst Heuchler und Pharisäer im Erdenkleid waren, verleumden ihre Mitgeschwister auch wieder im Seelenreich, machen sie auch dort lächerlich, sprechen ihnen ab, Christen zu sein, und wollen sich selbst damit in ein gutes Licht stellen. Das geschieht so lange, bis sie – wohl gar unter größtem Leid und Schmerz – erkennen, was sie verursacht haben und in welchen Herzen Christus wahrlich auferstanden ist.

Nach dem kosmischen Gesetz der Anziehung wird die Seele an ihrem Seelenleib das erleben, was sie im Erdenkleid an ihren Mitmenschen verursacht und nicht bereinigt hat. Die Seele sieht bildhaft ihre Sünden und erlebt gleichzeitig in ihrem Seelenleib selbst die Leiden und Qualen ihrer Nächsten, die sie ihnen als Mensch zugefügt hat. Die in ihr nun aktiven Sünden wirken so lange auf sie ein, bis die Seele von Herzen bereut, um Vergebung bittet und gewillt ist, ihren Nächsten zu vergeben. Dann erst wandelt sich die sündhafte Energie in göttliche Kraft, und die Seele wird lichter und reiner.

Betet für jene, die sich hinter der Nebelwand ähnlich verhalten wie einst auf Erden im Erdenkleid! Betet, daß sie sich erkennen und Buße tun. Viele der Verleumder werden in ihren Seelen die Not und das Leid der Pioniere erkennen, erleben und eventuell erdulden müssen, bis ihnen zur Gewißheit geworden ist, daß Ich, Christus, mit den Pionieren, mit Meinen Brüdern und Schwestern, war und nun mit ihnen als göttlicher Bruder Bin.

Betet, daß sie rechtzeitig erkennen und spüren, daß sie in der gegensätzlichen, machtgierigen Welt den dunklen Mächten hörig waren! Die Finsternis mißbrauchte sogar Meinen Namen, um Menschen zu verführen und den Pionieren, den Söhnen und Töchtern Gottes auf Erden, die Arbeit im Weinberg des Herrn zu erschweren.

Erkennet: Wer Mir nachfolgte, wurde von den Weltlingen nicht geachtet, weil auch Ich als Jesus von ihnen mißachtet wurde. Zu allen Zeiten mußten Menschen, die in die wahre Nachfolge des Nazareners traten, viel erdulden und erleiden.

Viele der Pioniere für die Neue Zeit gingen jedoch unerschütterlich voran und blieben in Meinen Fußspuren. Gedenkt jener tapferen Männer und Frauen, die unerschütterlich im Glauben an Mich für die Neue Zeit einen gerechten Kampf geführt haben.

Freuet euch, die ihr in der Neuen Zeit lebt, im Friedensreich, das immer mehr lichtstofflich wird. Ihr seid mit ihnen verbunden. Viele unter euch waren in der großen Zeitenwende als Pioniere im Erdenkleid, um den Durchbruch für das Reich Gottes zu erreichen. Der Kampf und der Sieg für Mich, den Christus, blieb in euren Seelen als Erinnerung zurück. Intuitiv spüren manche von euch, daß sie in jener Zeitepoche als Pioniere mitgewirkt haben. Sie spüren auch, daß in jener Zeit die Ursachen immer rascher wirksam wurden und das Positive, die Lichtzeit, mit Macht heraufstieg, die Zeit des Christus, in der ihr nun wieder – im Kleid einer feineren Materie – lebt.

5. *Wehe euch, die ihr reich seid! Denn ihr habt in diesem Leben euren Trost empfangen. Wehe euch, die ihr satt seid, denn ihr werdet hungern. Wehe euch, die ihr jetzt lacht, denn ihr werdet trauern und weinen. Wehe euch, wenn alle Menschen gut von euch sprechen, denn so machten es auch ihre Väter mit den falschen Propheten. (Kap. 25, 5)*

Ich, Christus, erkläre, berichtige
und vertiefe das Wort:

„Wehe euch, die ihr reich seid! Denn ihr habt in diesem Leben euren Trost empfangen.“

Menschen, die ihren Reichtum als ihr Eigentum ansehen, sind arm im Geiste. Vielen der an irdischen Gütern Reichen wurde für ihr Erdenleben die geistige Aufgabe in die Wiege gelegt, ein Vorbild für jene Reichen zu sein, die mit verstockten, unnachgiebigen Herzen sich an ihren Reichtum binden und deren einziges Denken und Trachten es ist, diesen für sich selbst zu vermehren. Ein Mensch, der an irdischen Gütern reich ist und erkannt hat, daß sein Reichtum eine Gabe ist, die er nur dazu von Gott empfangen hat, daß er sie in das große Ganze für das Wohl aller einbringt und sie dort rechtmäßig für alle verwaltet – der verwirklicht das Gesetz der Gleichheit, Freiheit, Einheit und Brüderlichkeit. Er trägt als ein selbstloser Geber mit dazu bei, daß die Armen nicht in Entbehrung und die Reichen nicht in Luxus leben.

Auf diese Weise wird allmählich ein Gleichgewicht, ein gehobener Mittelstand hergestellt für alle, die bereit sind, das Gesetz „Bete und arbeite" selbstlos zu erfüllen. So erwächst ganz allmählich das wahre Menschentum einer Gemeinschaft, deren Glieder keinen auf die Person bezogenen irdischen Reichtum sammeln, sondern alles als Gemeinbesitz betrachten, der ihnen von Gott gegeben ist.

Wenn der Reiche Geld und Gut als sein Eigen betrachtet und in der Welt seines Reichtums wegen angesehen ist, wird er – als Wirkung auf seine Ursachen – in den nächsten Erdenleben in armen Ländern leben und dort um das Brot betteln, das er einst als Reicher Armen versagt hat. Das ist so lange gegeben, wie derartige Einverleibungen noch möglich sind.

Die Seele eines solchen Reichen wird auch in den Reinigungsebenen keine Ruhe finden. Die lichtarmen Seelen, die seinetwegen im Erdenkleid Leid und Hunger erdulden mußten, werden ihn als den wiedererkennen, der ihnen vorenthalten hat, was ihnen aus den Verstrikkungen menschlichen Ichs hätte heraushelfen können.

Viele werden ihn anklagen, und dann wird seine Seele selbst spüren, wie diese gelitten und gehungert haben. Auf diese Weise kann eine Seele, die im Erdenkleid als Mensch reich und angesehen war, große Not erleiden; diese Not ist viel größer, als wenn sie im Erdenkleid um Brot hätte betteln müssen.

Erkennet: Nach den Gesetzen des Ewigen gebührt jedem, der selbstlos das Gebot „Bete und arbeite" hält, das gleiche; denn Gott gibt jedem, wessen er bedarf, und darüber hinaus. Solange jedoch noch nicht alle Menschen sich an dieses Gebot halten, gibt es auf der Erde die sogenannten Reichen. Ihre Aufgabe ist es, ihren angesammelten Reichtum auszuteilen und ebenso zu leben wie die, die selbstlos das Gebot „Bete und arbeite" erfüllen. Wenn sie in dieser Weise nicht an ihr Wohl denken, sondern an das Wohl aller, dann kehrt sich allmählich der innere Reichtum nach außen, und kein Mensch wird hungern oder darben.

Wehe euch, ihr Reichen, die ihr euer Geld und Gut euer Eigen nennt und eure Nächsten dafür arbeiten laßt, daß euer Vermögen sich vermehrt! Ich sage euch: Ihr werdet Gottes Thron nicht schauen, sondern weiter dort leben, wo Gottes Füße sind – auf Erden, immer wieder in Erdenkleidern, solange dies noch möglich ist. Auch wenn ihr soziale Einrichtungen fördert, selbst jedoch um vieles reicher seid als jene, die daraus unterstützt werden, so seid ihr dennoch dem Satan der Sinne hörig, der die Unterschiede von arm und reich will.

Durch diese Unterschiede entstehen Macht und Unterwürfigkeit, Neid und Haß. Daraus ergeben sich Streit und Kriege. Daher dienen die, welche ihren Reichtum festhalten, auch dann, wenn sie hin und wieder sozial denken, dem Satan der Sinne und handeln gegen das Gesetz des Lebens: gegen Gleichheit, Freiheit, Einheit und Brüderlichkeit.

Wer Geld und Güter als sein Eigen betrachtet und für sich hortet, anstatt diese materiellen Energien fließen zu lassen, der ist nach dem Gesetze des Lebens ein Dieb, da er seinen Nächsten einen Teil ihres geistigen Erbes vorenthält. Denn alles ist Energie. Wer sie bindet durch „Mein und Mir", handelt gegen das Gesetz, das fließende Energie ist.

„Wehe euch, die ihr satt seid, denn ihr werdet hungern."

Der reiche, satte Mensch, der allein „seine" Scheunen füllt, ist im Herzen leer. Er kennt nur das Mein und Dein. Seine Sinne und Gedanken drehen sich um „mein" Eigentum, „meinen" Besitz, „mein" Brot, „meine" Speise. „Das alles gehört mir" – dies ist seine Welt. Ein solcher Mensch wird einst hungern und darben, bis er begreift: Alles ist das Sein; alles gehört Gott und allen Menschen, die sich bemühen, Gottes Werke zu tun: die selbstlose Liebe und das Gesetz des Lebens für die Erde „Bete und arbeite" zu erfüllen.

Menschen, die nur von Mein und Dein sprechen, sind lichtarme Menschen, die schon in dieser Einverleibung einen weiteren Erdenweg vorbereiten oder eine lange Wanderung ihrer Seele im Seelenreich, jeweils im Kleide des Bettlers.

Die vom Materiellen geblendete Seele hungert unbewußt nach Licht, weil sie lichtarm ist. Zwanghaft versucht sie dies mit äußeren Dingen auszugleichen wie mit irdischem Reichtum, Habgier, mit Völlerei, Trunksucht oder anderen Begierden und Genüssen. Sie ist unersättlich.

„Wehe euch, die ihr jetzt lacht, denn ihr werdet trauern und weinen."

Wer über seine Nächsten lacht und spottet, der wird einst sehr traurig sein und über sich selbst weinen – weil er jene verkannt hat, über die er sich lustig gemacht und die er verspottet hat. Er wird erkennen müssen, daß er letztlich sich selbst verlacht, verhöhnt und verspottet hat. Denn wer über seinen Nächsten richtet und urteilt, ihn verlacht, verhöhnt und verspottet, der richtet, verurteilt, verlacht, verhöhnt und verspottet Mich, den Christus.

Erkennet: Wer sich am Geringsten Meiner Brüder versündigt, der versündigt sich am Gesetze des Lebens und wird darunter zu leiden haben. Zugleich hat er sich an jene gebunden, die er mißachtet hat. Daher sehet euch vor und übt Selbstkontrolle. Nicht was durch den Mund eingeht, verunreinigt eure Seele, sondern was von eurem Mund ausgeht, das belastet die Seele und den Menschen.

„Wehe euch, wenn alle Menschen gut von euch sprechen, denn so machten es auch ihre Väter mit den falschen Propheten."

Wenn ihr euren Mitmenschen nach dem Munde redet, damit sie euch loben und ihr bei ihnen angesehen seid, so seid ihr gleich den Falschmünzern, die um ihres Vorteils willen mit falscher Münze zahlen.

Ähnlich verhielt und verhält es sich auch mit den falschen Propheten. Sie waren und sind bei dem Volke angesehen, weil sie ihm nach dem Munde redeten und weil die Angesehenen des Volkes zu ihnen hielten, da sie sich dadurch persönlichen Vorteil und Nutzen versprachen.

Erkennet, ihr Menschen im Friedensreich: In der sündhaften Welt wurden viele gerechte Propheten und auch erleuchtete Männer und Frauen von den irdischen Reichen und den Machthabern dieser Welt, von Kirchenführern und ihren Anhängern verleumdet und verfolgt und viele von ihnen gefoltert und getötet. Das Satanische hat zu allen Zeiten jene als Werkzeuge benützt, die ihren irdischen Reichtum für sich halten und vermehren wollten, die Macht erstrebten, und auch die, welche den Reichen und Machthabern hörig waren.

Das müßt ihr wissen, damit ihr versteht, warum die alte, sündhafte Welt auf grausame Art und Weise unterging.

Falsche Propheten waren unter anderem auch jene, die das Evangelium der Liebe wohl predigten, jedoch selbst nicht danach lebten. Und es waren auch all jene, die sich „Christen" genannt haben und sich in ihrem Leben unchristlich verhielten. Sie wurden oft gerühmt wegen ihrer Redekunst und geehrt und gelobt wegen ihres Reichtums und Ansehens.

O sehet, dennoch trugen alle wahren Propheten und Erleuchteten im Laufe der Zeiten dazu bei, daß der Kristall des inneren Lebens mit seinen vielen Facetten der ewigen Wahrheit immer mehr funkelte und leuchtete. Auf diese Weise baute sich ganz allmählich das Reich Gottes auf Erden auf.

Für euch, liebe Brüder und Schwestern im Friedensreich, gilt es, diesen nun vollkommenen, funkelnden und leuchtenden Kristall, das innere Leben, wie eine kostbare Blume zu hegen und zu pflegen, zu hüten und zu bewahren: Es ist das Gesetz der Liebe und Weisheit Gottes, Seine Ordnung, Sein Wille, Seine Weisheit, Sein Ernst, Seine Güte, Seine unendliche Liebestrahlung und Seine Sanftmut.

6. Ihr seid das Salz der Erde, denn jegliches Opfer muß mit Salz gesalzen werden, doch wenn das Salz seinen Geschmack verloren hat, womit soll man salzen? Es ist hinfort zu nichts nütze, denn daß es ausgeschüttet und unter den Füßen zertreten wird. (Kap. 25, 6)

Ich, Christus, erkläre, berichtige
und vertiefe das Wort:

Die Gerechten sind das Salz der Erde.

Sie werden immer wieder auf Mißstände in dieser Welt aufmerksam machen und den Finger auf die Wunde der Sünde legen. Denn viel Unheil geschah und geschieht in dieser noch sündhaften Welt – und viele Menschen wurden zum Opfer um des Evangeliums willen.

Die Gerechten, die zum Opfer wurden, sollen von gerechten Männern und Frauen rehabilitiert werden, denn alles soll offenbar werden durch das Salz der Erde. Jetzt, in der Zeit des Umbruchs von der alten, sündhaften Welt zur Neuen Zeit, der Lichtzeit, werden die Gerechten das

Unrecht ans Licht bringen und es offenbar werden lassen, auf daß jene, die Unrecht getan haben, sich selbst erkennen und Buße tun.

Hütet euch jedoch, ihr Gerechten, die ihr das Salz der Erde seid, daß es nicht an Geschmack verliert, daß ihr also in der Gerechtigkeit bleibt und euch nicht verführen laßt. Denn wer soll die Gerechtigkeit in diese Welt bringen, und wer soll auf die Mißstände und Sünden, die Menschen geschaffen haben, hinweisen? Doch nur jene, die Meinen Namen kennen und die im Buche des Lammes stehen.

Wer nicht mehr das Salz der Erde ist, der gerät unter jene, die Meinen Namen für ihre Zwecke mißbraucht haben und mißbrauchen und die Gerechten verfolgt, verleumdet und getötet haben.

Wenn das Salz der Erde an Geschmack verliert und der Mensch seine Nächsten mißachtet, dann wird er seinen eigenen Ursachen erliegen; im Bild gesprochen: Er wird sich selbst zertreten. Seine ungesühnten Ursachen rufen dann Krankheit, Siechtum und Leid hervor. Die lichtarme Seele wird darben und das an ihrem eigenen Seelenleibe spüren, was sie an ihrem Nächsten verursacht hat.

7. *Ihr seid das Licht der Welt. Die Stadt, die auf einem Hügel erbaut ist, kann nicht verborgen sein. Man zündet auch kein Licht an und stellt es unter den Scheffel, sondern auf einen Leuchter, und es gibt Licht allen, die im Hause sind. So lasset euer Licht leuchten vor den Leuten, daß sie eure guten Werke sehen mögen und euren Vater im Himmel preisen. (Kap. 25, 7)*

Ich, Christus, erkläre, berichtige
und vertiefe das Wort:

Ich Bin das Licht der Welt.

Durch Meine Getreuen, durch Männer und Frauen, die den Willen des Ewigen erfüllen, strahlt es nun verstärkt in diese Welt.

Mein Licht habe Ich auf den Leuchter der göttlichen Weisheit und Gerechtigkeit gestellt, auf daß es allen leuchte, die guten Willens sind.

Meine Brüder und Schwestern im Friedensreich Jesu Christi, es ist wichtig für euch, folgendes zu wissen: In dem einverleibten Teilstrahl der göttlichen Weisheit habe Ich ganz allmählich Mein Licht zum Leuchten gebracht. Ich rief das Menschenkind, in dem das weibliche Prinzip des Cherubs der göttlichen Weisheit einverleibt war, und teilte ihm seinen geistigen Auftrag mit, der dann in seiner Seele mehr und mehr offenbar wurde.

Wisset, wenn der geistige Auftrag in der inkarnierten Seele zu pulsieren beginnt, will es das Gesetz, daß der Mensch darauf aufmerksam gemacht und gefragt wird, ob er das annimmt, was in seiner Seele aktiv ist.

Das Menschenkind bejahte sinngemäß: Ewiger, ich bin Deine Magd, mir geschehe nach Deinem Willen.

Daraufhin begann für sie der große, allumfassende geistige Auftrag, Meine Prophetin und Botschafterin für die ganze Erde zu sein. Immer heller und kraftvoller wurde Mein Licht in ihrer Seele, bis es den Menschen ganz durchstrahlte. Als auch der Mensch gekräftigt war, um Mein heiliges, ewiges Wort zu geben, sandte Ich sie in diese Welt: Von Meinem Geiste geführt, besuchte sie

Länder und Städte auf verschiedenen Kontinenten. Ich gab durch sie Mein heiliges Wort in ungezählten Offenbarungen.

In vielen Facetten der ewigen Wahrheit strahlte Mein Licht in diese Welt, auf diese Erde. Es ist die Weisheit aus Gott.

An Meinem Lichte entzündeten sich in der gewaltigen Zeitenwende immer mehr Herzen. Die Menschen erkannten die ewige Wahrheit in Meinem Worte. Immer mehr Menschen gingen den Inneren Weg und nahmen das Geschenk des Lebens an, die Lehren und Lektionen aus der ewigen Wahrheit, um Gott, dem ewigen Sein, näher zu kommen.

Viele Männer und Frauen wurden Meine Getreuen, denn sie erfüllten Gottes Willen. Sie verbrüderten sich in Meinem Geiste und wurden die Pioniere für die Neue Zeit, die das Fundament des Reiches Gottes auf Erden gründeten und auf diesem aufzubauen begannen.

Immer mehr Menschen wurden zu Lichtsuchern. Auf dem Wege zum inneren Leben entfachten sie mehr und mehr ihre innere Flamme an Meinem Lichte und vereinten sich mit den Pionieren, um mitzuwirken für die Neue Zeit.

Erkennet weiter: Aus den tiefen Belehrungen, die Ich durch die inkarnierte göttliche Weisheit gab, erkannten sie die ewigen Gesetze und blieben mehr und mehr in der Gerechtigkeit Gottes.

Die Pioniere hatten zu allen Zeiten auch einige Niederlagen zu meistern. Doch sie erkannten in jeder Niederlage ihre eigene Schwäche und bewältigten sie dann mit Mir, dem Christus. Sie bereuten ihr gegensätzliches

Verhalten, lobten und priesen Gott für Seine unermüdliche Führung – auch heraus aus ihren Niederlagen. Auf diese Weise erstarkten die Männer und Frauen in Mir, dem Christus.

Die Siege in Mir, dem Christus, rechneten sie sich nicht als ihre Siege an. Sie dankten, lobten und priesen den ewigen Namen und freuten sich, daß der Ewige durch Mich und Ich durch sie und mit ihnen das vollbringen konnte, was zu tun war für die Lichtzeit, in welcher ihr nun lebt.

Durch die Verwirklichung der ewigen Gesetze kamen die getreuen Männer und Frauen Mir immer näher und wurden sich Meiner Führung bewußt. Über den einverleibten Teilstrahl der göttlichen Weisheit redeten der Ewige, Gott, unser aller Vater, und Ich, Christus, mit ihnen. Wir ermahnten die Pioniere immer wieder, ihre noch vorhandenen Fehler abzulegen. Gleichzeitig führten Mein Vater und Ich, Christus, sie zur Selbsterkenntnis, indem wir sie – gemäß dem Gesetz des freien Willens – aufmerksam machten, sobald sie gegen das ewige Gesetz verstoßen hatten. Wir erklärten ihnen, wie sie ihre Fehler wiedergutmachen könnten. In allen wesentlichen Fragen und Situationen offenbarten sich der Ewige und Ich, Christus, und führten sie zur gesetzmäßigen Antwort und Lösung. Sie bereinigten sofort, was anstand, so daß das aufgehoben werden konnte, was nicht dem ewigen Gesetz entsprach.

Die Pionierzeit war eine große Zeit, denn die Pioniere redeten mit Gott, der sich ihnen durch das große Licht der göttlichen Weisheit offenbarte. Durch diese tiefe Verbundenheit mit dem Vater-Mutter-Gott und mit Mir, ihrem Erlöser und göttlichen Bruder, erstarkten sie in ihrem Inneren. Sie wurden mehr und mehr erfüllt von Liebe und Weisheit.

Was Ich hier in diesem Buch, „Das ist Mein Wort“, offenbare, vollzog sich in einem Evolutionsprozeß über Generationen hinweg. Die ersten Pioniere für die Neue Zeit erkannten das große Licht, das unter ihnen lebte, noch nicht, weil sich der einverleibte Teilstrahl der göttlichen Weisheit als Schwester unter Geschwistern gab, ohne sich hervorzutun. Diese schlichte Geschwisterlichkeit, die einer großen Demut und Ehrfurcht vor Gott entsprang, bewirkte sodann auch unter einigen der Pioniere die echte Geschwisterlichkeit. Für sie war die hohe Lichtträgerin eine Schwester, die sie in jeder Lebenslage und Situation beraten konnte, weil ihr geistiger Leib eins mit Gott, dem Leben, war.

Erkennet, die ihr in der Neuen Zeit lebt: Dies alles – und weit mehr, was nicht aufgezeichnet wurde – mußte geschehen, auf daß Mein Licht in dieser Welt immer stärker leuchten konnte. Es leuchtete mächtig in die Zeitenwende hinein und bereitete durch Meine Getreuen die Neue Zeit vor.

Die Pioniere in Mir waren die geistige Kampftruppe, die nach dem Gesetz des Lebens, der Liebe und des freien Willens kämpfte.

Nach dem Bundesschluß mit Gott, dem Ewigen, lebten und wirkten sie aus dem zentralen Urlicht der Bundgemeinde Neues Jerusalem im werdenden Neuen Israel. Aus der Bundgemeinde Neues Jerusalem entstand in den weiteren Generationen die mächtige Stadt Jerusalem auf der immer feiner werdenden Materie der Erde.

Die Stadt Neues Jerusalem, die auf den Hügeln erbaut ist, kann nicht verborgen sein. Sie leuchtet und strahlt als das zentrale Urlicht für die ganze Erde.

Von der Stadt aus, die auf den Hügeln erbaut ist, dem Neuen Jerusalem, werden die Impulse gegeben für das ganze Weltreich Jesu Christi. Die Stadt Neues Jerusalem ist die zentrale Schaltstelle für das Friedensreich Jesu Christi. So wurde es offenbart – und so ist es.

8. Ihr sollt nicht denken, daß Ich gekommen Bin, das Gesetz oder die Propheten zu zerstören; Ich Bin nicht gekommen, zu zerstören, sondern zu erfüllen. Denn wahrlich, Ich sage euch: Bis Himmel und Erde vergehen, wird nicht der kleinste Buchstabe noch ein Tüpfelchen von dem Gesetze und den Propheten vergehen, bis daß alles erfüllt ist. Doch siehe, ein Größerer denn Moses ist hier, und dieser wird euch das höhere Gesetz geben, sogar das vollkommene Gesetz, und diesem Gesetz sollt ihr gehorchen. (Kap. 25, 8)

Ich, Christus, erkläre, berichtige
und vertiefe das Wort:

Als Jesus von Nazareth lehrte Ich die Männer und Frauen, die Mir nachfolgten, und alle, die Mir zuhörten, Teile aus dem vollkommenen Gesetz, dem Absoluten Gesetz. Ich erklärte ihnen auch, daß das Absolute Gesetz der Liebe in das Gesetz von Saat und Ernte hineinstrahlt, da der Geist allgegenwärtig ist und auch im

Gesetz von Saat und Ernte, dem Gesetz des Falles, wirkt.

Durch Mich als Jesus von Nazareth, den einverleibten Christus, und durch alle weiteren wahren Gottespropheten belehrte und mahnte der Ewige Seine Kinder in den unvollkommenen Ebenen, daß das Gesetz des Falles, das Gesetz von Saat und Ernte, beständig aktiv ist. Wer sich nicht rechtzeitig besinnt und umkehrt, der wird seine Ursachen als Wirkungen zu erdulden haben. Der Ewige war und ist bestrebt, auch in der heutigen Zeit [1989] Seine Menschenkinder und alle Seelen an Sein Herz zu führen, hin zum Gesetz der ewigen Liebe, bevor die Ernte – die Wirkungen auf die von ihnen gesetzten Ursachen – auf sie zukommt. Der Ewige führte und führt sie durch Mich, Christus, zur Selbsterkenntnis. Er gab und gibt ihnen die Kraft, das zu bereinigen, was sie als Sünde und Fehler erkannt haben und erkennen.

Der Christus, der Ich Bin, kam in Jesus von Nazareth auf diese Erde, in diese Welt, um die Menschen als Menschensohn das ewige Gesetz zu lehren und es vorzuleben, auf daß sie den Weg zum ewigen Vater erkennen und Sein Gesetz erfüllen – damit sie wieder in die ewigen Wohnungen eingehen können, die Er für alle Seine Kinder bereithält.

Die Menschen, die Mir in Meiner Erdenzeit nachfolgten und die ewigen Gesetze verwirklichten, waren Meine wahren Nachfolger.

In den darauffolgenden Generationen gab es dann Christentum und Scheinchristentum: die wahren Nachfolger, die freiwillig Mir, dem Christus, nachfolgten, indem sie die Gesetze der Bergpredigt hielten – und die

Scheinchristen, die nur von Mir, dem Christus, sprachen und doch gegen die Gesetze handelten. Außerdem gab es noch die sogenannte Zwangsnachfolge: Diese entstand aus der zwangsweise vollzogenen Christianisierung der Massen durch die Kirchen.

Erkennet: Im ewigen Gesetz gibt es keinen Zwang. Gott, der Ewige, hat allen Seinen Kindern den freien Willen gegeben. Wer sich frei entscheidet, der hat mit der freien Entscheidung die Kraft zu dem, was echtes Christentum prägt: Gleichheit, Freiheit, Einheit, Brüderlichkeit und Gerechtigkeit. Alle Zwänge kommen aus dem Gesetz von Saat und Ernte, das auch Fallgesetz genannt wird. Dem Menschen ist geboten, seinen geistigen Weg frei zu wählen. Ich, Christus, bot und biete den Weg zum Herzen Gottes an, doch Ich zwinge keinen Menschen, ihn zu gehen. Wer seine Nächsten zwingt, lebt selbst unter dem Zwang des Fallgesetzes und verkörpert den Fallgedanken.

Einige sogenannte christliche Konfessionen zwingen ihre Gläubigen zur Wassertaufe. Schon die Kleinkinder, deren freier Wille noch nicht entwickelt ist und die deshalb auch noch nicht selbst entscheiden können, werden durch die Wassertaufe in die Mitgliedschaft einer Kirche gezwungen und damit zur Teilnahme an ihren übrigen Ritualen veranlaßt.

Das ist ein Eingriff in den freien Willen des einzelnen, gleichsam eine zwangsweise Christianisierung. Das sind Abläufe im Fallgesetz.

Menschen, die Mich, Christus, nicht freiwillig, aus tiefster innerer Überzeugung, an- und aufnehmen, haben es oftmals sehr schwer, die Zehn Gebote, die Auszüge aus dem ewigen Gesetz, in rechter Weise zu verstehen und anzunehmen, weil diese durch viele Veräußerlichungen, dogmatische Formen, Riten, Bräuche und Kulte in den Hintergrund gedrängt wurden. In den Konfessionen wurden diese Veräußerlichungen zur Hauptsache; sie haben jedoch mit dem inneren Christentum, der Inneren Religion, nichts gemein, sondern stammen zum Teil unmittelbar aus der Zeit der Vielgötterei und des Götzentums und damit aus dem Bereich der Fallebenen.

Erst wenn sich Menschen freiwillig lösen von den ihnen aufgezwungenen Dogmen und starren Formen, von Riten und Kulten sowie von ihren eigenen Gottesvorstellungen, können sie allmählich in ihr Inneres, in ihr wahres Wesen, geführt werden. Dort, in ihrem inneren Sein, finden sie sich dann als wahres Wesen in Gott und als Bewohner des Reiches Gottes, das inwendig in jedem Menschen ist. Dieses innere Leben ist die wahre Religion, die Innere Religion.

Erkennet: Das ewige, allumfassende, universelle Gesetz, das Gesetz der Himmel, ist unumstößlich. Es ist das Gesetz allen reinen Seins. Durch den Fall entstand das Gesetz von Saat und Ernte und kann nur aufgelöst werden durch die Verwirklichung der ewigen Gesetze. Es kann jedoch nicht umgangen werden. Das Gesetz von Saat und Ernte wirkt so lange in jeder Seele, bis die Sünden erkannt, bereinigt, gesühnt und Mir, dem Christus Gottes, übergeben wurden. Dann ist das Fallgesetz in der Seele aufgehoben. Die Seele ist sodann weitgehend befreit von ihrer Unreinheit. Sie wird wieder das reine Wesen in Gott, welches das Absolute Gesetz lebt, da es wieder dem absoluten, allwaltenden Gesetz der Liebe und des Lebens zustrebt.

Das Gesetz von Saat und Ernte hat so lange Gültigkeit, bis alles Gegensätzliche abgegolten und in positive Energie umgewandelt ist und jedes Wesen wieder in Gott lebt, aus dem es hervorging. In dem Maße, wie alle Wesen aus Gott wieder eingegangen sind in das Herz Gottes, in das Absolute Gesetz, werden sich alle Reinigungsebenen – alle teilmateriellen und materiellen Ebenen, einschließlich der Erde – in kosmische Energie umwandeln und wieder im Absoluten Gesetz schwingen. Dann ist das Fallgesetz aufgehoben, und Gottes Liebe ist bewußt und allwaltend in allem Sein, in jedem Wesen.

Es wird kein „Tüpfelchen" vom ewigen Gesetz hinweggenommen, das die wahren Propheten vor und nach Mir gebracht haben, das Ich als Jesus von Nazareth vorlebte.

Wenn es heißt: „nicht der kleinste Buchstabe", so ist damit der einzelne Aspekt der ewigen Wahrheit gemeint, nicht der Buchstabe und das Wort der Menschen als solches. Menschliche Worte sind oft nur Symbole, die das Innerste verbergen. Erst wenn der Mensch in die Symbolsprache hineinzuspüren vermag, erkennt er die Wahrheit und den Sinn des Lebens, der tief in den menschlichen Worten verborgen liegt.

„Das höhere Gesetz" ist der Schritt in das vollkommene Gesetz. Dieses wird den weitgehend reinen Wesen, die von der Erde und den Seelenreichen her kommen, in den Vorbereitungsebenen gelehrt, die sich vor dem Himmelstor befinden. Das höhere Gesetz ist die letzte Lehrstufe vor dem Himmelstor. Es zeigt den weitgehend reinen Wesen, wie die gesetzmäßige Strahlung im Geistleibe wieder aktiviert wird, damit sie in der Unendlichkeit angewendet werden kann.

Als Jesus von Nazareth habe Ich Teile aus dem vollkommenen Gesetz, dem Absoluten Gesetz, gelehrt. Die ganze Wahrheit mußte den damaligen Menschen noch verborgen bleiben, weil sie noch zu sehr am Götterglauben hingen und an den verschiedenen Glaubensrichtungen der damaligen Zeit orientiert waren. Deshalb sprach Ich sinngemäß: Wenn die Zeit gekommen ist, werde Ich, der Geist der Wahrheit, euch in alle Wahrheit führen.

Auf dem Berge Golgatha – das heißt: Schädelstätte – wurde Ich von den Römern gekreuzigt, weil das jüdische Volk Mich nicht als den Messias an- und aufgenommen hat. Obwohl Ich im Jordantal landauf und landab predigte, lehrte, heilte und viele Zeichen Meiner Gottheit gab, blieb das halsstarrige jüdische Volk den Templern hörig und wurde deshalb mitschuldig am Tode des Jesus von Nazareth.

Mit den sinngemäßen Worten „Es ist vollbracht" gingen in alle belasteten und gefallenen Seelen die Erlöserfunken ein. Dadurch wurde und Bin Ich der Erlöser aller Menschen und Seelen.

Als Christus Gottes wirkte und wirke Ich weiter. In allen Generationen bis zur heutigen Zeit [1989] offenbarte und offenbare Ich Mich durch wahre Gottesinstrumente, durch Menschen mit weitgehend gereinigten Seelen.

In dieser machtvollen Zeitenwende, in der die Lichtzeit den Menschen immer näher kommt, lehre Ich das ewige Gesetz in allen seinen Facetten, und immer mehr Menschen gehen den Pfad nach Innen zur Liebe Gottes.

Nun ist die Zeit gekommen, die Ich als Jesus von Nazareth ankündigte: „Heute könnt ihr es noch nicht tragen, also erfassen, doch wenn der Geist der Wahrheit kommt, wird Er euch in alle Wahrheit führen.“ Nun Bin Ich im Geiste unter den Meinen, den treuen Wanderern zum ewigen Sein, zum Bewußtsein Meines Vaters, und lehre sie das absolute, ewige Gesetz, auf daß auch diejenigen, die im Friedensreiche leben werden, es erfüllen und somit in Mir leben und Ich durch sie.

Meine Worte sind Leben, sind das ewige Gesetz. Sie bleiben in den Wanderern zum ewigen Leben erhalten und auch in vielen schriftlichen Aufzeichnungen – so auch mit diesem Buch für das Friedensreich Jesu Christi.

Erkennet: Allein das ewige Gesetz der Liebe macht den Menschen frei – nicht das Gesetz von Saat und Ernte. Dieses bringt ihm nur Leid, Krankheit, Not und Siechtum.

9. *Wer nun eines von diesen Geboten, die Er geben wird, bricht und lehret die Leute ebenso zu tun, der wird der Geringste heißen im Himmelreich. Wer sie jedoch hält und lehrt, derselbe wird groß genannt werden im Himmelreich. (Kap. 25, 9)*

Ich, Christus, erkläre, berichtige
und vertiefe das Wort:

Die Zehn Gebote, die Gott durch Moses Seinen Menschenkindern gab, sind Auszüge aus dem ewigen Gesetz des Lebens und der Liebe. Wer gegen diese Gebote verstößt, sie seine Mitmenschen nur lehrt, jedoch selbst nicht hält, der ist ein falscher Lehrer. Er sündigt wider den Heiligen Geist. Das ist die größte Sünde. Dieser Falschmünzer gebraucht Gottes Liebe, das Gesetz des Lebens, zum Selbstzweck. Dadurch mißbraucht er das ewige Gesetz. Jeder Mißbrauch ist Raub; und jeder Räuber ist ein Gejagter und Gehetzter, der von seinen eigenen Taten, von seinen eigenen Ursachen, früher oder später eingeholt und überführt wird. Denn Gott ist ein gerechter Gott; durch Ihn wird alles offenbar, sowohl das Gute als auch das weniger Gute und das Böse.

Wer jedoch das Gesetz der Liebe und des Lebens hält, das heißt im täglichen Leben erfüllt, und die Menschen das lehrt, was er selbst verwirklicht hat, der ist ein wahrer Geistiger Lehrer. Er reicht den Menschen das Brot der Himmel und wird damit viele sättigen. Wer aus der eigenen Erfüllung gibt, der ist von göttlicher Weisheit und Kraft erfüllt und wird dann, wenn die Zeit gekommen ist, wie ein Stern am Himmel leuchten. Denn der gotterfüllte Mensch schöpft aus dem Strom des Heils und gibt selbstlos denen, die nach der Gerechtigkeit hungern und dürsten.

Erkennet: Durch solche gerechten Männer und Frauen kommt das ewige Gesetz der Liebe und des Lebens in diese Welt. Wer also das ewige Gesetz hält und lehrt, der wird groß genannt werden im Himmelreich; das heißt: Er wird im Himmel reichen Lohn ernten.

10. Wahrlich, die glauben und gehorchen, werden ihre Seelen retten, und die nicht gehorchen, werden sie verlie-

ren. Denn Ich sage euch: Ist eure Gerechtigkeit nicht größer als die der Schriftgelehrten und Pharisäer, so werdet ihr nicht in das Himmelreich kommen. (Kap. 25, 10)

Ich, Christus, erkläre, berichtige
und vertiefe das Wort:

Die Aussage: „... die glauben und gehorchen, werden ihre Seelen retten, und die nicht gehorchen, werden sie verlieren" bedeutet: Wer glaubt und die Gesetze Gottes befolgt, der wird seine Seele von dem Rad der Wiedergeburt erretten, das ihn so lange in das Fleisch zieht, bis er alles gesühnt hat, was ihn immer wieder in die Einverleibungen gezogen hat.

Erkennet: Allein der Glaube an das Gesetz des Lebens genügt nicht. Nur der Glaube an das Leben und die Verwirklichung der Gesetze des Lebens führen Mensch und Seele heraus aus dem Rad der Wiedergeburt.

Wer die Gesetze Gottes nicht hält, der verrät Gott und verkauft seine Seele an die Finsternis. Dadurch deckt er das Licht seiner Seele, sein wahres Leben, ab. Dieser Mensch lebt sodann in der Sünde und die Seele im Schlaf dieser Welt. Das Gesetz der Einverleibung, das Rad der Wiedergeburt, das die Seele zur Einverleibung zieht, wird noch eine geraume Zeit wirksam sein, damit die einverleibte Seele erkennt, daß sie nicht von dieser Welt ist, sondern im Erdenkleid, um das abzulegen, was menschlich ist – und aufzudecken, was göttlich ist: ihr wahres, ewiges Leben.

Nicht alle, welche die Schriftzeichen kennen, deuten diese nur dem Buchstaben nach – sondern dem Sinne nach. Deshalb soll es heißen: Ist eure Gerechtigkeit nicht größer als die vieler Schriftgelehrten – die vorgeben, gerecht zu sein, und Mein Gesetz lehren, es jedoch selbst nicht halten –, so werdet ihr nicht in das Himmelreich eingehen.

Deshalb bindet euch nicht an Meinungen und Anschauungen der Menschen. Verwirklicht, was ihr aus dem Gesetze des Lebens erkannt habt; dann erkennt ihr die weiteren Schritte zu den höheren Gesetzmäßigkeiten.

Erkennet: Die Gerechtigkeit Gottes ist Gottes Liebe und Weisheit. Wer sie in sich nicht zur Entfaltung bringt, der strahlt sie auch nicht aus, schaut auch nicht in die Tiefen des ewigen Seins und ergründet auch nicht sein wahres Leben. Sein irdisches Leben ist ein Vegetieren. Er vegetiert am wahren Leben vorbei. Sowohl im Diesseits als auch im Jenseits ist er der geistig Tote. Er hat weder in diesem irdischen Dasein noch im jenseitigen Leben die richtige Orientierung, weil er nicht nach den Gesetzen des Lebens gelebt hat. Er ist nicht weise, sondern gibt nur sein gespeichertes Wissen weiter. Dadurch wird er zum Anhänger der Sünde und zuletzt ein Sünder. Er handelt wider das ewige Gesetz und fällt dadurch immer tiefer in das Gesetz von Saat und Ernte.

11. Darum, wenn du deine Gabe auf dem Altare opferst und wirst eingedenk, daß dein Bruder etwas gegen dich hat, so laß deine Gabe vor dem Altare und gehe zuvor hin, versöhne dich mit deinem Bruder, und alsdann komme und opfere deine Gabe. (Kap. 25, 11)

Ich, Christus, erkläre, berichtige
und vertiefe das Wort:

„. . . wenn du deine Gabe auf dem Altare opferst und wirst eingedenk, daß dein Bruder etwas gegen dich hat, so laß deine Gabe vor dem Altare und gehe zuvor hin, versöhne dich mit deinem Bruder, und alsdann komme und opfere deine Gabe" bedeutet: Wenn du Mir, dem Christus, dein Leben weihen und Mir deine Fehler und Sünden übergeben möchtest und du erkennst, daß du dich mit deinem Nächsten noch nicht versöhnt hast, so lasse die Sünde zunächst vor dem inneren Altar liegen. Gehe zu deinem Nächsten und versöhne dich mit ihm – und dann, wenn du Gleiches oder Ähnliches, das zur Sünde geführt hat, nicht mehr tun willst, dann lege deine Sünde auf den Altar. Der Altar befindet sich im Innersten deines Tempels aus Fleisch und Bein. Der Geist der Liebe und des Lebens wandelt sodann die Sünde in Kraft und Leben um. Denn was du frei, ohne Zwang, bereitwillig Mir übergibst und also Gleiches oder Ähnliches nicht mehr tust, von dem wirst du Befreiung erlangen. Deine Seele empfängt sodann vermehrt das Licht aus Mir.

Beachtet folgende Gesetzmäßigkeit: Wenn ihr gegen euren Nächsten ausschließlich in Gedanken gesündigt habt durch lieblose, neidische, rachsüchtige, eifersüchtige oder haßerfüllte Gedanken, dann gehet nicht auf ihn zu, um mit ihm darüber zu sprechen. Wisset, euer Nächster kennt nicht eure Gedankenwelt. So ihr sie im Wort offenbar werden laßt, denkt er darüber nach. Kommt allein zu Mir, dem Christus, der Ich in eurem Inneren Bin, und bereut eure Gedanken und sendet gleichzeitig der Seele eures Nächsten positive, selbstlose Gedanken, Gedanken der Bitte um Vergebung und Gedanken innerer Verbundenheit. Dann löse Ich, was in Gedanken verursacht wurde. Und so ihr dann Gleiches oder Ähnliches nicht mehr denkt, so ist euch schon vergeben.

Erkennet: Wenn ihr zu eurem Nächsten von euren menschlichen Gedanken sprecht, könnt ihr unter Umständen in ihm Menschliches anrühren, das gerade in der Umwandlung begriffen ist. Es könnte dann in eurem Nächsten wieder aufbrechen. Er beginnt sodann, wieder negativ zu denken und zu sprechen, und belastet sich aufs neue.

Das Gesetz lautet: Nicht nur der belastet sich, der durch euer falsches Verhalten wieder zum Nachdenken angeregt wurde, sondern auch ihr belastet euch, die ihr eure Gedanken ausgesprochen und dadurch in eurem Nächsten Menschliches angeregt habt, das im Umwandlungsprozeß stand.

Wenn jedoch von eurem Munde Ungesetzmäßiges ausgeht, indem ihr euren Nächsten beschuldigt, beschimpft und ihm Übles nachsagt – auch dann, wenn er es über Zweite oder Dritte hört –, so geht hin und bittet ihn um Vergebung. Hat er euch vergeben, so hat euch auch der ewige himmlische Vater in Mir, dem Christus, vergeben. Hat er euch jedoch nicht vergeben, so wird euch auch euer himmlischer Vater in Mir, dem Christus, nicht vergeben können. Die Liebe des Vater-Mutter-Gottes jedoch wird das noch starre Herz mehr und mehr berühren, auf daß sich der Mensch rascher besinnt und euch vergibt, so daß euch auch Gott in Mir, dem Christus, vergeben kann und dann alles getilgt und umgewandelt ist, was einst gegensätzlich war.

Hütet euch vor eurer eigenen Zunge! Denn was von eurem Munde an Ungesetzmäßigem ausgeht, kann eurem Nächsten und euch selbst einen weit größeren Schaden zufügen als eure Gedanken, die ihr rechtzeitig, bevor sie zur Wirkung kommen, erkannt und Mir, dem Christus in euch, übergeben habt.

Erkennet eine weitere Gesetzmäßigkeit: Gedanken seht und hört ihr nicht – und doch sind sie da. Sie schwingen in die Atmosphäre, und wer Gleiches oder Ähnliches denkt, den können sie beeinflussen. So ihr sie rechtzeitig Mir übergebt, sind sie aufgehoben – es sei denn, die Seele eures Nächsten hat sie schon in sich registriert. Dann werdet ihr so geführt, daß ihr diesem Menschen, über den ihr negativ gedacht habt, Gutes tun könnt. Und so ihr selbstlos Gutes tut, ohne eure ehemaligen Gedanken auszusprechen, dann wird in der Seele dessen, über den ihr gegensätzlich gedacht habt, das gelöscht, was er schon in seine Seele aufgenommen hatte. Dann ist auch in euch gelöscht, was eure Seele ausgestrahlt hat.

12. Werde schnellstens einig mit deinem Widersacher, solange du noch mit ihm auf dem Wege bist, auf daß dich dein Widersacher nicht einst dem Richter überantwortet, und der Richter überantwortet dich dem Schergen, und du wirst nicht früher herauskommen, bis du nicht den letzten Pfennig bezahlt hast.

13. Ihr habt gehört, daß gesagt ist: Du sollst deinen Nächsten lieben und deinen Feind hassen. Ich aber sage euch, die ihr hört: Liebet eure Feinde, tut Gutes denen, die euch hassen. (Kap. 25, 12-13)

Ich, Christus, erkläre, berichtige
und vertiefe das Wort:

„Werde schnellstens einig mit deinem Widersacher, solange du noch mit ihm auf dem Wege bist“ heißt: Laß die Sünde, die du an deinem Nächsten begangen hast, nicht anstehen! Bereinige sie so rasch wie möglich, denn noch ist er mit dir auf dem Lebensweg im Erdendasein. Ist seine Seele von der Erde gegangen, dann mußt du unter Umständen warten, bis wieder eine Begegnung stattfinden kann und du ihn um Vergebung bitten kannst.

Erkennet: Der Richter ist das Gesetz von Saat und Ernte. Wird dieses wirksam, dann wird der Mensch so lange nicht herauskommen, bis er „den letzten Pfennig“ bezahlt hat – bis also alles gesühnt ist, was er verursacht und nicht rechtzeitig bereut hat.

Nutzt deshalb die Chance, euren Nächsten um Vergebung zu bitten und ihm zu vergeben, solange ihr mit ihm noch auf dem Weg über die Erde wandert und die Sünde sich noch nicht in die Seele eingegraben hat und zur Ursache geworden ist. Wer nicht vergibt und nicht um Vergebung bittet, der hat die Wirkung zu tragen, bis er „den letzten Pfennig bezahlt“ hat.

Werdet also so rasch wie möglich eins mit eurem Nächsten. Haben die Ursachen – z. B. Streit, Mißgunst oder Neid – bereits in eurer Seele Wurzeln gefaßt und ist dies auch in eurem Nächsten geschehen, gegen den ihr seid, dann ist es möglich, daß euer Nächster euch nicht so rasch vergibt – auch dann nicht, wenn ihr eure Sünde erkannt und bereut habt. Denn in seiner Seele kann sich der Schuldkomplex verfestigt haben durch die gleiche oder ähnliche Denkweise, die ihr in ihm ausgelöst habt. Durch euer sündhaftes Verhalten, das ihr über längere Zeit genährt habt, hat auch er den Groll gegen euch in seiner Seele gefördert – und hat so, wie auch ihr, ein umfangreiches gegensätzliches Energiefeld geschaffen, einen Schuldkomplex, der nun von euch beiden bearbeitet werden muß. Die Bereinigung kann noch in diesem Erdendasein auf euch zukommen oder erst in den Seelenreichen oder in weiteren Inkarnationen.

Erkennet: Bevor ein Schicksal über den Menschen hereinbricht, wird er vom Geiste des Lebens, der auch das Leben der Seele ist, und auch vom Schutzgeist oder durch Menschen ermahnt. Die Ermahnungen aus dem Geiste sind feinste Empfindungen, die aus der Seele strömen oder die der Schutzgeist in die Empfindungs- oder Gedankenwelt des Menschen einfließen läßt. Sie ermahnen den Menschen, umzudenken oder zu bereinigen, was er verursacht hat. Der ewige Geist des Lebens und der Schutzgeist können auch Menschen anregen, auf denjenigen zuzugehen, der kurz vor einem Schicksalsschlag steht. Sie kommen sodann auf den Betroffenen zu und beginnen ein Gespräch, das sich wie von selbst auf die Angelegenheit bezieht. Daraus könnte dann die Ursache für das sich anbahnende Schicksal erkannt und bereinigt werden.

Ihr erkennt also, daß das ewige Licht auf mannigfache Art und Weise Ermahnungen und Hinweise gibt – sowohl dem Nächsten, mit dem ihr Ursachen geschaffen habt, als auch euch selbst.

Auch durch Impulse über Tagesereignisse wird der Mensch rechtzeitig ermahnt, bevor das von ihm Verursachte als Schicksal über ihn hereinbricht.

Wer solche Hinweise ernst nimmt und das, was er an Sünde erkannt hat, durch Reue, Vergeben, die Bitte um Vergebung und Wiedergutmachen bereinigt, der muß nicht das von ihm Verursachte tragen. Ist die Sünde groß, dann ist es möglich, daß er davon einen Teil zu tragen hat, jedoch nicht das Ganze, das aus der Seele herausbrechen wollte. Wer jedoch alle Ermahnungen übersieht und überhört, weil er sich mit menschlichen Dingen betäubt, der wird seine selbstgeschaffenen Ursachen zu tragen haben, bis „der letzte Pfennig bezahlt" ist.

Das Gebot des Lebens lautet: „Liebet eure Feinde, tut Gutes denen, die euch hassen."

Jeder Mensch sollte in jedem Mitmenschen seinen Nächsten, seinen Bruder und seine Schwester, sehen. Auch in den scheinbaren Feinden sollt ihr eure Nächsten erkennen und euch bemühen, sie selbstlos zu lieben.

Der scheinbare Feind kann dir sogar ein guter Spiegel zur Selbsterkenntnis sein, dann, wenn du dich wegen der Feindseligkeit – die viele Gesichter haben kann – erregst; denn wenn euch etwas an eurem Nächsten erregt, liegt Gleiches oder Ähnliches in euch selber vor.

Kannst du jedoch deinem Nächsten, der dich beschuldigt und angeklagt hat, ohne größere Erregung vergeben, dann liegt bei dir keine Entsprechung vor; du hast also nicht Gleiches oder Ähnliches in dir und deshalb hierfür keine Resonanz in deiner Seele. Es ist möglich, daß du das, wessen du beschuldigt wurdest, schon in Vorleben bereinigt oder gesühnt hast – oder auch noch nie in deiner Seele aufgebaut hast. Es lag dann nur in der Seele dessen, der gegen dich gedacht, gesprochen und dich beschuldigt hat. Wenn also in dir keine Erregung anklingt, kein Echo aus deiner Seele kommt, dann warst du für ihn der Spiegel. Ob er in diesen Spiegel für sein menschliches Ich schaut oder nicht – das überlasse Gott und ihm, Seinem Kind.

Erkenne: Allein schon durch deinen Anblick regte sich sein Gewissen und spiegelte ihm zu, daß er einst über dich z.B. gegensätzlich gedacht und gesprochen hat. Nun hat er die Möglichkeit, das zu bereinigen. Tut er dies, indem er bereut und fortan nicht mehr Gleiches oder Ähnliches denkt oder tut, dann ist es in seiner Seele behoben, also umgewandelt. Dann erst wird er dich mit den Augen des inneren Lichtes sehen.

Ein Zeichen dafür, daß sich in einer Seele Gegensätzliches zum Positiven gewandelt hat, ist das Wohlwollen und Verständnis dem Nächsten gegenüber.

14. Segnet, die euch fluchen, und betet für die, die euch aus Bosheit mißbrauchen. Auf daß ihr Kinder seid eures Vaters, der im Himmel ist, und der die Sonne aufgehen läßt über dem Bösen und über dem Guten und Regen sendet über den Gerechten und den Ungerechten.
(Kap. 25, 14)

Ich, Christus, erkläre, berichtige
und vertiefe das Wort:

Wer diese Gebote hält, der ist gegenüber seinen Mitmenschen gerecht und wird durch sein Leben in Gott viele Menschen zum Leben in Gott führen. Gott straft und züchtigt Seine Kinder nicht. Das sagen schon die Worte: „... der die Sonne aufgehen läßt über dem Bösen und über dem Guten und Regen sendet über den Gerechten und den Ungerechten."

Gott ist der Geber des Lebens, weil Er selbst das Leben ist. Aus dem ewigen Gesetze des Lebens gab Gott den Menschen den freien Willen zur freien Entscheidung für oder gegen Ihn. Wer für Ihn ist, der hält die ewigen Gesetze der Liebe und des Lebens und wird auch vom ewigen Gesetz die Gaben der Liebe und des Lebens empfangen. Wer gegen das ewige Gesetz empfindet, denkt und handelt, der empfängt das, was er gesät, also empfunden, gedacht, gesprochen und getan hat.

Jeder empfängt also, was er selbst gesät hat. Wer gute Saat sät, also Gottes Gesetze erfüllt, wird auch gute Früchte ernten. Wer menschliche Saat sät, die er als menschliche Empfindungen, Gedanken, Worte und Taten in den Acker seiner Seele einbringt, der wird auch entsprechende Früchte ernten.

Daraus erkennt ihr, daß Gott nicht in den Willen des Menschen eingreift. Er ist Geber, Helfer, Mahner, Führer und Beschützer jener, die sich bemühen, Seinen Willen zu tun, weil sie sich Ihm zuwenden. Wer sich von Ihm abwendet, indem er sein eigenes, menschliches Gesetz schafft, der wird auch von seinem eigenen, menschlichen „Ichheitsgesetz“ gesteuert werden.

Gott greift also nicht in das Gesetz von Saat und Ernte ein. Gott kommt Seinen Kindern auf mannigfache Art und Weise entgegen, und die, die Ihn von Herzen bitten und erfüllen, was Ich, Christus in Gott, Meinem Vater, ihnen geboten habe – einander selbstlos zu lieben –, die sind in Gott, und Gott wirkt durch sie.

15. *Denn so ihr die liebet, die euch lieben, was für Lohn werdet ihr haben? Denn auch die Sünder lieben, die sie lieben. Und wenn ihr Gutes tut denen, die euch Gutes tun, was für Lohn werdet ihr haben? Denn auch Sünder tun dasselbe. Und so ihr nur eure Brüder grüßet, was tut ihr mehr denn die anderen? Tun so nicht auch die Zöllner? (Kap. 25, 15)*

Ich, Christus, erkläre, berichtige
und vertiefe das Wort:

Nimm also deinen Nächsten in deinem Herzen an und auf, auch dann, wenn er dich nicht liebt, auch dann, wenn er dir nicht beisteht und dich mißachtet, indem er dir den Gruß verwehrt. Liebe du ihn! Stehe du ihm selbstlos bei, und grüße du ihn – und sei es nur in Gedanken, wenn er mit Worten nicht gegrüßt werden möchte. Auch ein Herzensgruß, der in Gedanken gegeben wird, geht in seine Seele ein und bringt zur rechten Zeit gute Früchte.

Achtet also darauf, daß ihr euch wie die Sonne verhaltet, die gibt – ob der Mensch sie sehen oder nicht sehen möchte, ob er sich Regen oder Sturm wünscht, ob er nach Kälte oder nach Wärme verlangt.

Gebt die selbstlose Liebe, wie die Sonne der Erde gibt, und achtet alle Menschen, alles Sein. Dann werdet ihr den Lohn im Himmel empfangen.

Redet nicht den Menschen nach dem Munde. Macht keine Unterschiede wie die Menschen, die sich nur zu jenen gesellen und nur mit denen sind, die ihr Denken und Tun teilen und die Andersdenkende und Andershandelnde verurteilen.

16. Und wenn du etwas wie dein Leben begehrst, aber es führet dich von der Wahrheit ab, lasse ab davon, denn es ist besser, in das Leben einzugehen und die Wahrheit zu besitzen, als es zu verlieren und in die äußere Finsternis gestoßen zu werden. (Kap. 25, 16)

Ich, Christus, erkläre, berichtige
und vertiefe das Wort:

Was der Mensch für sich persönlich begehrt, ist auf den Menschen, auf sein niederes Ich, bezogen. Alles dies ist Bindung. Bindung heißt gebunden sein an Menschen und Dinge. Wer sich an Menschen und Dinge bindet, wer also an etwas gebunden ist, der verringert den Fluß der kosmischen Energien.

Wenn du einen Menschen allein deiner Vorteile wegen an dich bindest, dann verfolgst du mit deinem Eigenwillen Interessen, die dich vom Leben in Mir, dem Christus, abbringen. Damit verläßt du das unpersönliche, selbstlose Leben, verstrickst dich in Besitzen-, Sein- und Habenwollen und verarmst in deinem Inneren an geistigem Leben. Wenn du nicht rechtzeitig vom Besitzen-, Sein- und Habenwollen abläßt, wirst du einst alles verlieren.

Wenn du dich in den Wirkungen – etwa durch den Verlust deines Hab und Gutes oder in der Krankheit oder in der Not und im Leid – nicht selbst erkennst und dann auch nicht bereust und wiedergutmachst, wirst du als Seele und als Mensch in der Finsternis wandeln, weil du nur auf dich, auf dein persönliches Wohl, bedacht warst.

Deshalb erkenne dich jeden Tag aufs neue, und verwirkliche täglich die Gesetze Gottes, und lasse davon ab, etwas für dein persönliches Ich zu begehren. Bleibe wahrhaftig – und so dem Gesetze Gottes treu. Dann wirst du in das Leben, das dein wahres Sein ist, eingehen – und du wirst reich sein in dir, weil du in dir den Himmel erschlossen hast.

Wer kein Gefäß der Wahrheit ist, in den kann auch die Wahrheit, die unpersönlich ist, nicht einfließen. Ein solcher Mensch ist nur auf sich selbst bezogen und sammelt nur für sich selbst. Dieses Verhalten führt dazu, daß er sich von Gottes ewig fließender Kraft abwendet und ein „Tümpelleben" führt: In den Tümpel fließt nur Gegensätzliches ein und wenig ab. Das bedeutet, daß er das am eigenen Leib spüren wird, was er in seinem Tümpel angesammelt hat.

Die ewige Wahrheit fließt hingegen in dem Menschen und durch den Menschen, der ein Gefäß der Wahrheit ist. Er empfängt von Gott und gibt aus Gott und wird somit zum Quell des Lebens für viele. Die kosmische Lebensenergie, der Quell allen Seins, fließt durch alle Seinsformen und durch jene Menschen und Seelen, die sich Gott zugewandt haben, also zum Gefäß Gottes geworden sind.

Erkennet: Die ewig strömende Kraft fließt nur durch den Menschen und die Seele, die nicht für eigensüchtige Zwecke sammeln, sondern selbstlos geben. Nur durch den selbstlos Gebenden fließt unaufhörlich der Strom Gottes! Kann Gott durch den Menschen ungehindert hindurchströmen, dann lebt der Mensch in der Wahrheit, in Gott, in dem Leben, das ewig währt. Nur solche Menschen geben aus Mir, dem Leben, weil sie in Mir, dem Leben und der Wahrheit, stehen.

17. Und wenn du etwas begehrst, das anderen Pein und Kummer bereitet, reiß' es aus deinem Herzen. Nur so wirst du Frieden erlangen. Denn es ist besser, Kummer zu erleiden, als jenen Kummer zu bereiten, die schwächer sind als ihr.

18. Seid also vollkommen, wie euer Vater im Himmel vollkommen ist." (Kap. 25, 17-18)

Ich, Christus, erkläre, berichtige
und vertiefe das Wort:

Alles, was an Ungöttlichem von dir ausgeht – wie gegensätzliche Gedanken, Worte und Taten –, kann nicht nur deinem Nächsten Pein und Kummer bereiten, sondern auch dir selbst. Denn was der Mensch sät, das wird er ernten.

Die Ernte entspricht der Saat. Sie wird immer von dem geerntet, der gesät hat – nicht von seinem Nächsten. Dein Nächster hat nicht deine Saat gesät und wird auch nicht deine Ernte ernten.

Deine Samen können jedoch Flugsamen sein – wie die Samen verschiedener Blumenarten, die vom Wind nach der Blütezeit fortgetragen werden und dort Wurzeln fassen, wo sie sich festhalten können. So können auch deine Gedanken, Worte und Taten wie Flugsamen in den Seelenacker deines Nächsten fallen und aufgehen, wenn sie dort gleiche oder ähnliche Bedingungen vorfinden.

Gleiches oder Ähnliches wie in dir liegt in ihm zugrunde, wenn er sich über deine Worte und Handlungen erregt und ärgert, du ihm damit Kummer bereitest und er, angeregt von deinem Flugsamen, Gleiches oder Ähnliches denkt, spricht und tut. Du jedoch hast es ausgelöst und kannst im Gesetz von Saat und Ernte zur Rechenschaft gezogen werden. Dir ist geboten, deinen Nächsten selbstlos zu lieben und ihm zu dienen und zu helfen – und nicht, durch dein Verhalten ihm Pein und Kummer zu bereiten.

Wenn sich dann dein Nächster durch dein ungesetzmäßiges Verhalten belastet, weil du in seinen Seelenakker eingedrungen bist und Ursachen zum Schwingen gebracht hast, unter denen er später schwer zu leiden und zu tragen hat, so bist du an ihn gebunden. Und so er auf dein Verhalten hin ebenfalls ungesetzmäßig reagiert, ist er wiederum an dich gebunden. In dieser oder in einer anderen Daseinsform werdet ihr dies miteinander zu bereinigen haben.

Erkennet: Ein kleiner, unscheinbarer Flugsame menschlichen Ichs kann eine große Ursache schaffen, die ihre Wirkung schon in sich trägt.

Erkennet also: Jede Ursache muß behoben werden!

Ein weiteres Beispiel: Wenn du deine negativen Gedanken, Worte und Taten gleich Flugsamen aussendest und dein Nächster hört, was du über ihn sprichst, er jedoch keine Notiz davon nimmt, weil er im Acker seiner Seele hierfür keine Entsprechungen hat, dann wirst nur du dich belasten, und du bist an ihn gebunden – nicht er an dich. Dein Nächster kann in den Himmel eingehen, weil er deine negativen Samen nicht an- und aufgenommen hat, da er nicht Gleiches oder Ähnliches dachte und sprach wie du. Hast du jedoch in deinem Nächsten durch dein Fehlverhalten Ursachen angestoßen, die in ihm nicht hätten zur Wirkung kommen müssen, da er sie in späterer Zeit ohne Pein und Kummer hätte bereinigen können, so trägst du die größere Schuld und mußt den Teil tragen, den du an deinem Nächsten verursacht hast.

Mußt du also Pein und Kummer erdulden, dann gib nicht deinem Nächsten die Schuld an deinem Zustand. Du selbst bist der Urheber – und nicht dein Nächster. Deine Pein und dein Kummer sind das Saatgut in deiner Seele, das aufgegangen ist – und sich auch in oder an deinem Leib als Ernte zeigt.

Allein Ich, Christus, dein Erlöser, kann dich davon frei machen – und nur dann, wenn du bereust und Gleiches oder Ähnliches nicht mehr tust. Dann ist die Last von deiner Seele genommen, und es wird dir besser ergehen.

Erkennet: Wer seine Pein und seinen Kummer als seine eigene Saat erkennt und sein Leid annimmt, der zeigt wahre innere Größe. Dies ist ein Zeichen geistigen Wachstums; das geistige Wachstum führt allmählich in die Vollkommenheit.

Das reine Wesen ist vollkommen; es ist das Ebenbild des Vater-Mutter-Gottes. Es lebt in Gott, und Gott lebt durch das reine Wesen.

Selig, die reinen Herzens sind, denn sie werden Gott schauen – weil sie wieder Ebenbilder des himmlischen Vaters geworden sind. Aus einem reinen, gottergebenen Herzen entströmen Sanftmut und Demut.

Ich, Christus, der Menschheit Erlöser, führe das immer größer werdende Gottesvolk auf Erden zur inneren Reinheit. Das Gottesvolk besteht [1989] aus Männern und Frauen, die zielbewußt den Weg der Liebe nach innen gehen und so Mir, Christus, dem einzigen Hirten, nachfolgen. Nicht mehr alle von ihnen werden sich in den nächsten Generationen wieder einverleiben, sondern viele werden im Geiste der Liebe leben und im Geiste wirken für das große Ganze und für das Friedensreich Jesu Christi.

O erkennet, die ihr im Friedensreiche lebt: Viele von euch waren als Menschen schon in der Pionierzeit mit dabei. Und so mancher von euch hat als Pionier mit den Pionieren die Einheit in Gott gewahrt und ging mit ihnen gemeinsam den Weg nach Innen. Dabei habt ihr viel

Menschliches abgelegt, wodurch eure Seelen immer mehr vom Lichte der Wahrheit durchdrungen wurden. Bei der Entkörperung nahmen dann eure Seelen dieses Licht der Wahrheit mit in die höheren Lichtebenen. Von dort seid ihr dann wiedergekommen mit dem Lichte der Wahrheit, um im Erdenkleid im Friedensreiche Jesu Christi zu leben und zu wirken.

Das Licht der Wahrheit strahlt nun wieder durch eure neuen irdischen Körper. Nun erfüllt ihr in diesem Erdendasein das, was ihr in den Vorexistenzen erworben habt: Licht aus Meinem Licht und Kraft aus Meiner Kraft – das Gesetz des Lebens. Erfüllt vom Geiste Gottes, wirkt nun die Seele durch ihr neues Erdenkleid im Friedensreiche Jesu Christi, in dem Ich der Herrscher und das Leben Bin.

26. KAPITEL

Bergpredigt (2. Teil)

Die ersten Schritte auf dem Inneren Weg, ein Evolutionsprozeß in die Selbstlosigkeit (2). Gebet als Selbstdarstellung oder beseeltes Gebet (4). Wahre Weise ruhen in sich und diskutieren nicht (5). Über das Vaterunser (6). Vergeben und Um-Vergebung-Bitten; Gerechtigkeit und Gnade Gottes (7-9). Der irdische Tod – Das Bewußtsein der Seele danach – Die Trauernden – Erneute Einverleibung – Bindungen zwischen Menschen und Seelen – Richtige Einstellung (10-11). Schätze sammeln – Ende der Einverleibungen in der Neuen Zeit (12-14). Sorgen um sich selbst, Planen im Vertrauen auf Gott – Rechtes Beten und Arbeiten – Alles Sein ist in Gottes Obhut (15-18)

1. „Habt acht, daß ihr eure Almosen nicht vor den Leuten gebt, um von ihnen gesehen zu werden. Ihr habt sonst keinen Lohn bei eurem Vater im Himmel. Wenn du Almosen gibst, sollst du es nicht ausposaunen, wie es die Heuchler tun in den Synagogen und auf den Straßen, auf daß sie von den Leuten gepriesen werden. Wahrlich, Ich sage euch, sie haben bereits ihren Lohn.

2. Wenn du aber Almosen gibst, so laß deine linke Hand nicht wissen, was deine rechte Hand tut, damit dein Almosen im Verborgenen bleibe; und der Eine, der ins Verborgene sieht, wird es dir öffentlich anerkennen. (Kap. 26, 1-2)

Ich, Christus, erkläre, berichtige
und vertiefe das Wort:

Die gelebte Bergpredigt ist der Innere Weg zum Herzen Gottes. Was der Mensch nicht selbstlos tut, das tut er für sich selbst. Die Selbstlosigkeit ist Gottesliebe. Der Eigennutz ist Menschenliebe. Wer seinem Nächsten nur dann Gutes tut, wenn dieser ihm dafür dankt und seine guten Taten rühmt, der hat es nicht für seinen Nächsten getan, sondern für sich selbst. Der Dank und das Lob sind sodann sein Lohn. Er ist damit schon entlohnt und wird von Gott keinen Lohn mehr empfangen. Nur die Selbstlosigkeit wird von Gott belohnt. Die Selbstlosigkeit wächst und reift nur in dem Menschen, der die ersten Schritte zum Königreich des Inneren getan, also verwirklicht hat.

Die ersten Schritte dahin sind die Kontrolle der Gedanken: Setze an die Stelle ichbezogener, negativer, grüblerischer oder leidenschaftlicher Gedanken positive, hilfreiche, freudige, edle Gedanken und Gedanken an das Gute im Menschen und in allem, was dir begegnet. Dann wirst du allmählich deine Sinne unter Kontrolle bekommen. Du wirst dann auch von deinem Nächsten nichts mehr begehren und nichts mehr von ihm erwarten. Du wirst im weiteren Verlauf des Inneren Weges nur noch Positives und Wesentliches reden. Dadurch bekommst du dein menschliches Ich unter Kontrolle, weil du in dir zu ruhen gelernt hast. Dann lichtet sich deine Seele immer mehr, und du findest in allem, was auf dich zukommt, das Gute, das du sodann auch in rechter Weise an- und auszusprechen vermagst. Hast du dies gelernt, dann wirst du auch das Gegensätzliche gesetzmäßig ansprechen. Auf diese Weise erwachen in dir Aufrichtigkeit und Ehrlichkeit, und du hältst dabei Gott in allem die Treue.

Dieser geistige Evolutionsprozeß zur Selbstlosigkeit ist der Innere Weg zum Herzen Gottes. Alles, was du aus Selbstlosigkeit tust, bringt dir mannigfache Früchte.

Wenn also deine Empfindungen ohne Erwartungen sind und deine Gedanken edel und gut, dann ist in deinen Worten und deinen Taten die Kraft aus Gott. Diese Kraft ist Meine Lebensenergie. Sie geht in die Seele deines Nächsten ein und bewirkt, daß dein Nächster ebenfalls selbstlos wird. Denn was von deiner lichten Seele ausgeht, das geht – früher oder später, je nachdem, wann sich der Nächste dafür öffnet – auch in die Seele und in das Gemüt deines Nächsten ein.

Wer selbstlos gibt, fragt nicht, ob der Nächste auch erfährt, was er gegeben hat. Der Selbstlose gibt! Er weiß, daß Gott, der ewige Vater, in das Herz aller Seiner Kinder schaut und daß der Ewige, dessen Geist in jedem Menschen wohnt, den Selbstlosen dann belohnt, wenn hierfür die Zeit gekommen ist. Das allein ist von Bedeutung.

Erkennet: Alle guten, also selbstlosen Werke werden rechtzeitig offenbar, auf daß es jene erkennen, die es sehen sollen, um ebenfalls selbstlos zu werden, indem auch sie das Leben in Mir annehmen und anstreben – und das tun, was Ich ihnen geboten habe: sich untereinander selbstlos zu lieben, wie Ich, der Christus, sie liebe.

3. *Und wenn du betest, sollst du nicht sein wie die Heuchler, die gerne beten in den Synagogen und an den Straßenecken, auf daß sie von den Leuten gesehen werden. Wahrlich, Ich sage euch, sie haben bereits ihren Lohn.*

4. *Wenn du aber betest, so gehe in deine Kammer, und wenn du die Türe geschlossen hast, bete zu deinem himmlischen Vater, der im Verborgenen ist; und der verborgene Eine, der ins Verborgene sieht, wird es dir öffentlich anerkennen. (Kap. 26, 3-4)*

Ich, Christus, erkläre, berichtige und vertiefe das Wort:

Wenn du betest, dann ziehe dich in eine stille Kammer zurück und versenke dich in dein Inneres, denn in dir wohnt des Vaters Geist, dessen Tempel du bist.

Wenn du nur betest, um gesehen zu werden, damit dich deine Nächsten für fromm und gläubig halten, so sage Ich dir: Das ist keine Frömmigkeit, sondern Frömmelei; es ist Heuchelei. Solche veräußerlichten Gebete sind ohne Kraft. Wer nur mit den Lippen betet oder um gesehen zu werden, der sündigt wider den Heiligen Geist, denn er mißbraucht heilige Worte zum Eigennutz.

Erkenne: Wenn du im Gebet Gott ansprichst und in deinem Leben nicht wahrmachst, worum du gebetet hast, wenn also deine Gebete nur eine Darstellung deines Ichs sind und nicht aus der Tiefe deiner Seele kommen und nicht von der Liebe zu Gott beseelt sind, dann sündigst du wider den Heiligen Geist. Das ist die größte Sünde.

Wenn deine Gebete nicht selbstlos aus dem Herzen strömen, dann wäre es besser, du würdest nicht beten und dir zuerst deine Gedanken und menschlichen Wünsche bewußt machen und sie allmählich Mir übergeben – auf daß die selbstlose Liebe, die in dir ist, in dir wächst und du von Herzen zu beten vermagst. Dann werden deine Gebete mehr und mehr beseelt und durchdrungen sein von der Liebe zu Gott und zu deinem Nächsten.

„... und der verborgene Eine, der ins Verborgene sieht, wird es dir öffentlich anerkennen" heißt: Deine Lichtgedanken und kraftvollen Gebete, die von der Liebe zu Gott beseelt sind, werden noch in dieser Welt Früchte tragen. Du darfst deine Saat der Liebe erkennen, und auch dich werden viele erkennen als einen Quell der Liebe.

5. *Und wenn ihr gemeinsam betet, gebraucht keine leeren Wiederholungen wie die Heiden, denn diese meinen, sie werden erhört, wenn sie viele Worte machen. Darum sollt ihr es ihnen nicht gleichtun; denn euer Vater im Himmel weiß, was ihr bedürfet, bevor ihr bittet ...*
(Kap. 26, 5)

Ich, Christus, erkläre, berichtige
und vertiefe das Wort:

Nur der Mensch, der aus dem Gesetz der Wahrheit wenig verwirklicht hat, gebraucht im Gebet und im täglichen Leben viele Worte und leere, unbeseelte Wiederholungen.

Wer vom Gesetz der Wahrheit und des Lebens viel spricht, also viele Worte darum macht, der kann sie nicht mit Kraft und Leben erfüllen, weil er selbst nicht vom Gesetz Gottes erfüllt ist. Solche Worte sind ichbezogene und deshalb lieblose Worte, auch wenn sie so gewählt sind, als seien sie von der Liebe getragen. Unbeseeltes Reden gelangt nicht in das Innerste der Seele deines Nächsten und hat dadurch auch kein Echo in dem Menschen, der Gottes Liebe in und durch sich walten läßt. Wer unbeseelt über das Gesetz der Wahrheit und des Lebens spricht, das er jedoch nicht verwirklicht, regt bei einem Menschen, der dies hört und der ebenfalls noch nach außen orientiert ist, nur zu Diskussionen an.

Erkennet: Wer über geistige Gesetzmäßigkeiten diskutiert, der kennt die Gesetze Gottes nicht. Jeder, der diskutieren will, ist überzeugt, daß er es besser weiß als sein Nächster, und will sich dies selbst bestätigen. Wer diskutiert, gibt nur Zeugnis von sich selbst, nämlich: daß er nichts weiß und unsicher ist. Deshalb diskutiert er.

Wer jedoch zur Wahrheit gefunden hat, der diskutiert nicht über die Wahrheit, auch nicht über das, was Glaube ist. Das Wort „Glaube" enthält auch Nichtwissen: Was der Mensch letztlich nicht weiß oder nicht beweisen kann, das glaubt er. Wer an die Wahrheit glaubt, der hat die ewige Wahrheit noch nicht gefunden. Er bewegt sich auch noch nicht im Strom der ewigen Wahrheit. Glaube ist also noch Blindheit.

Wer jedoch zur ewigen Wahrheit gefunden hat, der muß nicht mehr an die Wahrheit glauben – er weiß die Wahrheit, weil er sich im Strom der Wahrheit bewegt. Das ist der wahre weise Mensch, der in sich den Schatz, die Wahrheit, gehoben hat. Wahre Weise ruhen in sich. Das ist innere Sicherheit und Festigkeit. Sie diskutieren nicht über den Glauben, weil sie vom Glauben zur Weisheit, die Wahrheit ist, gefunden haben.

Wer also nur an Gott glaubt, ohne die Tiefe der ewigen Wahrheit, das ewige Gesetz, zu kennen, macht viele Worte um seinen Glauben.

Auch mit seinen Gebeten wird er es ähnlich halten: Er macht viele Worte, da er seine Worte nicht mit selbstloser Liebe beseelt. Er ist der Ansicht, mit vielen Worten Gott überzeugen oder Ihn gar überreden zu können. Er glaubt, sich vor Gott verständlich machen zu müssen, da er annimmt, Gott könnte seine Gebete anders verstehen, als er sie gemeint hat. Ähnlich denken und beten die Heiden.

Erkennet: Je tiefer der Mensch in die göttliche Wahrheit eintaucht, um so weniger Worte gebraucht er auch im Gebet. Seine Gebete sind kurz, doch kraftvoll, weil das Wort gelebte Kraft ausstrahlt.

... Darum sollet ihr, wenn ihr beisammen seid, so beten:

6. Unser Vater, der Du bist im Himmel, geheiligt sei Dein Name. Dein Reich komme. Dein Wille geschehe auf Erden wie im Himmel. Unser tägliches Brot gib uns Tag für Tag und die Frucht des lebendigen Weinstockes. Und wie Du uns vergibst unsere Sünden, so mögen auch wir vergeben die Sünden anderer. Verlasse uns nicht in der Versuchung. Erlöse uns vom Bösen. Denn Dein ist das Reich und die Kraft und die Herrlichkeit in alle Ewigkeit. Amen. (Kap. 26, 5-6)

Ich, Christus, erkläre, berichtige
und vertiefe das Wort:

Das Gemeinschaftsgebet, das Vaterunser, wird mit unterschiedlichen Worten und Inhalten gebetet, weil jede Gemeinschaft es so betet, wie es dem Liebepotential der Gemeinschaft entspricht.

Als Jesus von Nazareth lehrte Ich das Gemeinschaftsgebet, das Vaterunser, in Meiner Muttersprache, also mit anderen Worten und so auch mit anderen Inhalten, als es in späteren Zeiten und anderen Sprachen gebetet wurde.

Die Worte als solche sind unwesentlich. Wichtig ist, daß der Mensch verwirklicht, was er betet! Dann ist jedes Wort, das aus seinem Munde kommt, beseelt mit Liebe, Kraft und Weisheit.

Ihr sollt nicht dem Buchstaben nach beten oder danach trachten, das Vaterunser, das Ich die Meinen gelehrt habe, wortgetreu zu beten. Wesentlich ist, daß ihr die Worte eurer Gebete mit der Liebe zum Ewigen und zu eurem Nächsten beseelt und daß der Inhalt eurer Gebete eurem Leben entspricht.

Menschen, die von der ewigen Wahrheit, der Liebe und Weisheit Gottes, erfüllt sind, werden wieder anders beten als jene, die nur beten, weil es ihnen so gelehrt wurde oder weil sie einer Konfession angehören, in welcher die Gebete entsprechend dem Bewußtsein der Konfession gesprochen werden.

Menschen auf dem Weg zu ihrem göttlichen Ursprung beten frei, das heißt mit selbstgewählten Worten, die von Liebe und Kraft beseelt sind.

Menschen, die in Meinem Geiste leben, die von Gottes Liebe und Weisheit durchdrungen sind, die also Gottes Gesetze im täglichen Leben verwirklichen, werden vor allem Gott für ihr Leben und für alles danken, Ihn loben und preisen und Ihm mehr und mehr ihr Leben weihen – in Empfindungen, Gedanken, Worten und Werken –, weil sie Leben aus Seinem Leben geworden sind.

Menschen im Geiste des Herrn leben das Gebet. Das heißt, sie erfüllen mehr und mehr die Gesetze des Ewigen und sind selbst zum Gebet geworden, das eine Anbetung Gottes ist.

Wer also Gottes Willen erfüllt, lebt immer mehr in der Anbetung Gottes. Solche Menschen halten nicht nur die Gesetze Gottes, sondern sind weitgehend zum Gesetz der Liebe und Weisheit geworden.

Im heranreifenden Friedensreiche Jesu Christi, in dem Ich der Herrscher und das Leben Bin, werden die Menschen das Gesetz Gottes mehr und mehr halten. Viele von ihnen sind zum Gesetz geworden – und so zu Gottmenschen, die das Leben, Gott, in allem verkörpern, was sie denken, reden und tun. Ihre Gebete sind das Leben in Mir, die Erfüllung des ewigen Gesetzes. Mit ihrem Leben, welches das Gesetz Gottes ist, danken sie Gott für das Leben.

Der Dank an Gott ist also das Leben in Gott. Ihr Leben, das ein einziger Dank ist, strömt in das Friedensreich hinein.

Sie beten sinngemäß mit folgenden Gebetsworten, die sie im täglichen Leben erfüllen:

Vater unser, Dein Geist ist in uns,
und wir sind in Deinem Geiste.
Geheiligt ist Dein ewiger Name in uns
und durch uns.
Du bist der Geist des Lebens,
Du bist unser Vater Ur.
Aus Dir tragen wir unsere ewigen Namen.
Du, Ewiger, hast sie uns gegeben
und in unsere Namen die ganze Fülle
der Unendlichkeit gelegt.
Unsere Namen, die Du uns eingehaucht hast,
sind die Liebe und Weisheit –
die Fülle aus Dir,
das Gesetz in uns und durch uns.
Unser ewiges Reich ist die Unendlichkeit –
die Kraft und die Herrlichkeit in und aus Dir.
Wir sind Erben des ewigen Reiches.
Deshalb sind wir das Reich selbst,
die ewige Heimat.
Sie ist in uns und wirkt durch uns.
Dein unendlicher, herrlicher Wille ist in uns
und wirkt durch uns.
Deine Willenskraft ist unsere Willensstärke.
Sie wirkt in uns und durch uns,
denn wir sind Geist aus Deinem Geiste.
Der Himmel ist nicht Raum und Zeit –
Himmel und Erde sind eins,
weil wir in Dir geeint sind.
Die Liebe und Kraft in uns und durch uns

ist unser täglich Brot.
Du, o ewiger, herrlicher Vater,
hast alles in uns hervorgebracht,
was in der Unendlichkeit schwingt.
Du schaffst durch uns im Himmel
und auf der Erde.
Wir sind in Dir, und Du waltest in uns
und durch uns.
Wir sind erfüllt in Deinem Geiste,
da wir Geist aus Deinem Geiste sind.
Wir sind reich in Dir,
da wir unser Erbe, die Unendlichkeit aus Dir, leben.
Unser ewiges Erbe, Geist aus Deinem Geiste,
bringt für uns das hervor,
was wir als Menschen im Friedensreich
benötigen.
Wir leben in Dir und aus Dir.
Leben verströmt und verschenkt sich.
Wir leben in der Fülle aus Gott,
weil wir selbst die Fülle sind.
Die Erde ist der Himmel
und das Friedensreich der Reichtum der Erde,
in dem wir leben und sind –
Geist aus Deinem Geiste.
Wir leben im inneren Reich –
und sind doch Menschen, die im Äußeren verkörpern,
was im Inneren strahlt.
Der Name des Herrn ist gepriesen,
Er ist Leben in und durch uns.
Der Name Gottes ist gelebtes Gesetz der Liebe
und der Freiheit.

Die Sünde ist gewandelt –
das Licht ist eingekehrt.
Wir leben aus Seinem Lichte
und leben in und aus Seinem Geiste,
da wir Geist aus Seinem Geiste sind.
In Gott ist alles abgegolten.
Sein Name hat alles rein gemacht.
Gottes Herrlichkeit sei gepriesen!
Gottes Wille, Liebe und Weisheit
durchdringen die Erde und das Land.
Wir selbst sind Erde und Land –
Wille, Liebe und Weisheit.
In uns ist Gottes Güte – das Gute aus Gott.
Wir sind in Gott und wirken aus Gott.
Die Erde ist des Herrn –
sie ist das Reich der Liebe.
Es wirkt in uns und durch uns.
Das Leben, die Herrlichkeit des Vaters,
wirkt in uns und durch uns –
von Ewigkeit zu Ewigkeit.

Sinngemäß ist dieser Lobpreis das Leben derer, die im Friedensreich Jesu Christi leben. Sie leben in Mir, dem Christus, und Ich lebe durch sie; und zusammen leben wir im Vater-Mutter-Gott, und der Vater lebt durch uns von Ewigkeit zu Ewigkeit.

7. Denn so ihr Menschen ihre Schuld vergebt, so wird euch euer himmlischer Vater auch vergeben. So ihr aber den Menschen ihre Schuld nicht vergebt, so wird euch euer Vater im Himmel eure Schuld auch nicht vergeben.

8. Auch wenn ihr fastet, sehet nicht niedergeschlagen aus wie die Heuchler. Denn sie verstellen ihr Angesicht, um als Menschen zu erscheinen, die fasten. Wahrlich, Ich sage euch, sie haben bereits ihren Lohn.

9. Und Ich sage euch, ihr werdet niemals das Himmelreich finden, es sei denn, ihr hütet euch vor der Welt und ihrer bösen Art. Und ihr werdet niemals den Vater im Himmel sehen, es sei denn, daß ihr den Sabbat haltet und ablaßt von eurem Eifer, Reichtümer zu sammeln. Wenn du aber fastest, so salbe dein Haupt und wasche dein Angesicht, damit du dich nicht darstellst vor den Leuten mit deinem Fasten. Und der heilige Eine, der ins Verborgene sieht, wird es dir öffentlich anerkennen. (Kap. 26, 7-9)

Ich, Christus, erkläre, berichtige
und vertiefe das Wort:

Das Gebot, zu vergeben und um Vergebung zu bitten, hat so lange Gültigkeit, bis alles gesühnt und bereinigt ist, was nicht den ewigen Gesetzen entspricht. Das Gebot, zu vergeben und um Vergebung zu bitten, gehört zum Gesetz von Saat und Ernte. Es ist dann aufgehoben, wenn alles Menschliche abgegolten und jede Seele zum reinen, makellosen Geistwesen geworden ist.

Bis dahin also gilt das Gebot: Vergebt, und ihr werdet Vergebung erlangen. Wenn ihr um Vergebung bittet und euch euer Nächster vergibt, so hat euch auch euer Vater im Himmel vergeben. Doch so ihr um Vergebung bittet und euer Nächster vergibt euch noch nicht, weil er hierfür noch nicht bereit ist, so wird euch auch euer ewiger

Vater nicht vergeben. Wer sich an seinem Nächsten versündigt hat, der muß auch von seinem Nächsten Vergebung erlangen. Erst dann nimmt Gott die Sünde hinweg.

Der ewig Gerechte liebt alle Seine Kinder – auch jene, die noch nicht die Kraft zum Vergeben haben. Würde Er nur dem, der zu einer Sünde Anlaß gegeben hat, vergeben und dem nicht vergeben, der von ihm zu einer Sünde verführt worden ist und noch nicht vergeben kann – wo wäre da die Gerechtigkeit Gottes? Beide können erst dann in den Himmel eingehen, wenn ihre Sünden abgegolten sind.

Deshalb achtet auf das, was von eurem Munde ausgeht, und achtet auf eure Taten, ob sie dem ewigen Gesetz entsprechen, also selbstlos sind! Sehr rasch ist etwas Gegensätzliches ausgesprochen oder getan – doch lange kann es dauern, bis es vergeben ist.

Wenn ihr um Vergebung gebeten habt und euer Nächster noch nicht bereit ist, euch zu vergeben, dann wird sich Gottes Gnade in euch verstärken, euch einhüllen und tragen – Er wird jedoch nicht von euch nehmen, was noch nicht bereinigt ist. Gottes Barmherzigkeit wird sich dann auch in eurem Nächsten verstärken und ihn unter Beachtung seines freien Willens so führen, daß er seine Fehler rascher erkennt, bereut und euch vergibt. Erst wenn euch alle vergeben haben, gegen die ihr euch versündigt habt – wenn also alles abgegolten ist –, dann erst könnt ihr in die Himmel eingehen, weil Gott sodann alles Menschliche in göttliche Kraft umgewandelt hat.

Gott ist allgegenwärtig. So ist Er auch im Gesetz von Saat und Ernte wirksam. Auch in allem Negativen ist das Positive, Gott, das ewige Gesetz. Wenn der Mensch seine Sünden und Fehler erkennt und bereut, dann werden in diesen die positiven Kräfte aktiv und bestärken den zur Erkenntnis seiner Schuld gelangten Menschen, seine Sünden mit der Kraft Christi zu bereinigen.

Erkennet das Gesetz Gottes; es ist ewiges Leben von Ewigkeit zu Ewigkeit – alles in allem: Alles ist in allem enthalten, im Großen das Kleinste und im Kleinsten das Große, in der Sünde die Kraft zur Vergebung und in der Kraft, die durch die Vergebung frei wird, der Aufstieg zu dem inneren Leben, in das ewige Sein.

Deshalb kann auch im Negativen das Göttliche wirken – dann, wenn der Mensch von Herzen um Vergebung bittet, vergibt und nicht mehr sündigt. Der Mensch muß jedoch den ersten Schritt hin zum inneren Leben tun.

Erkennet: Alles, was ihr tut – sei es, daß ihr betet, fastet oder Almosen austeilt –, wenn ihr es nicht selbstlos tut, sondern um von euren Mitmenschen gesehen zu werden, so habt ihr schon den Lohn von den Menschen. Gott wird euch dann nicht entlohnen. Und wenn ihr nur fastet eurer Körperfülle wegen, so werdet ihr den Geist eures Vaters in euch nicht vermehren. Wer jedoch die Nahrung im Namen des Allerhöchsten aufnimmt und Maß hält und von Zeit zu Zeit fastet, um seinen Körper zu entspannen und zu entschlacken, damit Gottes Kraft alle Zellen und Organe in rechter Weise zu versorgen vermag, der übt sich auch in redlicher Weise, das Leben aus Gott an- und aufzunehmen, um darin zu leben. Und er wird gleichzeitig sein Leben Gott, dem Ewigen, im Gebet weihen, um auf diese Weise allmählich zum gelebten Gebet zu werden.

10. Ebenso solltet ihr tun, wenn ihr klagt um die Toten und trauert, denn euer Verlust ist ihr Gewinn. Tut nicht wie jene, die vor den Leuten trauern und laut klagen und ihre Kleider zerreißen, auf daß die anderen ihre Trauer sähen. Denn alle Seelen stehen in der Hand Gottes, und alle jene, welche Gutes getan haben, werden ruhen mit ihren Vorfahren im Schoße des Ewigen.

11. Betet lieber für ihre Ruhe und ihren Aufstieg und bedenket, daß sie in dem Lande der Ruhe sind, das der Ewige für sie bereitet hat, und gerechten Lohn für ihre Taten empfangen werden, und murret nicht wie die Hoffnungslosen. (Kap. 26, 10-11)

Ich, Christus, erkläre, berichtige
und vertiefe das Wort:

Wer die Toten beklagt, ist noch fern vom ewigen Leben, weil er den Tod als Ende des Lebens sieht. Er hat die Auferstehung in Mir, dem Christus, noch nicht erlangt. Er zählt zu den geistig Toten.

Klagt nicht über eure Toten! Denn wer den Verlust eines Menschen beklagt, der denkt nicht an den Gewinn der Seele, die – sofern sie in Mir, dem Christus, gelebt hat – in höhere Bewußtseinsbereiche des Lebens eingeht. Denn wenn ihr Leben im Erdendasein in Gott war, so wird es auch in einer anderen Daseinsform in Gott sein.

Erkennet: Das Zeitliche, das Leben im Körper, ist nicht das Leben der Seele. Die Seele hat nur für einen kurzen Lebensabschnitt Fleisch angenommen, um im

Zeitlichen das zu bereinigen und zu tilgen, was sie sich in verschiedenen Erdenkleidern auferlegt hat. Die Erde ist nur als Durchgangsstation zu sehen, auf der die Seelen im Erdenkleid in Kürze das bereinigen, was sie jenseits der Bewußtseinsschleier – auch Nebelwände genannt – nicht so rasch bewältigen können.

Wenn eine Seele ihr irdisches Kleid verläßt, so beweint der Mensch nur das Kleid der Seele und denkt dabei nicht an die Seele, die dem Kleide entschlüpft ist.

Eine lichte Seele wird nach Ablegen ihres irdischen Körpers von lichten, für den Menschen unsichtbaren Wesen in jene Bewußtseinsebene geleitet, die dem Denken und Leben des Menschen entspricht, in dem diese Seele einverleibt war.

Erkennet: Jede Seele, die den Körper verlassen hat, zieht es noch einige Zeit hin zu den Menschen, mit denen sie als Mensch zusammengelebt hat. Muß sie erfahren, daß ihre ehemaligen irdischen Anverwandten ihre Hülle betrauern, so ist das für die Seele sehr schmerzlich. Die noch erdnahe Seele erkennt sehr wohl, weshalb ihre Anverwandten nur ihre menschliche Hülle beklagen und warum sie als Seele von den Trauernden nicht beachtet wird. Eine Seele, die das erkennen muß, empfindet dabei den ersten tiefen Seelenschmerz nach dem Ablegen des physischen Leibes; denn sie erfährt, weshalb der Mensch trauert und nicht ihrer in Liebe und Verbundenheit gedenkt. Sie schaut dabei so manchen eigennützigen Gedanken ihrer ehemaligen irdischen Anverwandten. Sie kann sich ihnen nicht bemerkbar machen, weil sie von ihnen nicht wahrgenommen wird. Was sie sagt, hört der Mensch nicht, und was sie schaut, sieht er nicht. Die Seele jedoch nimmt vieles wahr.

Ich rege euch zum Nachdenken an: Klagt ihr, wenn sich die Schlange häutet, wenn sie ihre Haut zurückläßt und weiterkriecht?

Ähnlich ist es mit der Seele. Sie verläßt ihren verweslichen Leib, ihre Hülle, und wandert weiter. Ihr trauert also um den Verlust der Hülle und gedenkt nicht der Seele! Wer der Seele gedenkt, der dankt Gott, der die Seele in Seinen Schoß zurückrief, sofern diese im Erdenkleid das Leben in Gott genützt hat und dadurch Ihm näher kam. Denkt daran, daß für eine lichte Seele das Ablegen des Leibes ein Gewinn ist.

Und: So ihr nur vor den Menschen um den Verlust des Menschen trauert, heuchelt ihr ihnen etwas vor. In Wirklichkeit gedenkt ihr weder des Menschen noch der Seele. Ihr denkt nur an euch selbst. Die Seele, die das registriert, erkennt, daß sie nicht selbstlos geliebt wurde, daß sie unter Umständen nur zum Eigennutz ihrer Nächsten da war.

Viele Seelen müssen erkennen, daß sie im Erdenkleid von ihren irdischen Anverwandten und Bekannten gelebt wurden. Das heißt, daß sie als Mensch sich selbst nicht entfalten und ihre Wesensmerkmale nicht leben konnten, weil sie den Willen derer tun mußten, die von ihnen das verlangt haben, was zu ihrem eigenen Vorteil war. Viele dieser Seelen schauen, was sie in ihrem Erdendasein versäumt haben, und kehren auch deshalb wieder in das irdische Dasein zurück. Sie gehen wieder durch die Bewußtseinsschleier zur Erde und halten sich als Seele erneut unter jenen auf, die durch sie gelebt haben. Wieder andere suchen auf der Erde das zu leben, was sie als Menschen nicht entfalten konnten.

Solange Menschen an Menschen oder Dinge – wie Besitz, Reichtum und Macht – gebunden sind, kehren ihre Seelen zur Erde zurück und schlüpfen wieder in neue Erdenkleider. Es bestehen mannigfache Ursachen und Beweggründe, weshalb sich Seelen wieder einverleiben. Erkennt zum Beispiel eine Seele, daß sie mit ihren Angehörigen durch Sünden verkettet ist, so resigniert sie oftmals und läßt den Wunsch zu, einen neuen Körper anzunehmen. Von diesem Wunsch beseelt, lebt sie in der Bewußtseinsebene, die ihrem Seelenzustand entspricht, und wird dort belehrt. Ihr wird unter anderem das Für und Wider einer erneuten Einverleibung nahegebracht. Sie geht dann zur Einverleibung, wenn die Gestirne, in denen ihr Für und Wider gespeichert ist – und somit auch ihr Erdenweg –, den Weg zur Materie weisen und wenn auf Erden ein Erdenkörper gezeugt ist, der ihrem seelischen Bewußtseinsstand entspricht. In diese menschliche Hülle schlüpft sie dann bei der Geburt hinein.

Der Mann, der den Körper zeugte, und die Frau, in welcher der Embryo heranwuchs, zogen jene Seele an, mit der sie noch einiges gemeinsam zu bereinigen haben – oder um gemeinsam mit ihr im selbstlosen Dienst für ihre Nächsten den Weg des Herrn zu gehen.

Der Mensch möge nicht nur auf seinen Körper schauen, sondern vor allem auf das einverleibte Wesen in ihm und sich bemühen, den Willen Gottes zu tun, und sich nicht den menschlichen Willen von Zweiten oder Dritten aufdrängen lassen.

Erkennet: Auch wenn ihr sagt: „Ich tue den Willen meines Nächsten, um den äußeren Frieden zu wahren“, so hindert ihr eure Seele und auch die Seele eures Nächsten, sich so zu entwickeln und zu entfalten, wie es für beide gut ist. Ihr hindert euch und euren Nächsten, die Aufgaben zu erfüllen, die eure Seelen mit ins Erdendasein gebracht haben: sich zu reinigen und sich von der Last der Sünde zu befreien, die eventuell noch aus Vorinkarnationen mit in diese Einverleibung gebracht wurde. Wer sich von seinen Mitmenschen gängeln läßt, wer also tut, was andere sagen, obwohl er erkennt, daß dies nicht sein Weg ist, der wird gelebt und lebt an seinem eigentlichen Erdendasein vorbei. Er nützt nicht die Tage; er wird benützt von jenen, denen er hörig ist, und kennt deshalb nicht seinen Weg als Mensch über diese Erde.

Wer seine Mitmenschen bindet, indem er ihnen seinen Willen aufzwingt, ist mit einem Vampir zu vergleichen, der die Energien seiner Mitmenschen aufsaugt. Er kennt sich selbst nicht und bindet sich gleichzeitig an seine Opfer – und umgekehrt bindet sich auch das Opfer, das sich aussaugen läßt, an ihn. In einem der Leben, entweder im Erdenkleid oder als Seelen in den jenseitigen Bereichen, werden beide wieder zusammengeführt – und das so oft und so lange, bis einer dem anderen vergeben hat.

Wenn sich zwei aneinander binden – einerlei, ob einer gebunden hat oder sich binden ließ –, so haben sich beide belastet, und beide müssen miteinander bereinigen, damit zwischen ihnen die Liebe und Einheit wieder hergestellt werden können.

Keiner kann sagen: „Ich wußte nichts von den Gesetzen des Lebens.“ Ich sage euch: Mose hat euch die Auszüge aus den ewigen Gesetzen gebracht, die Zehn Gebote. Und so ihr diese haltet, werdet ihr euch nicht aneinander binden, sondern miteinander in Frieden leben.

Erkennet: Einzig die Liebe und die Einheit untereinander zeigen Seelen und Menschen die Wege zu dem höheren Leben.

Gott, der ewig Gütige, reicht jeder Seele und jedem Menschen Seine Hand. Wer sie ergreift, der nützt sein irdisches Leben. Er schätzt die Tage und vermag sie auch nach den Geboten zu leben, indem er das bereinigt, was ihm der Tag zeigt. Er wird einst als Seele mit all jenen in Gott wandeln und in Gott ruhen, die ihr Erdendasein ebenfalls genützt haben, indem sie Tag für Tag das erkannt und mit Mir, dem Christus, bewältigt haben, was der Tag ihnen gebracht und gezeigt hat – Freude und Leid.

Und so ihr nicht euretwegen um die sterbliche Hülle trauert, die euer Nächster abgelegt hat, sondern im Geiste euch freut, daß die Seele im Erdenkleid ihr geistiges Leben erkannt und sich darauf vorbereitet hat, so werdet ihr über Mich, den Christus, für euren Nächsten freudig zum Vater beten. Ihr werdet der Seele, die nun näher bei Gott ist, Kräfte der Liebe senden, auf daß sie weiter wandelt zu höheren Ebenen, um sich mehr und mehr mit Gott zu einen.

Die Seele spürt Freude und Leid ihrer Anverwandten. Die Seelen, die in Mir, dem Christus, entschlafen sind, fühlen sich verbunden über Mich, den Christus, mit allen, die noch im Erdenkleid wandeln. Die Freude der Seele darüber, daß ihre Anverwandten ihrer in Liebe gedenken, erfüllt sie mit Kraft.

Erkennet: Selbstlose, liebende Gebete spenden der wandernden Seele Kraft und Stärke auf ihrem Weg hin zum Göttlichen. In euren selbstlosen Gebeten spürt sie die Verbundenheit und empfängt vermehrt Kraft. Dadurch wird sie das noch an ihr haftende Menschliche rascher ablegen und damit frei werden für Den, der die Freiheit und Liebe ist – Gott, das Leben. Der Lohn aus Gott ist groß für jede Seele, die sich ernsthaft bemüht, Gottes Willen zu erfüllen.

Erkennet: Nur der ist ohne Hoffnung, der von seinem Glauben nur spricht und nicht lebt, woran er scheinbar glaubt. Letzten Endes glaubt der Zweifler das nicht, was er zu glauben vorgibt. Daraus entwickelt sich die Hoffnungslosigkeit.

12. *Ihr sollt auch nicht für euch Schätze sammeln auf Erden, die die Motten und der Rost fressen und die Diebe ausgraben und stehlen. Sammelt euch aber Schätze im Himmel, wo sie weder Motten noch Rost fressen und wo die Diebe nicht nachgraben noch stehlen. Denn wo euer Schatz ist, da ist auch euer Herz.*

13. *Die Lichter des Leibes sind die Augen. Deshalb, wenn du klar siehst, wird dein ganzer Leib voller Licht sein. Wenn dir aber deine Augen fehlen oder wenn sie trüb sind, so wird dein ganzer Leib finster sein. Wenn nun das Licht, das in dir ist, Finsternis ist, wie groß wird die Finsternis sein!*

14. *Niemand kann zwei Herren dienen. Entweder er wird den einen hassen und den anderen lieben; oder er wird zu dem einen halten und den anderen verachten. Ihr*

könnt nicht zugleich Gott dienen und dem Mammon. (Kap. 26, 12-14)

Ich, Christus, erkläre, berichtige
und vertiefe das Wort:

Nur der Mensch sammelt auf Erden Schätze, der nicht an Gott, an Seine Liebe, Weisheit und Güte glaubt. Viele Menschen geben vor, an Gott zu glauben; an ihren Werken jedoch werdet ihr sie erkennen! Viele Menschen sprechen von der Liebe und den Werken Gottes – allein an ihrem Tun werdet ihr sie erkennen.

Viele Menschen sprechen von dem inneren Reich und von dem inneren Reichtum, und doch schaffen sie für sich persönlich in die Scheuern und sammeln für sich persönlich die irdischen Reichtümer, um von den Menschen angesehen zu sein.

Wer nur auf sein persönliches Wohl bedacht ist, erspürt noch nicht den Greifvogel, der schon seine Schwingen erhoben hat, um das Nest zu zerstören und den Reichtum zu entwenden, den der Reiche, der Nestbauer, sein persönliches Eigentum nennt.

Wer jedoch zuerst nach dem Reiche Gottes trachtet, der sammelt innere Werte, innere Schätze. Er wird auch im Zeitlichen alles empfangen, was er benötigt, und darüber hinaus.

Wer im Inneren reich ist, wird im Äußeren nicht darben. Doch wer im Äußeren reich ist und den Reichtum hortet, wird einst darben. Wer Schätze auf Erden sammelt, dem werden sie genommen, damit er sich auf den

Schatz des Inneren besinnt und in das Leben, in den inneren Reichtum, einzugehen vermag.

So lange wird es der Seele an göttlichem Lichte mangeln, bis sie zuerst nach dem Reiche Gottes trachtet. Und solange es noch auf Erden möglich ist, wird die lichtarme Seele sich wieder in einen lichtarmen Körper eingebären und eventuell in Armut unter den Armen leben. Die Erkenntnis wird kommen, daß der Schatz, der Reichtum, einzig in Gott ist.

Wessen Herz bei Gott ist, der wird reich an inneren Werten sein und eingehen in das Reich des Friedens.

Ich, Christus, gebe euch einen Maßstab, auf daß ihr erkennt, wo ihr steht – entweder im Licht oder im Schatten: „Denn wo euer Schatz ist, dort ist auch euer Herz", dort wird einst eure Seele sein.

Beachtet: Wer diese Worte liest und in der Wende steht von der alten zur Neuen Zeit, der sollte sich beeilen, daß er noch sein geistiges Leben findet! Denn wenn die Neue Zeit, die Zeit des Christus, auf der ganzen Erde offenbar ist und das innere Leben gelebt wird, gibt es keine Einverleibungen mehr für jene, die nach äußeren Werten trachten. Es gibt dann auch keine Einverleibungen mehr für die irdisch Reichen, um als Ärmste unter den Armen das zu sühnen, was sie als Reiche versäumt haben.

Hat das Friedensreich Jesu Christi weitere Evolutionsschritte getan, dann wird es weder arm noch reich geben. Alle Menschen sind dann reich in Meinem Geiste, da sie das innere Reich erschlossen haben. Entsprechend werden sie auch auf der neuen Erde leben, unter einem anderen Himmel.

Daher seid bereit, Gott zu dienen und aus Liebe zu Gott auch euren Mitmenschen.

Erkennet: Keiner kann zwei Herren dienen, Gott und dem Mammon. Einzig die selbstlose Liebe eint alle Menschen und Völker. Der Mensch auf Erden und die Seele in den Stätten der Reinigung – beide werden einst zur Entscheidung geführt: Gott oder dem Mammon zu dienen, für Gott oder gegen Gott zu sein. Es gibt nichts dazwischen: entweder für Gott – oder für das Satanische.

15. *Darum sage Ich euch: Sorget nicht für euer Leben, was ihr essen und trinken werdet; auch nicht für eueren Leib, was ihr anziehen werdet. Ist nicht das Leben mehr denn die Nahrung und der Leib mehr denn die Kleidung? Und was nützet es einem Menschen, wenn er die ganze Welt gewänne, aber sein Leben verliere?*

16. *Sehet die Vögel in der Luft: Sie säen nicht und ernten nicht, noch sammeln sie in Scheunen; und euer himmlischer Vater nährt sie doch. Seid ihr denn nicht viel besser behütet denn sie? Wer ist aber unter euch, der seiner Länge eine Elle zusetzen könnte, wenn er das wollte? Und warum sorget ihr so sehr um eure Kleidung? Sehet die Lilien auf dem Felde, wie sie wachsen; sie arbeiten nicht und spinnen auch nicht. Und doch, sage Ich euch, Salomo in all seiner Pracht und Herrlichkeit war nicht so geschmückt wie sie.*

17. *Warum sollte nicht Gott, der das Gras auf dem Felde kleidet, das doch heute steht und morgen im Ofen verbrannt wird, euch nicht viel mehr kleiden, o ihr Kleingläubigen?*

18. Darum sollt ihr nicht besorgt sein und fragen: Was werden wir essen? Was werden wir trinken? oder: Womit werden wir uns kleiden? (Wie es die Heiden tun.) Denn euer himmlischer Vater weiß, daß ihr das alles braucht. Trachtet zuerst nach dem Reiche Gottes und nach Seiner Gerechtigkeit, so wird euch dies alles dazufallen. Darum sorget euch nicht um die Übel von morgen. Es ist genug, daß ein jeder Tag seine eigenen Übel hat."
(Kap. 26, 15-18)

Ich, Christus, erkläre, berichtige
und vertiefe das Wort:

Wer sich um sein persönliches Leben, um sein Wohl, Sorgen macht – was er z. B. morgen essen und trinken oder womit er sich bekleiden soll –, der ist ein schlechter Planer; denn er denkt dabei nur an sich selbst, an sein eigenes Wohl und an seinen Besitz. Damit plant er auch zugleich sein Weh und Ach mit ein.

Wer hingegen den Willen Gottes erfüllt, ist ein guter Planer. Er wird sowohl die Tage als auch die Zukunft planen. Doch er weiß, daß seine Planung nur eine Vorgabe ist, die in Gottes Hand ruht.

Er legt sein Planen in Gottes Hand, arbeitet mit Gottes Kräften und läßt sich im Tagesgeschehen von Gott führen. Denn er weiß: Gott ist der allwissende Geist und der Reichtum seiner Seele. Wer sich Gott anvertraut, sein Tagewerk in Gottes Licht stellt und das Gesetz „Bete und arbeite" erfüllt, der wird den gerechten Lohn empfangen. Er wird alles besitzen, was er benötigt.

Wenn Gott, der Ewige, die Natur schmückt und die Lilien des Feldes kleidet, um wieviel mehr wird Er Sein Kind ernähren und kleiden, das Seinen Willen erfüllt! Sorgt also nicht für morgen, sondern plant und übergebt euren Plan in den Willen Gottes – und Gott, der euren Plan kennt, wird euch das erfüllen, was für euch gut ist.

Ich gebe ein Beispiel: Ein guter Architekt wird sorgfältig das Haus planen und alle Details beachten. Wenn er seinen Plan fertiggestellt hat, wird er ihn noch einmal überprüfen und dann dem Bauherrn zur Prüfung vorlegen. Ist dieser mit dem Plan einverstanden, dann werden die Handwerker nach dem Plan arbeiten. Der Architekt und der Bauherr werden die Durchführung überwachen und nur dann eingreifen, wenn etwas nicht der Planung entspricht.

Ähnlich solltet ihr es mit eurem Leben halten: Plant jeden Tag, und plant gut! Räumt euch auch Zeit für besinnliche Stunden ein, in denen ihr zur inneren Ruhe findet und euer Leben und eure Planung immer wieder überdenken könnt. Eine sorgfältige Tagesplanung, die in den Willen Gottes gelegt wurde, wird Gott auch mit Seinem Willen durchdringen. Wer seinen Plan so ausführt, braucht sich nicht um morgen zu sorgen. Sein Glaube an die Führung Gottes sind die positiven Gedanken; aus ihnen ergeben sich positive Worte und gesetzmäßiges Handeln. Positive Gedanken, Worte und Handlungen sind die besten Werkzeuge, denn in ihnen wirkt Gottes Wille. Das heißt, in jedem positiven Gedanken, in jedem selbstlosen Wort, in jeder selbstlosen Geste und Tat wirkt Gottes Wille, Sein Geist. Gott wird dem guten Planer alles geben, was er benötigt, und darüber hinaus.

Nur der sorgt sich um morgen, der sich nicht Gott anvertraut, der die Tage verstreichen läßt und sie nicht nützt. Wer in den Tag hineinlebt und dann seinem Nächsten die Schuld gibt, wenn ihm manches mißlingt, wenn er krank ist, wenn er Hunger hat, wenn er das Notwendige des täglichen Lebens nicht erwerben kann – der ist kein guter Planer. Er ist ein ängstlicher, ichbezogener Mensch, der das herbeizieht, was er nicht möchte und wovor er Angst hat. Wer nicht mit Gottes Hilfe die Stunden, Tage und Monate plant und seine Planung und sich selbst in den Willen Gottes stellt, den kann Gott nicht führen. Nur wer sein Tagewerk Gott anvertraut und gewissenhaft das Gebot „Bete und arbeite" erfüllt, der kann von Gott geführt werden, der ist von Ihm erfüllt – der ist gefüllt von Liebe, Weisheit und Kraft. Das heißt, sein Gefäß, sein Leben, ist erfüllt von Vertrauen und Glauben an Gott.

Menschen im Geiste Gottes werden nicht darben. Sie sind gute Planer, sind stark im Glauben und arbeiten mit den Kräften des Geistes. Nur der Ängstliche ist auf sich, auf sein kleines Ich, bedacht. Er sorgt sich um morgen, weil er nicht in Gott gefestigt ist und nicht an Gottes Weisheit und Liebe glaubt. Damit öffnet er unbewußt die Scheune für die Diebe, die kommen und stehlen. Was er für sich persönlich erobert und gehortet hat, wird er verlieren.

Aus Gottes Hand empfangen die Menschen Nahrung, Obdach und Kleidung. Wer sein Leben, sein Denken und seine Arbeit in Gottes Hand legt, der braucht sich nicht um morgen zu sorgen. Er wird besitzen, was er heute, morgen und in Zukunft benötigt – und darüber hinaus.

Wer also im inneren Reich lebt, der wird auch im Äußeren nicht darben. Wer jedoch im Inneren arm ist, der wird im Äußeren darben. Wenn er heute im Äußeren lebt und weltlichen Reichtum für sich mehrt und für sich persönlich behält, so ist er im Inneren arm und wird in einem anderen Erdenkleide darben, also arm sein.

Daher trachtet zuerst nach dem Reiche Gottes und nach Seiner Gerechtigkeit, dann wird euch alles von Gott gegeben, was ihr benötigt – und darüber hinaus. Sehet die Vögel der Luft: Sie säen und ernten nicht und sammeln nicht in Scheunen; und doch ernährt sie unser himmlischer Vater. „Sehet die Lilien auf dem Felde, wie sie wachsen; sie arbeiten nicht und spinnen auch nicht." Die Natur in ihrer Vielfalt ist schöner gekleidet als der Reichste unter den Reichen. Wer nur an sein Wohl und an seine vollen Scheunen denkt, der wird entweder in dieser irdischen Daseinsform oder in einer anderen Einverleibung – solange dies noch möglich ist – im Schweiße seines Angesichtes sein Brot verdienen.

Rechtes Beten und Arbeiten heißt, für sich und für das Gemeinwohl arbeiten. Erkennt: Die Lilien des Feldes – ja die ganze Natur – sind für alle Menschen da und schenken sich ihnen auf das Vielfältigste. Wer das zu erfassen und zu schätzen vermag, der wird nicht im Schweiße seines Angesichtes sein Brot verdienen müssen. Er wird das Gesetz „Bete und arbeite" erfüllen – für sich und für seine Nächsten.

Und wenn geschrieben steht „sie arbeiten nicht und spinnen auch nicht", so heißt dies: Der Mensch soll nicht nur an sich denken und nur arbeiten, um für sich allein Gewinn zu erlangen, sich damit zu schmücken und zu zeigen.

Erkennet: Alles Sein ist in Gottes Obhut. Tiere, Bäume, Pflanzen, Gräser und Steine sind in Gottes Obhut. Sie stehen im Evolutionsleben, das vom ewigen Schöpfergott gelenkt ist. Da alles Leben aus Gott ist, so empfinden auch Tiere, Bäume, Pflanzen, Gräser und Steine. Sie erleben in sich die Evolutionskraft des Schöpfers, die sie belebt und im Zyklus der göttlichen Äonen zur weiteren Entfaltung führt. Die Schöpferkraft, das ewige Sein, schenkt den Naturreichen das, was sie benötigen. Die Gaben des Lebens strömen den Lebensformen in dem Maße zu, wie diese geistig entfaltet sind.

Der ewige Vater gedenkt jeden Grashalms. Um wieviel mehr gedenkt der Ewige Seiner Kinder, welche die Evolutionsstufen der Mineral-, Pflanzen- und Tierreiche in sich schon entfaltet haben! Die Kinder Gottes tragen in sich den Mikrokosmos aus dem Makrokosmos und stehen so mit der ganzen Unendlichkeit in Kommunikation.

Wie arm ist doch der Mensch, der sich um das Morgen sorgt! Er zeigt selbst, daß er das Gestern noch nicht bewältigt hat, da er nicht im Heute, im Jetzt, also in Gott, zu leben vermag.

Das Innere des Menschen, das reine Sein, ist der Inbegriff der Unendlichkeit. Wer das als Mensch erfaßt, der schaut nach innen und entfaltet die Gesetze des Lebens, so daß er alles Äußere im Lichte der Wahrheit zu schauen vermag.

Erkennet: Dem Menschen, der allumfassend – also unbegrenzt – denkt und lebt, dient die Unendlichkeit. Menschen im Geiste der Liebe sind nicht auf sich bezogen, sondern all-bewußt. Sie stehen in beständiger Kommunikation mit den Gotteskräften in allem Sein. Was sie tun, tun sie von innen heraus mit der Kraft der Liebe. Sie planen und wirken nach dem Gebot „Bete und arbeite“ und vergeuden nicht den Tag. Sie wissen um die Kostbarkeit des Tages, der Stunden und Minuten und nützen die Zeit.

Wer also wahrhaftig lebt, der sorgt sich nicht um morgen; er empfängt schon heute das, was er morgen besitzt. Denn wer in Gott lebt, wird heute und morgen nicht darben. Wer jedoch ängstlich bleibt und seine Habe an sich zieht, der wird morgen arm sein.

Wer sich jedoch als kosmisches Wesen sieht, das uneingeschränkt Gottes Willen erfüllt, der erlangt Weisheit und Kraft. Wer mit Liebe und Weisheit erfüllt ist, dessen Leben ist von der Kraft Gottes durchdrungen. Ihm wird es an nichts mangeln. Wer sich jedoch um morgen sorgt und die Zukunft düster sieht, der zieht das Übel an; er wird jeden Tag seine Last haben.

Denkt also nicht ängstlich an morgen! Plant mit Gottes Kraft – und laßt den Ewigen durch euch wirken. Dann sind eure Gedanken positive Magneten, die wieder Positives und Aufbauendes anziehen. Denn Gedanken, Worte und Taten sind Magneten. Entsprechend ihrer Art ziehen sie wieder Gleiches oder Ähnliches an.

27. KAPITEL

Bergpredigt (3. Teil)

Eure negativen Gedanken, Worte und Taten sind eure eigenen Richter (1). Splitter und Balken – Notwendigkeit der Selbsterkenntnis (2). Missionieren ist Überzeugen-Wollen – Lebt die Wahrheit und seid Vorbild (3). Bitten, Suchen, Anklopfen; die innere Pforte öffnet sich nicht dem Verstand (4). Was du von deinem Nächsten verlangst, besitzt du selbst nicht im Herzen; Erwartungshaltung führt zu Bindung (6). Der Kampf auf dem schmalen Weg zum Leben (7). Unterscheiden von guten und schlechten Früchten (8-9). Nehmt das Wort des Lebens mit dem Herzen auf – „Das ist Mein Wort. Alpha und Omega. Das Evangelium Jesu. Die Christusoffenbarung, welche die Welt nicht kennt": ein Werk des Lebens und der Liebe (13)

1. *„Richtet nicht, auf daß ihr nicht gerichtet werdet. Denn mit welcherlei Gericht ihr richtet, werdet ihr gerichtet werden; und mit welcherlei Maß ihr messet, wird euch wieder gemessen werden. Und wie ihr anderen tut, so wird euch getan werden. (Kap. 27, 1)*

Ich, Christus, erkläre, berichtige
und vertiefe das Wort:

Ihr habt gelesen: Gedanken, Worte und Handlungen sind Magneten. Wer seinen Nächsten in Gedanken und mit Worten richtet und verurteilt, der wird also Gleiches oder Ähnliches an sich selbst erfahren.

Erkennet: Eure negativen Gedanken, Worte und Handlungen sind eure eigenen Richter. „Mit welcherlei Maß ihr messet" – ob in Gedanken oder in Worten und Handlungen –, so werdet ihr selbst gemessen werden. So, wie ihr euren Nächsten abwertet, um euch selbst aufzuwerten, werdet ihr gewertet werden: Ihr werdet euren Wert erfahren und erleiden. Und wenn ihr sagt: „Dem einen muß genügen, was er hat – der andere soll mehr bekommen", so werdet ihr einst nur so viel besitzen oder noch weniger als der, dem ihr weniger zugestanden habt: Wie ihr eurem Nächsten im Denken, Reden und Tun begegnet, so wird es euch einst selbst ergehen.

2. *Was siehst du den Splitter in deines Bruders Auge und wirst des Balkens in deinem Auge nicht gewahr? Oder wie darfst du zu deinem Bruder sagen: Ich will dir den Splitter aus deinem Auge ziehen? Und siehe, ein Balken ist in deinem Auge. Du Heuchler, ziehe zuerst den Balken aus deinem eigenen Auge, dann erst siehst du klar, um den Splitter aus deines Bruders Auge ziehen zu können. (Kap. 27, 2)*

Ich, Christus, erkläre, berichtige
und vertiefe das Wort:

Nur der Mensch spricht beständig über den Splitter im Auge seines Nächsten, der des Balkens im eigenen

Auge nicht gewahr wird. Nur der befleißigt sich, den Splitter aus dem Auge seines Bruders herausziehen zu wollen, der sein eigenes Denken und Leben nicht kennt. Wer sich nicht kennt und nicht den Balken – die Sünden in der Seele, die sich in seinen eigenen Augen widerspiegeln –, der hat keinen Blick für die Wahrheit. Sein Auge ist getrübt von der Sünde. Er sieht dann im Nächsten nur das, was auch er selbst noch ist: einen Sünder. Nur wer den Balken in seinem eigenen Auge bearbeitet, der schaut zunehmend klarer. Dann kann er immer deutlicher den Splitter im Auge seines Bruders erkennen und ihm nach dem Gesetz der Nächstenliebe behilflich sein, diesen zu entfernen.

Wer also über seine Mitmenschen negativ spricht, sie abwertet und ihnen Übles nachsagt, der kennt seine eigenen Fehler nicht.

An den Früchten sollt ihr sie erkennen! Jeder zeigt selbst, wer er ist – also seine Frucht. Wer sich über seine Mitmenschen erregt und diese lächerlich macht, zeigt, wer er wahrlich ist.

Wer zuerst seine eigenen Fehler ablegt, der ist auch fähig, seinem Nächsten zu helfen. Deshalb ist jeder ein Heuchler, der abfällig über die Fehler seines Bruders spricht – und dabei den Balken im eigenen Auge nicht bemerkt.

3. Ihr sollt das, was heilig ist, nicht den Hunden geben, noch eure Perlen vor die Säue werfen, auf daß sie diese nicht zertreten mit ihren Füßen und nicht sich umkehren und euch zerreißen. (Kap. 27, 3)

Ich, Christus, erkläre, berichtige und vertiefe das Wort:

Es entspricht nicht dem ewigen Gesetz des freien Willens, daß ihr mit den Worten der Wahrheit von Ort zu Ort, von Haus zu Haus zieht, eure Überredungs- und Überzeugungskünste anwendet und jeden, dessen ihr habhaft werdet, missioniert. Denn das würde bedeuten, daß ihr die Wahrheit nicht heiligt und es so macht, wie es bildhaft geschrieben steht: „Ihr sollt das, was heilig ist, nicht den Hunden geben, noch eure Perlen vor die Säue werfen." Ihr sollt also das Wort Gottes eurem Nächsten nicht aufdrängen. Wer glaubt, daß sein Nächster das glauben und annehmen müsse, von dem er glaubt, überzeugt zu sein, der hat selbst noch Zweifel und stellt seinen eigenen Glauben in Frage.

Missionieren heißt überzeugen wollen. Wer überzeugen möchte, der ist in seinem Inneren selbst nicht von dem überzeugt, was er anpreist.

Seid jedoch gute Vorbilder in eurem Glauben und keine Missionierenden. Ihr könnt euer Glaubensgut anbieten und jedem freistellen, ob er daran glauben oder nicht glauben möchte, ob er es mit euch halten möchte oder nicht.

Die Freiheit in Gott ist ein Aspekt des ewigen Gesetzes. Wenn euer Nächster aus freiem Willen zu euch kommt und euch nach eurem Glauben fragt, so macht er den ersten Schritt auf euch zu; und wer im Glauben steht, der wird daraufhin auf seinen Nächsten zugehen und ihm antworten.

Wer mit seinem Nächsten in einer göttlichen Verbindung steht, der wird ihn nicht an seinen Glauben binden – sondern ihm nur so viel mitteilen, wie er selbst erkannt und verwirklicht hat. Nur derjenige will seinen Nächsten an seinen Glauben binden, der wenig selbstlose Liebe entfaltet hat.

Daher hütet euch vor den Übereifrigen, die euch zu ihrem Glauben überreden wollen. Bietet die ewige Wahrheit an in Wort und Schrift – und lebt selbst danach; dann werden auf euch die zukommen, die das Leben in sich erkannt haben.

4. *Bittet, so wird euch gegeben werden; suchet, so werdet ihr finden. Klopfet an, so wird euch aufgetan; denn jeder, der da bittet, wird empfangen, und der da sucht, wird finden, und denen, die da anklopfen, wird aufgetan. (Kap. 27, 4)*

Ich, Christus, erkläre, berichtige
und vertiefe das Wort:

Nur der Mensch bittet, sucht und klopft an der Pforte zum inneren Leben an, der noch nicht sein Inneres, das Königreich der Liebe, betreten hat. Das Reich Gottes ist inwendig in der Seele eines jeden Menschen.

Der erste Schritt auf dem Pfad zum inneren Leben, auf dem Weg zur Pforte des Heils, ist die Bitte an Gott um Hilfe und Beistand. Der nächste Schritt ist die Suche nach Gottes Liebe und Gerechtigkeit. Der Wanderer findet das Leben, Gottes Liebe und Gerechtigkeit, in den Geboten des Lebens, die Wegweiser sind auf dem Weg nach Innen.

Ein weiterer Schritt ist das Anklopfen im eigenen Herzenskämmerlein, an der inneren Pforte. Diese Pforte zum Herzen Gottes öffnet sich nur dem, der ehrlich gebetet, gesucht und angeklopft hat. Dem Verstandesmenschen, der nur nach äußeren Werten und Idealen trachtet, öffnet sich nicht die innere Pforte. Auch die Zweifler werden nicht empfangen.

Wer also bittet, sucht und anklopft, der muß es aus Liebe zu Gott tun und nicht, um Gottes Liebe zu prüfen.

Erkennet: Wer nur prüfen möchte, ob Gottes Liebe tatsächlich existiert, der wird sehr rasch selbst auf den Prüfstein kommen. Wer in Gott lebt, dem steht die Herzenspforte offen. Er braucht nicht mehr zu bitten – er hat bereits empfangen; denn Gott kennt Seine Kinder. Wer in das Herz Gottes eingekehrt ist, der hat in seiner Seele schon empfangen. Das heißt, der Reichtum aus Gott leuchtet verstärkt in seiner Seele und strahlt durch ihn, den Menschen. Wer in sein Inneres eingekehrt ist, der braucht nicht mehr zu suchen – er ist im Königreich des Inneren zu Hause. Und wer bewußt Wohnung in ihm genommen hat, der braucht nicht mehr anzuklopfen; er ist bereits eingekehrt und lebt in Gott und Gott durch ihn.

Nur jene werden bitten, suchen und anklopfen, die noch draußen stehen und noch nicht wissen, daß sie tief in ihrer Seele das tragen, was sie wahrhaft reich macht: Gottes Liebe und Weisheit.

5. *Welcher ist hier unter euch, der einen Stein gibt, wenn ihn sein Kind um Brot bittet, oder eine Schlange, wenn es um einen Fisch bittet? Wenn ihr, die ihr böse seid, dennoch euren Kindern gute Gaben geben könnt, wie viel mehr wird euer Vater im Himmel Gutes geben jenen, die Ihn bitten.*

6. *Was auch immer ihr wollt, daß euch die Menschen tun sollen, das tut ihnen ebenso, und was ihr nicht wollt, daß sie euch tun, das tut auch ihr ihnen nicht; denn dies ist das Gesetz und die Propheten. (Kap. 27, 5-6)*

Ich, Christus, erkläre, berichtige
und vertiefe das Wort:

Erkennet: Ihr sollt nicht von euren Mitmenschen das verlangen, was zu geben ihr selbst nicht gewillt seid.

Wenn ihr von eurem Nächsten etwas erwartet, das er für euch tun soll, so stellt euch die Frage: Weshalb tut ihr es nicht selbst? Wer von seinem Nächsten z. B. Geld und Gut erwartet, damit er selbst in seiner Bequemlichkeit nicht arbeiten muß, oder wer von seinem Nächsten Treue erwartet und selbst nicht treu ist oder wer von seinem Nächsten an- und aufgenommen werden möchte, selbst jedoch seine Mitmenschen weder an- noch aufnimmt – der ist selbstsüchtig und arm im Geiste.

Was immer du von deinem Nächsten verlangst, das besitzt du selbst nicht im Herzen.

Es ist ungesetzmäßig, aus Erwartungshaltung seine Mitmenschen zu Handlungen, Aussagen oder Verhaltensweisen zu zwingen, zu denen sie von sich selbst aus nicht bereit wären.

Hast du in deinen Wünschen an deinen Nächsten deine Erwartungshaltung erkannt, so kehre rasch um und leiste du zuerst selbst, was du von deinem Nächsten verlangst.

Jeder Zwang ist ein Druck, der wieder Zwang und Gegendruck erzeugt. Durch ein solches erpresserisches Verhalten gegenüber deinen Mitmenschen bindest du dich an sie und machst sowohl dich als auch den, der sich erpressen ließ, zum Sklaven der niederen Natur. Solche Zwangsmethoden wie: „Ich erwarte von dir, und du erwartest von mir – jeder gibt dem anderen, was dieser verlangt" führen zu Bindung.

Was gebunden ist, hat keinen Platz im Himmel. Beide, die aneinander gebunden sind, werden einander einst wieder begegnen, entweder im feinstofflichen Leben oder in weiteren Einverleibungen.

Diese Form von Bindung gilt nicht am Arbeitsplatz. Hast du dich im Berufsleben freiwillig in einen Arbeitsbereich eingeordnet und der Verantwortliche gibt dir Aufgaben, die du im Rahmen deiner Tätigkeit durchführen sollst, so hast du hierzu schon mit deinem Eintritt in den Betrieb ja gesagt. Du hast dich freiwillig in den Arbeitsbereich und in das Arbeitsteam eingeordnet, um zu tun, was dir aufgetragen wird. Wenn du also einen Arbeitsplatz wählst, dann sollst du auch ausführen, was dir gemäß deinem selbstgewählten Arbeitsbereich aufgetragen wird. Die Aussage „Was auch immer ihr wollt, daß euch die Menschen tun sollen, das tut ihnen ebenso . . ." gilt also nicht für den selbstgewählten Beruf oder Arbeitsbereich.

„Was ihr nicht wollt, daß sie [die Menschen] euch tun, das tut auch ihr ihnen nicht“ bedeutet: Wenn ihr nicht verlacht und verspottet werden wollt oder nicht bestohlen und belogen werden wollt oder nicht um Hab und Gut gebracht werden wollt oder nicht gegängelt werden wollt oder nicht eures freien Willens beraubt werden wollt oder nicht geschlagen und beschimpft werden wollt, so tut dies auch nicht euren Mitmenschen. Denn was ihr dem Geringsten eurer Brüder antut, das tut ihr Mir an – und euch selbst. Was ihr nicht wollt, daß man euch tu', das fügt auch keinem eurer Nächsten zu – denn alles, was von euch ausgeht, kommt wieder auf euch zurück. Deshalb prüft eure Gedanken und hütet eure Zunge!

7. Gehet ein durch die enge Pforte. Denn schmal ist der Pfad und eng ist die Pforte, die zum Leben führen, und wenige sind ihrer, die sie finden. Doch weit ist die Pforte und breit der Weg, der ins Verderben führt, und ihrer sind viele, die darauf wandeln. (Kap. 27, 7)

Ich, Christus, erkläre, berichtige
und vertiefe das Wort:

„... schmal ist der Pfad und eng ist die Pforte, die zum Leben führen“ bedeutet: In jedem, der sich bemüht, den schmalen Weg zum Leben zu wandeln, meldet sich der Finsterling und zeigt ihm – wie Mir als Jesus von Nazareth – die Schätze und Annehmlichkeiten dieser Welt.

Täglich gilt es aufs neue, dem Satanischen zu widerstehen und ihm zu widersagen. Wer nicht wachsam ist, der wird ihm hörig.

Erkennet: Jeder, der die ersten Schritte hin zum Leben vollzieht, fühlt sich zuerst eingeengt und eingeschränkt, bis er sich endgültig entschieden hat. Denn was er bisher an Menschlichem gedacht und getan hat, das soll er nun lassen.

Die ersten Schritte gehen in das Ungewisse – sie heißen Glauben und Vertrauen. Bis die ersten Schritte getan sind, ist der Pfad zum Leben schmal und eng. Die ersten Hürden, die auf dem Wege zum Herzen Gottes genommen werden sollten, heißen: Denke um, und unterlasse die alten, menschlichen Gewohnheiten! Bereue, vergib, bitte um Vergebung, und sündige nicht mehr! Das bedeutet für jeden einzelnen eigene Anstrengung und Umstellung alles dessen, was bei ihm bisher üblich war.

Wer jedoch mit Meiner Kraft durchsteht, der wird den schmalen Pfad verlassen und dann auf die große Lichtstraße in das Reich des Inneren gelangen, auf der er mit den Wanderern in das Licht dem Tor zur Absolutheit zustrebt, dem Leben in Gott.

Jeden Tag wird der Mensch geprüft: für oder wider Gott.

Wer sich gegen Mich entscheidet, indem er alle menschlichen Annehmlichkeiten behält und all das, was ihn menschlich macht, der wird auf der breiten, dunklen Straße nicht in Versuchung geführt werden, da er sich dem Versucher verschrieben hat. Auf dieser Straße ins Verderben wandeln gar viele. Sie werden nicht geprüft wie jene, die den schmalen Pfad zum Leben gehen.

Wer sich dem Versucher verschrieben hat, der sagt damit auch uneingeschränkt zu dem ja, was er auf Grund seiner Saat zu ernten hat.

8. *Hütet euch vor den falschen Propheten, die in Schafskleidern zu euch kommen, inwendig aber reißende Wölfe sind. An ihren Früchten sollt ihr sie erkennen. Kann man Trauben lesen von den Dornen oder Feigen von den Disteln?*

9. *Ebenso bringt jeglicher gute Baum gute Frucht, aber ein fauler Baum bringt schlechte Frucht. Ein jeglicher Baum, der keine gute Frucht bringt, ist nur noch dazu gut, umgehauen und ins Feuer geworfen zu werden. Darum, an ihren Früchten sollt ihr das Gute von dem Schlechten unterscheiden. (Kap. 27, 8-9)*

Ich, Christus, erkläre, berichtige
und vertiefe das Wort:

Am Ende der materialistischen Tage, der „Raff- und Gierzeit", werden viele falsche Propheten auftreten. Sie werden viel über die Liebe Gottes reden – und doch sind ihre Werke Menschenwerke. Nicht der ist ein echter Prophet und ein geistig Weiser, der von der Liebe Gottes spricht, sondern allein der, dessen Werke gut sind.

Die Gabe zu prüfen hat jedoch nur derjenige, der zuerst seine eigene Gesinnung prüft: ob er selbst wahrhaft an das Evangelium der selbstlosen Liebe glaubt und auch den Sinn des Evangeliums erfüllt – und was er selbst schon aus selbstloser Liebe an seinem Nächsten verwirklicht hat.

Ihr könnt erst dann eure Mitmenschen erkennen und die Unterschiede von Gut, weniger Gut und Schlecht erspüren, wenn ihr einige Grade geistiger Reife erlangt habt.

Wer seine Nächsten noch verurteilt und über sie negativ denkt und spricht, der kann seine Mitmenschen noch nicht prüfen. Ihm mangelt es an der Unterscheidungsgabe. Er urteilt nur – und prüft nicht.

Wenn ihr selbst noch eine schlechte Frucht seid, wie könnt ihr die guten Früchte erkennen? Wer Gottes Gesetze nicht verwirklicht, dem fehlt es also an der Unterscheidungsgabe, was gut, weniger gut und schlecht ist.

Wer seinen Nächsten prüfen möchte, der prüfe also zuerst sich selbst, ob er die Gabe der Unterscheidung besitzt zwischen gerecht und ungerecht.

Sehr rasch kann eine gute Frucht verworfen werden und die schlechte bejaht: dann, wenn die faule Frucht sich mit viel Reden hervortat und mit viel scheinbar überzeugenden Worten und Gesten wirkt.

Erkennet: Gleiches zieht zu Gleichem. Wer selbst noch eine faule Frucht ist, dem sind die faulen Früchte näher als die guten. Wer jedoch selbstlos ist, der ist eine gute Frucht, dem ist auch das Gute, das Selbstlose, nahe.

Wer selbstlos ist, der hat auch die Unterscheidungsgabe zwischen den guten, den weniger guten und den schlechten Früchten. Wer also die guten von den schlechten Früchten unterscheiden möchte, der muß zuerst selbst eine gute Frucht sein. Nur die gute Frucht kann die schlechte erkennen. Die schlechte Frucht sucht immer wieder ihre gleichgesinnten schlechten Früchte, um gegen die guten vorzugehen. Die schlechten Früchte verurteilen, verwerfen, richten und binden.

Die guten, reifen Früchte haben Verständnis, sind wohlwollend und tolerant und ihrem Nächsten gegenüber gütig. Sie sprechen wohl die Mißstände an, doch sie bewahren ihre Nächsten in ihrem Herzen. Das bedeutet: Sie urteilen, verurteilen und richten nicht mehr.

Ich wiederhole: An ihren Früchten sollt ihr sie erkennen.

Die gute Frucht kennt die schlechte Frucht, doch die schlechte Frucht erkennt nicht die gute Frucht. Die gute Frucht schaut einzig auf das Gute, die schlechte Frucht einzig auf das Schlechte. Entsprechend denkt, spricht und handelt der Mensch.

10. *Es werden nicht alle, die zu Mir sagen: Herr! Herr! in das Himmelreich kommen, sondern die den Willen tun Meines Vaters der im Himmel ist. Es werden viele zu Mir sagen an jenem Tage: Herr, Herr, haben wir nicht in Deinem Namen geweissagt? Haben wir nicht in Deinem Namen Teufel ausgetrieben? Haben wir nicht in Deinem Namen viele wunderbare Werke getan? Dann werde Ich zu ihnen sprechen: Ich habe euch noch nie gekannt; weichet alle von Mir, die ihr Böses bewirkt. (Kap. 27, 10)*

Ich, Christus, erkläre, berichtige
und vertiefe das Wort:

Wer nur Meinen Namen anruft und nicht den Willen Meines Vaters erfüllt, der ist trotz seiner scheinbar geistig wirkungsvollen Reden und seiner scheinbar verbindlichen Worte arm im Geiste und wird nicht in das Himmelreich eingehen. Wer jedoch selbstlose Taten vollbringt, ohne Lohn und Anerkennung zu erwarten, der ist es, der den Willen Meines Vaters tut; denn so, wie er handelt, so denkt und spricht er auch.

Selbstlose Taten entstehen einzig aus gotterfüllten Empfindungen und Gedanken. Sind die Gedanken des Menschen unlauter, dann sind auch seine Worte schal und seine Taten ichbezogen.

Erkennet: Wer dem Anschein nach aus dem Ich Bin spricht, also scheinbar Mein Wort spricht, und dem Anschein nach in Meinem Namen Taten vollbringt und davon gut lebt, der hat schon seinen Lohn empfangen. Er wird im Himmel keinen Lohn mehr erhalten. Wer selbstlos Werke der Liebe tut und für sein irdisches Brot arbeitet, der wird im Himmel den gerechten Lohn empfangen.

Erkennet: Das geistige Brot ist die geistige Nahrung der Seele. Das Brot für den Leib soll nach dem Gesetz von „Bete und arbeite" verdient werden.

Das geistige Brot kommt von den Himmeln und wird denen gereicht, die das Gesetz der Liebe und des Lebens wahren und auch das Gebot „Bete und arbeite" erfüllen.

Die irdische Speise schenkt Gott den Menschen durch die Erde. Die Früchte der Erde bedürfen der Zubereitung durch der Hände Arbeit. So ist der Arbeiter seines Lohnes wert.

Erkennt den Unterschied zwischen dem Brot für die Seele und dem Brot für den irdischen Leib! Wohl entströmen beide einer Quelle, jedoch ist das eine geistig und wird der Seele gereicht, und das andere ist verdichteter Stoff, Materie, und wird dem physischen Körper gegeben. Was der große Geist, Gott, den Menschen für ihren physischen Körper schenkt, bedarf menschlicher Arbeit; z. B. muß gesät, bestellt, geerntet und aufbereitet werden. Dafür soll der Mensch auch vom Menschen entlohnt werden.

In das Reich Gottes wird nur der aufgenommen werden, der alles aus Liebe zu Gott und den Menschen tut.

11. *Darum, wer diese Meine Worte hört und sie befolgt, den vergleiche Ich mit einem klugen Mann, der sein Haus fest auf einem Felsen baute. Und ein Regen fiel und die Fluten kamen und die Winde bliesen um dieses Haus: und es fiel nicht ein; denn es war auf einen Felsen gegründet.*

12. *Und wer diese Meine Worte hört und sie nicht befolgt, der sei mit einem törichten Mann verglichen, der sein Haus auf Sand baute. Und ein Regen fiel und die Fluten kamen und die Winde bliesen und stießen an das Haus, und es fiel ein, und groß war sein Sturz. Aber eine Stadt, welche fest gebaut ist, ummauert in einem Kreis fest oder auf dem Gipfel eines Berges und auf einen Felsen gegründet, kann niemals fallen noch verborgen sein."*

13. *Und es geschah, daß Jesus diese Rede vollendet hatte, erstaunte das Volk über Seine Lehre. Denn Er sprach Kopf und Herz an, wenn Er lehrte und redete nicht wie die Schriftgelehrten, die nur von Amtes wegen lehrten.*
(Kap. 27, 11 - 13)

Ich, Christus, erkläre, berichtige
und vertiefe das Wort:

Wer Meine Worte hört und befolgt, der entwickelt sein geistiges Leben. Er gründet sein Leben auf Mich, den Felsen. Dann wird er auch jeglichen Stürmen und Fluten standhalten. Nach diesem Erdenleben wird seine Seele bewußt in das geistige Leben eingehen und dort kein Fremdling sein, weil der Mensch schon auf Erden im Reiche des Inneren gelebt hat.

Der Prophetische Geist ist das Feuer in dem Propheten und in allen Erleuchteten. Gott sprach und spricht durch sie nicht wie jene, „die nur von Amtes wegen lehrten". Die Propheten und Erleuchteten sprachen und sprechen aus der Vollmacht des Ewigen, des redenden Gottes, ob es die Menschen wahrhaben möchten oder nicht.

Es steht geschrieben: „Er sprach Kopf und Herz an." Was der Intellekt, der Kopf, aufnimmt, das wird von den „Kopfdenkern" beredet und diskutiert. Trotz allem fällt so manch kleiner Same in ihr Herz. Wer das Wort des Lebens mit dem Herzen aufnimmt, der bewegt es auch in seinem Herzen und bringt die gute Saat, das Leben, sofort zum Keimen.

Wer jedoch das Wort Gottes nur mit dem Intellekt erfassen will, der wird später – vielleicht erst nach einigen Schicksalsschlägen – erkennen müssen, was er durch seine Zweifel und durch seinen Verstandesdünkel abgelehnt hat. Er muß erkennen, daß der Same, das Wort Gottes, das aus dem Füllhorn des Lebens durch Propheten und Erleuchtete gegeben wurde, ihm viel erspart hätte.

Das Buch „Das ist Mein Wort" wirkt in die Neue Zeit, in die Zeit des Christus, hinein. Mein Leben einst als Jesus von Nazareth und Mein Wort als Christus heute [1989] sind die Grundlage. Für das Leben und Denken der Menschen der Neuen Zeit im Friedensreich Jesu Christi wird Maßstab sein, wie Ich als Jesus von Nazareth gedacht, gelehrt und gelebt habe. Auf diese Weise Bin Ich ihnen sehr nahe. Sie werden Mich im Geiste als ihren Bruder begrüßen und Mich als Herrscher des Reiches Gottes auf Erden an- und aufnehmen.

Dieses Buch ist ein Werk der Liebe und des Lebens. Aus ihm erfahren die Menschen im Friedensreich auch, wie Ich die Lichtzeit auf der Erde eingeleitet und aufgebaut habe. Sie erfahren, daß Ich durch viele Getreue gewirkt habe, die mit Mir für die Neue Zeit gekämpft und gelitten haben. Dieses Buch, „Das ist Mein Wort", ist damit ein historisches Dokument. Es wird sowohl jetzt – in der zur Neige gehenden alten Welt – als auch dann – in der immer mehr aufbrechenden Neuen Zeit – gelesen werden.

Die Menschen erkennen daraus auch die Erfüllung des göttlichen Erlöserauftrages, angefangen von Meinem Wirken als Jesus von Nazareth, dann als Erlöser, als Christus Gottes – und nun als Erbauer der Neuen Zeit, in der Ich Mein Kommen als Herrscher des Friedensreiches vorbereite, in der Ich denen Bruder Bin, die mit Mir und den vielen, deren Herzen rein sind, in der Bruderschaft Christi leben.

Nachwort

Ich Bin der Christus Gottes, der Weg, die Wahrheit und das Leben.

Ich Bin die Wahrheit, und die Wahrheit, die Ich Bin, leuchtet in unzähligen Facetten in diese Welt.

Das sogenannte „Evangelium Jesu“ ist eine der vielen Facetten der Wahrheit. Nicht irgendein Mensch, sondern Ich, der Christus Gottes, nahm es, erklärte, berichtigte und vertiefte es und gab weiteres Licht, also weitere Facetten der Wahrheit, hinzu, auf daß die Menschen der gegenwärtigen Generation [1989] und der zukünftigen Generationen die ewige Wahrheit, Mich, den Christus Gottes, aus mehreren Facetten der Wahrheit leuchten sehen.

Ich Bin die Wahrheit, und die Wahrheit gibt den Kindern der Wahrheit – und so ist es die Wahrheit.

Ich, der Christus, verfluche und verwünsche keinen Menschen.* Das tun jene Menschen, die Mich, den Christus, die Wahrheit, für ihre menschlichen Zwecke mißbrauchen, sich selbst an.

Ich Bin das Evangelium der Wahrheit, und die Wahrheit, die Ich Bin, gibt den Generationen so, wie sie es heute und zukünftig im Lichte der Wahrheit verstehen können.

---

* *Diese Worte beziehen sich auf den Schluß des Buches „Das Evangelium Jesu. Was war vor 2000 Jahren?“ (Kap. 96, 26).*

Zum Verständnis dieses Werkes:

Die Gottesprophetie

Was ist ein Prophet? –
Seine Berufung und seine Aufgabe – Das Prophetische Wort des Christus Gottes in unserer Zeit

„Das ist Mein Wort. Alpha und Omega. Das Evangelium Jesu. Die Christusoffenbarung, welche die Welt nicht kennt" ist das Buch, dessen Inhalt unmittelbar aus dem Urquell Gott kommt: Christus, der Erlöser aller Menschen und Seelen, offenbart sich über das Prophetische Wort des Menschen Gabriele - durch unsere Schwester, die Prophetin und Botschafterin Gottes in dieser mächtigen Zeitenwende.

Obwohl Gott zu allen Zeiten durch Prophetenmund sprach und sich den Menschen mitteilte, sie aufklärte, mahnte, tröstete und führte – also mit Seinen Kindern war –, wissen in unserer Zeit viele Menschen nicht mehr von dieser Nähe des redenden Gottes; die Prophetie hat kaum mehr einen Platz im diesseitsbezogenen, materialistischen Denken und Leben. Daher sind diese klärenden Worte über die Prophetie nötig. Doch auch für die Menschen in den nächsten Zeitepochen und auch für jene, die nach der mächtigen Zeitenwende auf Erden leben, die Bewohner des Friedensreiches Jesu Christi, sind diese Darlegungen von Bedeutung. Sie dienen der Erinnerung; denn in der Lichtzeit wird es das Prophetische Wort nicht mehr geben. Die Menschen sind dann das Wort selbst geworden, da sie das Gesetz Gottes leben.

Gott sprach zu den Menschen im Alten Bund; Er sprach die Menschen in Seinem „Ich Bin" an – durch Prophetenmund. Jesaja, Elia, Jeremia, Daniel, Hiob hießen einige der bekanntesten Propheten. Der größte aller Propheten war Jesus von Nazareth, der inkarnierte Sohn Gottes. Und auch in den darauffolgenden zwei Jahrtausenden traten in der Christenheit immer wieder Propheten Gottes auf. In ihren menschlichen Körpern waren lichte Wesen der Himmel einverleibt, die den Auftrag in sich trugen, Sprachrohre Gottes zu sein.

Der Prophet ist gleich einer Posaune, in die Gott, der ewige Geist, bläst. Sein Instrument – der Mensch, durch den Er prophetisch spricht – ist dabei in vollem Wachbewußtsein; in ihm setzt sich die Lichtsprache Gottes in seine Muttersprache um, damit die Menschen die ewige Wahrheit, Gott, hören und verstehen können. Wahre Gottespropheten bleiben während der Einsprache des Gottesgeistes im Wachbewußtsein. Jesus von Nazareth, der größte Prophet, ist auch diesbezüglich das Beispiel. Gott, der Ewige, sprach durch Ihn im Wachbewußtsein – wie auch durch alle wahren Propheten, sowohl im Alten Bund als auch nach Jesu Zeit. Der Mensch fällt nur dann in Trance, wenn er jenseitige Kräfte aufnimmt, welche nicht die unmittelbare Gottesstrahlung sind. Dies ist beim echten Gottespropheten nicht der Fall.

Die Seele des Propheten wird auf die kommende Aufgabe im Menschenleib lange vorbereitet, oftmals über Inkarnationen hinweg. Der Mensch wird schließlich zu einem bestimmten Zeitpunkt von Gott an den in der Seele liegenden Auftrag erinnert; dies ist die sogenannte Berufung.

Der Weg des Gottespropheten ist ein Leidensweg. Er steht in der absoluten Pflicht Gott gegenüber und hat das auszusprechen, was Gott ihm eingibt. Die ernsten und mahnenden Worte Gottes, die zur Umkehr rufen, sind den Menschen dieser Welt stets unangenehm, weshalb die Propheten in aller Regel Hohn, Spott, Verleumdung, Verfolgung und oftmals den Tod erleiden mußten.

Es gibt zwei Kategorien von Propheten: die Künderpropheten – allgemein Propheten genannt – und die Lehrpropheten. Durch Künderpropheten gab und gibt Gott der Menschheit das geistige Wissen und die grundlegenden geistigen Gesetzmäßigkeiten, deren die Menschen bedürfen, um ihr Leben auf das Göttliche auszurichten und Schritt für Schritt in ein gesetzmäßiges Leben zu gelangen. Er mahnte und mahnt die Menschen, das zu erfüllen, was Gottes Wille ist. Künderpropheten rufen den Menschen ins Bewußtsein, daß sie Gottes Kinder sind; sie bringen ihnen Seine Liebe und Weisheit nahe und weisen den Weg heim zu Ihm.

Durch Lehrpropheten, die zu den großen Zeitenwenden auftreten, verankert der ewige Geist nicht nur das geistige Gut im Bewußtsein der Menschen, das schon vorher offenbart worden war, sondern Er gibt weiterführende und höhere Gesetzmäßigkeiten und Aspekte des heiligen Urgesetzes. Der Lehrprophet bringt also detailliert die Gesetze Gottes, und er legt diese auch aus. Durch ihn lehrt der Geist Gottes die Menschen den Inneren Weg zurück in die ewige Heimat, von wo einst jede Seele ausgegangen ist. Durch den Lehrpropheten lehrt Gott stets geistiges Gut, welches über das bisher Bekannte hinausgeht.

Der Lehrprophet hat alles das, was Gott, der Herr, durch ihn lehren möchte, zuvor selbst in sich zu erarbeiten, zu entwickeln und zu verwirklichen. Er muß den

Inneren Weg, den Weg der Selbsterkenntnis und Läuterung, allen Menschen voran zuerst selbst beschreiten. Nach geraumer Zeit erlangt dieser aus dem Geiste Gottes direkt belehrte und geschulte Mensch den Gipfel mystischer Entwicklung, das Ziel des Siebenstufigen Pfades zu Gott, das die Einswerdung mit dem Bewußtsein, Gott, zur Folge hat. In einem Augenblick erkennt, schaut und weiß ein solcher Mensch sodann um die Dinge und Geschehnisse, die dem verborgen sind, der noch in der Welt der Sinne lebt.

Dadurch wird der Lehrprophet der Botschafter Gottes, der aus seinem erschlossenen und mit dem Göttlichen eins gewordenen Bewußtsein schöpft. Er sieht nicht mehr die Dinge oder die Menschen, wie sie scheinen, sondern er schaut die Dinge, Geschehnisse und Menschen, wie sie sind. Er schaut allem, was ist, auf den Grund.

Im Alten Testament sandte Gott vor allem Künderpropheten auf diese Erde, durch die Er die Menschheit aus ihrer Gebundenheit an die Materie auf den rechten Weg zur geistigen Höherentwicklung zu bringen suchte.

Danach wirkte Christus, die Teilkraft der Urkraft, der Mitregent der Himmel, als Erlöser und Lehrprophet unter den Menschen. Sie haben Ihn als Jesus von Nazareth – wie viele der gerechten Propheten – nicht erkannt, nicht angenommen und Seinem Leben ein vorzeitiges Ende bereitet. Auf Golgatha konnte Er mit den Worten „Es ist vollbracht" die Erlösung vollziehen: die Einsenkung eines Funkens der erlösenden Teilkraft der Urkraft als stützende und wieder zu Gott hinführende Kraft in jede Seele.

Nun hat Gott wieder ein Wesen in diese Welt gesandt. Es verleibte sich in den Menschen ein, der Gabriele ge-

nannt wird. Sie dient dem Ewigen in dieser Welt als Seine Lehrprophetin. Ihr erschlossenes geistiges Bewußtsein, das im Allmächtigen ruht und von der Kraft des Allmächtigen durchdrungen ist, kennt die ewigen Gesetze und weiß den Weg zum ewigen Gesetz, Gott. Unsere Schwester, Gabriele also, schaut in ihrem göttlichen Bewußtsein und empfängt vom Ewigen über ihr göttliches Bewußtsein den allumfassenden Weg hin zum Herzen Gottes. Mit schlichten Worten vermag sie den allumfassenden Inneren Weg zu erklären, den Menschen zu seinen Ursachen zu führen, ihm zu helfen, diese zu beheben, und, so er gewillt ist, den einzelnen Christus zuzuführen. Sie hat Einblick in die Tiefe der Menschen, in ihre Seelenbeschaffenheit. Ihre weitere Aufgabe als Lehrprophetin ist es, die Einzelheiten des ewigen Gesetzes Gottes nun für alle Teilbereiche des Lebens in diese Welt zu bringen, die Details der göttlichen Gesetze für das Zusammenleben der Menschen in Familie und Beruf, in Wirtschaft und Gesellschaft, für die Kindererziehung und die sozialen Dienste sowie für das Heilsein von Seele und Leib. Zugleich lehrt sie Schritt für Schritt die Anwendung der ewigen Gesetze in allen Bereichen des Lebens.

Lehrpropheten haben also – zusätzlich zu dem Auftrag, Gottes unmittelbare Posaune zu sein – die Aufgabe, ihre Mitmenschen in allen Gesetzen des geistigen Lebens zu unterweisen und ihnen in allen Fragen des Inneren Lebens zur Seite zu stehen. Daher mußte unsere Schwester Gabriele vieles selbst erleben, erfahren, durchleiden und überwinden – über mehrere Erdenleben hinweg –, damit sie die Menschen verstehen und ihnen den rechten Weg weisen kann.

In dieser großen Zeitenwende, in der wir nun stehen, begründete Christus durch Sein Prophetisches Wort und die christliche Urgemeinde Neues Jerusalem Sein Friedensreich auf dieser Erde.

Zur Vorbereitung der Menschheit für das Gottesreich auf Erden gibt der Ewige nun zu allen Grundfragen des Menschen in dieser Zeit Aufklärung und Belehrungen. So offenbarte sich Christus durch Sein Prophetisches Wort 1989 auch über Sein Leben, Denken und Wirken als Jesus von Nazareth; zugleich erläuterte Er die Zusammenhänge und die Bedeutung Seines Lebens auf Erden für diese und für die kommende Zeit. Die Erklärungen, Berichtigungen und Vertiefungen in dem hier vorliegenden Buch „Das ist Mein Wort" sind das authentische Wort Christi. Die in dem schon vorliegenden Buch „Das Evangelium Jesu" gegebenen Darlegungen und das nun von Christus dazu Erklärte, Berichtigte und Vertiefte sind bedeutende Streiflichter über Sein Leben, Denken und Wirken als Jesus von Nazareth – zum Verständnis und als Vorbild für die Menschen in dieser Zeit und auch für die Bewohner des Friedensreiches, des Lichtreiches Christi auf Erden.

In dieser mächtigen Zeitenwende führt uns Christus darüber hinaus in die ganze Wahrheit ein: Er offenbart jetzt – wie dargelegt – die Gesetze Gottes für alle Lebensbereiche auf dieser Erde und baut so das umfassende Reich Gottes auf dieser Erde auf.

Die Urchristen
im Universellen Leben

Bücher und Cassetten im Universellen Leben

Der Innere Weg

Der Innere Weg im Universellen Leben ist ein geistiger Schulungsweg, der über die Selbsterkenntnis zur Gotteserfahrung führt. Er wurde durch Christus und Seinen von Ihm beauftragten Diener, Bruder Emanuel, den Cherub der göttlichen Weisheit, in den vergangenen Jahren erstmals in der Geschichte des Christentums in allen Stufen und Details offenbart – gemäß der Ankündigung Jesu „Noch vieles habe Ich euch zu sagen, aber ihr könnt es jetzt nicht tragen. Wenn aber jener kommt, der Geist der Wahrheit, wird Er euch in die ganze Wahrheit führen.“ (Joh 16, 12f)

Dieser Schulungsweg beginnt mit einem ersten, 6monatigen Meditationskurs zur Erweiterung und Stabilisierung des Bewußtseins. An den ersten Meditationskurs schließt der zweite, 9monatige Meditationskurs an – zur Aufbereitung der Seele für den Inneren Weg. Auf die beiden Meditationskurse aufbauend, folgt sodann der eigentliche Innere Weg, die Intensivschulung.

Dieser christliche mystische Schulungsweg der Intensivschule beinhaltet vier Stufen (Ordnung, Wille, Weisheit und Ernst), in denen wir schrittweise mittels konkreter Aufgaben und praktischer Übungen das erkennen und mit der Kraft Christi überwinden, was uns noch von Gott und von den Menschen trennt. Nach Abschluß der Intensivschule beginnt die unmittelbare innere Führung des Christusschülers über sein bis dahin erschlossenes geistiges Bewußtsein.

Dieser Schulungsweg des Inneren kann im persönlichen Kurs beschritten werden oder aber als Cassetten-Fernkurs. Er ist auch in vielen Fremdsprachen erhältlich. Bitte fordern Sie nähere Informationen an.

Der Innere Weg für Kinder und Jugendliche

Durch die Prophetin Gottes in unserer Zeit, unsere Schwester Gabriele, offenbarte sich Liobani, ein reines Wesen der Himmel. Sie schenkt den Kindern dieser Welt den Inneren Weg, der es ihnen ermöglicht, in ein wahres geistiges Leben inmitten dieser materiellen Welt hineinzuwachsen. Auch die Eltern und Lehrer sind angesprochen, im wahren Vorbild zu leben und den Kindern Freund, Berater und Helfer zu sein.

Liobani: Ich erzähle – hörst Du zu?

(1. Lebenstag – 6 Jahre)

104 S., 7 Farb-Ill., geb., DM/SFr 16,80, ÖS 131,–

Schon die Kleinsten erhalten, liebevoll angesprochen und eingebettet in wahre Erzählungen, fundamentale Belehrungen: Wer bin ich? Woher bin ich? Wohin gehe ich? Warum und wozu bin ich im Erdenkleid?

Liobani: Ich berate – nimmst Du an?

(6 - 12 Jahre)

312 S., geb., über 60 Farbillustrationen, davon 19 ganzseitig, DM/SFr 42,80, ÖS 334,–

Aufbauend auf dem 1. Band, führt Liobani die Kinder und Heranwachsenden von 6 bis 12 Jahren hinein in ein Leben nach den göttlichen Gesetzen. Durch die geistige Schulung füllt sich das Leben der Kinder mit den positiven Kräften aus dem ewigen Sein, der inneren Dynamik, Freude, Freiheit und Selbständigkeit. Sie entfalten die in ihnen liegenden Fähigkeiten und Talente; sie fühlen sich verbunden mit den Naturreichen und allem, was lebt; sie entwickeln die Fähigkeit zum Leben in der Gemeinschaft, zum wahren, verantwortungsbewußten Miteinander und Füreinander.

Liobani: Ich erkläre – machst Du mit?

(12 – 18 Jahre)

208 S., geb., DM/SFr 28,50, ÖS 220,–

Mit diesem dritten Band des geistigen Schulungsweges für Kinder und Jugendliche schließt sich der Kreis. Weitere göttliche Belehrungen, Wegweisungen und auch praktische Übungen für Jugendliche von 12 bis 18 Jahren geben dem jungen Menschen Hilfe, klar zu erkennen, bewußt zu entscheiden sowie das tiefe Vertrauen, in jeder Lebenssituation vom Inneren Helfer und Ratgeber geführt zu sein.

Das Werk der Erlösung

A *und* Ω

Christus, unser Erlöser,
der Herrscher des Friedensreiches, des Reiches Gottes auf Erden,
kommt uns Menschen immer näher
50 S., kart., DM / SFr 9,80, ÖS 77,–

Gabriele, die Lehrprophetin Gottes, vergleicht hier mit klaren Worten die Entwicklung des Erlöserwerkes Christi auf Erden mit einem Baum, der innerhalb weniger Jahre emporgewachsen ist:

Das Heimholungswerk Jesu Christi – das Lehr- und Aufklärungswerk des Herrn mit der Lehre des Inneren Weges und der Inneren Geist=Christus-Kirche mit dem Prophetischen Wort Gottes – ist das kräftige Wurzelwerk des Baumes Universelles Leben.

Das Universelle Leben ist die inzwischen weltweite urchristliche Bewegung der Christusfreunde, die bestrebt sind, die göttlichen Gesetze zu erfüllen. Sie bemühen sich, die Bergpredigt Jesu im täglichen Leben in allen Lebensbereichen zu verwirklichen: so in Ehe und Partnerschaft, in der Familie, in der Kindererziehung, in Christusbetrieben, im sozialen Dienst am Nächsten und für das Heilwerden von Seele und Leib u. a. m.

Das Herz des Universellen Lebens ist die christliche Urgemeinde Neues Jerusalem, deren Glieder den Bund mit Gott-Vater für das Friedensreich Jesu Christi auf Er-

den geschlossen haben. Die Bundgemeinde Neues Jerusalem ist unmittelbar von Gott, dem Ewigen, und Christus geführt durch das Prophetische Wort; sie ist somit das zentrale Licht im entstehenden Friedensreich Jesu Christi.

Das Friedensreich ist die wachsende Krone des Baumes Universelles Leben, des Erlöserwerkes Christi auf Erden.

Das Buch schildert, wie sich unter der Führung Christi aus kleinsten Anfängen das weltumspannende Werk entfaltete; es zeigt auf, welche Bereiche dieses Werk inzwischen umfaßt; es gibt einen Einblick in das Wirken Gottes und in das Leben der Urchristen unserer Zeit.

Ursache und Entstehung aller Krankheiten

Was der Mensch sät, wird er ernten

224 S., geb., 2. Aufl., DM / SFr 26,80, ÖS 209,–

Eine 200 Seiten umfassende Christusoffenbarung zum Thema „Erkenne dich in Krankheit und Gesundheit". Sie gibt uns noch nie dagewesene, tiefe Einblicke in die Abläufe im Innersten des Menschen, die uns wieder heil werden lassen.

Heilfasten und Heilschlaf nach den Gesetzen Gottes

ca. 136 S., 2., erw. Aufl., kart., DM / SFr 18,50, ÖS 144,–

Heilfasten und Heilschlaf sind eine echte Revolution in der Medizin. Die Betonung liegt auf den Worten „nach den Gesetzen Gottes". Denn diese Art des Fastens soll nicht nur dem physischen Leib dienen, sondern im eigentlichen Sinne die Seele erleichtern.

Vaterworte auch an Dich

104 S., geb., DM / SFr 13,50, ÖS 105,–

Worte väterlicher Wegweisung für den Menschen auf dem Weg zu einem bewußten Leben in Gott.

Erkenne und heile Dich selbst durch die Kraft des Geistes

214 S., kart., 7. Aufl., DM/SFr 15,50, ÖS 120,–

Eine Offenbarung des Cherubs der göttlichen Weisheit – u.a. über den Aufbau des geistigen Leibes im Menschen und dessen Verbindung mit dem materiellen Leib. Neben den geistigen Wegweisungen werden auch viele wertvolle Hinweise auf Naturheilmittel, Ernährung und verschiedene andere Methoden gegeben.

Du bist nicht verlassen Gott ist Dir nahe in Wort und Tat

112 S., 21 Farbfotos, geb., DM/SFr 29,80, ÖS 232,–

11 Offenbarungen von Gott, unserem himmlischen Vater, und unserem Erlöser Christus, die allen Menschen helfen, auf dem Inneren Weg zu Gott zielbewußt voranzuschreiten. Diese göttlichen Offenbarungen wurden zunächst einer kleinen Gruppe von Christusfreunden in den Bergen der Schweiz gegeben. Sie sind nun allen Gott zustrebenden Menschen verfügbar.

Die Strahlungsfelder

Die Entstehung der Fallwelten und die Zukunft der Menschheit. Eine Offenbarung und eine Prophetie, die die Welt nicht kennt

120 S., kart., 2. Aufl., DM/SFr 9,80, ÖS 77,–

Die Details des Engelsturzes unter Satana – Die Metamorphose zum Menschen – Unruhen im Reiche Luzifers – Die Propheten im Alten Bund – Details der Erlösertat Jesu Christi – Die blindgehaltene Christenheit – Die Endzeit.

Bücher unserer Schwester Gabriele, geschöpft aus dem göttlichen Bewußtsein

Lebe den Augenblick und Du siehst und erkennst Dich

80 S., kart., DM/SFr 14,80, ÖS 115,–

Die Hinweise in dieser Broschüre zeigen dem Gott Zustrebenden, wie er seine Aufmerksamkeit schulen kann, um sich in den vielen Situationen, Empfindungen, Worten und Handlungen des Tages so zu erkennen, wie er wirklich ist. Dadurch wird der Leser in die Lage versetzt, die in den einzelnen Situationen zutage tretenden Verstöße gegen das göttliche Gesetz zu erkennen, aufzuarbeiten und künftig zu unterlassen. Eine praktische Wegweisung für Menschen, die bemüht sind, sich Tag für Tag zu vervollkommnen.

Für Dich zum Nachdenken

208 S., geb. Format 8,5 × 11, DM/SFr 14,80, ÖS 115,–

150 Lebensweisheiten, die uns helfen, unser Leben mit Hilfe der geistigen Gesetze zu meistern und mehr und mehr in Kommunikation mit Gott, unserem ewigen Vater, zu treten.

Inneres Beten

Herzensgebet, Seelengebet, Äthergebet, Heilgebet

112 S., geb., 2., erw. Aufl., DM/SFr 14,80, ÖS 115,–

Sie lernen das tiefe Beten, das nicht aus den obersten Bewußtseinsschichten unseres Lebens kommt, sondern aus den Tiefen der Seele, in welchen die Sehnsucht nach höheren Formen des Lebens liegt.

Bücher von Christusfreunden

Der Bund mit Gott für das Friedensreich Jesu Christi

Christus ruft alle geistigen Gruppen, Konfessionen und Religionen

280 S. mit 16seitigem Bildanh., kart., 2., erw. Aufl., DM/SFr 14,80, ÖS 115,–

Das Zentrale dieses Werkes sind die drei Offenbarungen Gott-Vaters in jüngster Zeit: Sein Bundesangebot an die Urgemeinde Neues Jerusalem mit der Mahnrede an Israel; Seine Offenbarung anläßlich des Bundesschlusses mit der Urgemeinde Neues Jerusalem; Seine mächtige Offenbarung, mit der Er Seine Söhne und Töchter aus dem Stamme David und anderen Geschlechtern ruft.

Das Leben und Denken der großen Prophetin Gottes in der mächtigen Zeitenwende

360 S., geb., 24 Farb-Abb., DM/SFr 29,80, ÖS 232,–

Dieses Werk schildert, vorwiegend mit den Worten unserer Schwester Gabriele, deren geistigen Werdegang; den Durchbruch des Inneren Wortes Gottes, ihre Schulung durch den Geist Gottes und ihre Berufung, als Prophetin in der Wendezeit von heute zu wirken. Das Werk erläutert auch die Vorgänge im Innersten des Menschen bei der Prophetischen Rede Gottes; es gibt Einblicke in die Bürde des Prophetenamtes und den Widerstand und die Prüfungen des Propheten.

Weltweit Universelles Leben – Die Christusfreunde stellen sich vor

44 S., DIN A 4, 2. überarb. Aufl.,
58 z.T. großformatige Farbfotos, DM/SFr 5,00, ÖS 38,-

Reinkarnation

Das Heraus- und Hineinschlüpfen in das Fleisch

64 S., kart., DM/SFr 9,80, ÖS 77,–

Reinkarnation – Urwissen der Menschheit. Wiedergeburt als Wiedergutmachung. Karma und Gnade. Konsequenzen für Medizin und Entwicklungshilfe. Möglichkeiten der Einverleibung in der Zukunft.

Harmonie ist Leben
und Gesundheit des Körpers

204 S., kart., 3., erw. Aufl., DM/SFr 23,80, ÖS 186,-

Der unpersönliche und der persönliche Gott

Wer oder was ist Gott?

192 S., kart., DM/SFr 15,80, ÖS 123,-

Komm mit ins Licht

Geistige Evolution in Ehe und Partnerschaft

104 S., kart., DM/SFr 18,50, ÖS 144,-

Leben und Tod – Tod und Leben

Wie viele Tode muß ich sterben, um zu leben?

80 S., kart., DM/SFr 13,80, ÖS 108,-

Das Leben nach dem Tod –
Die Reise Deiner Seele

264 S., kart., DM/SFr 15,80, ÖS 123,-

Sterben. Das Leben nach dem Leben. Die Bewußtseinsevolution in den Seelenreichen. Ein Buch, das mit falschen Vorstellungen und Ängsten aufräumt und Mut macht zum Leben.

Meditationen aus dem Geiste Gottes

– Cassetten –

Meditationen aus der Weisheit Gottes führen uns zum inneren Strom, zum Göttlichen in uns. Aus Ihm erschließen sich uns die Kräfte des Inneren, die sodann in der Seele und in unserem Leben wirksam werden.

Meditation der Stille mit Musik zur Verinnerlichung

Best.-Nr. C 710, DM/SFr 12,80, ÖS 100,-

Frisch in den Tag. Meditation der Entspannung mit Musik zur Verinnerlichung

Best.-Nr. C 711, DM/SFr 12,80, ÖS 100,-

Heil durch Meditation mit Musik zur Verinnerlichung

Best.-Nr. C 712, DM/SFr 12,80, ÖS 100,-

Bücher im Universellen Leben
*sind auch in vielen Sprachen erhältlich.**

Weitere Informationen über unser Angebot an Büchern,
Cassetten und Videos
entnehmen Sie bitte unserem
aktuellen Gesamtverzeichnis,
das wir Ihnen gerne kostenlos zusenden.

Universelles Leben
Postfach 5643
D-8700 Würzburg

* *Es gelten die Preise der aktuellen Preisliste.*

Aus dem Verlag „Das Wort“:

Walter Nigg

Prophetische Denker

Löschet den Geist nicht aus

556 S., kart.; zu beziehen bei:
Universelles Leben, Postfach 5643, D-8700 Würzburg,
DM/SFr 27,00, ÖS 210,–

Der bekannte Züricher Kirchenhistoriker zeigt die Geschichte der Prophetie in ihren Grundzügen und anhand markanter Beispiele auf. Das Herausragende des Buches ist die mehr als 100seitige Einleitung zu diesem Werk. Der renommierte Theologe legt hier, erstmals in unserer Zeit, die Grundzüge des Phänomens des Prophetischen dar. Er zeigt sowohl das Wesen der prophetischen Gabe auf als auch die charakteristischen Merkmale eines Propheten – ebenso die Feinde der Prophetie in Vergangenheit und Gegenwart. Ein fundamentales Werk ersten Ranges für jeden, der sich mit dem Wesen des Prophetischen Wortes Gottes an die Menschheit vertraut machen möchte.

Absender:

Familienname

Vorname

Straße/Haus-Nr.

PLZ/Wohnort

Datum, Unterschrift

POSTKARTE

Postkarte
bitte
frankieren

Universelles Leben
Postfach 5643

D-8700 Würzburg

✂ -

Hiermit bestelle ich:

.... Ex. **Lebe den Augenblick –**
und Du siehst und erkennst Dich
78 S., kart., DM/SFr 14,80, ÖS 115,-

.... Ex. **Das Werk der Erlösung.** A – Ω
Entstehung, Aufbau und Entwicklung des Universellen Lebens
50 S., kart., DM/SFr 9,80, ÖS 77,-

.... Ex. **Der Bund mit Gott für das**
Friedensreich Jesu Christi
Mit den Offenbarungen Gott-Vaters und Christi an die
Bundgemeinde Neues Jerusalem im Universellen Leben
280 S. mit 16seitigem Bildanh., kart., 2. Aufl.,
DM/SFr 14,80, ÖS 115,-

.... Ex. **Ursache und Entstehung aller Krankheiten**
Was der Mensch sät, wird er ernten
Eine 200 Seiten umfassende Christusoffenbarung
zum Thema: Erkenne dich in Krankheit und Gesundheit
224 S., geb., DM/SFr 24,80, ÖS 193,-

.... Ex. **Du bist nicht verlassen**
Gott ist Dir nahe in Wort und Tat
11 Offenbarungen unseres himmlischen Vaters
und unseres Erlösers Christus, die allen Menschen helfen, auf
dem Inneren Weg zu Gott voranzuschreiten
112 S., 21 Farbfotos, geb., DM/SFr 29,80, ÖS 232,-

.... Ex. **Das Leben und Denken der großen Prophetin**
Gottes in der mächtigen Zeitenwende
360 S., geb., 24 Farb-Abb., DM/SFr 29,80, ÖS 232,-

Titel anderer Bücher:

.... Ex. ....

....

....

☐ Bitte senden Sie mir kostenlose Informationen über den
Inneren Weg im Universellen Leben

☐ Bitte senden Sie mir kostenlos ein **Gesamtverzeichnis**
aller Bücher, Cassetten und Videos

Datum, Unterschrift: ____________________________________